U0829313

跨国并购中的所得税法律问题研究

基于税收利益平衡的视角

刘　淼 / 著

中国法制出版社
CHINA LEGAL PUBLISHING HOUSE

前　言

蒸汽机、发电机、计算机带动了三代工业革命，催化并深化了全球经济一体化进程，促进了世界繁荣与共同发展。而随着人工智能、生物技术、新一代信息技术等的研究和应用，人们在期待人类第四次工业革命的到来。正如英国作家查尔斯·狄更斯在《双城记》中对工业革命后的时代所做的描述："这是最好的时代，也是最坏的时代。"自2016年以来，美国扛起贸易保护主义的大旗，并通过加强美国外资投资委员会（CFIUS）的权力，进一步加强对我国企业在美国投资的审查，从而使我国企业赴美投资和收购屡屡受挫；自2009年欧债危机后，西方一直没有找到新的经济增长动力；而全世界发展中国家在全球经济疲软的环境下，表现出强劲的增长势头，尤其是中国数字经济持续发展①，成为驱动中国经济增长的核心关键力量。尽管2020年暴发的全球新冠肺炎疫情等让全球化遭遇了进一步压力，但全球化符合人类社会发展的规律，其趋势不可逆转，可以预见，在后疫情时代，全球化的进程不仅会继续，更会进入新的、更好的阶段，甚至可能在中国的引领下进入全球数字化时代，而企业间的跨国并购会继续成为这新一轮全球化的重要推动力量和实现载体。

本书认为，贯穿于跨国并购所得课税问题的一条基本线路是不同税收主体间在利益关系上的冲突与协调。具体表现为有关国际性双重征税的税收利益冲突以及有关国际避税的利益冲突。这些利益冲突，从经济学角度看，无论是在一国还是跨国范围内，既可能对跨国并购资本的自由流动乃至并购资源的合理配置带来损害，又可能造成各国税法本身施

① 根据中国信息通信研究院最新发布的《中国数字经济发展白皮书》，2019年中国数字经济增加值达到35.8万亿元，数字经济占GDP的比重达到36.2%，而2005年这一比例仅为14.2%，http：//www.caict.ac.cn/kxyj/qwfb/bps/202007/t20200702_285535.htm。

行成本的徒增，从而有违效率原则；从法学角度看，则会导致不同主体间利益关系的扭曲和失衡，从而有悖于税收公平原则。对这些利益冲突进行合理、有效的协调，成为经济全球化下一国跨国并购税制实现健康发展的必然要求。这正是本书探讨跨国并购中所得课税法律问题的基本假设。相应地，本书研究之目的在于，以税收公平和税收效率为基本价值基准，探讨如何在尊重税收主权的前提下，合理、有效地应对与我国跨国并购所得课税制度相关的各种利益冲突。

为此，本书从跨国并购的概念入手，对跨国并购在税法上的类别进行界定，确定了本书的研究范围。立足于经济全球化这一大背景，通过分析各国税收利益冲突在跨国并购所得课税中的体现，得出各国跨国并购的迅猛发展得益于经济全球化，而公平、有效率的跨国并购税制是全球并购市场自由、正常发展的重要保障机制。跨国并购所得课税存在国家、国际两个层次的税法规则，立基于税收利益平衡理论分析框架，本书详细分析了跨国并购的具体课税规则对并购交易主体的税收待遇、对不同跨国并购交易类型以及对并购法域主体的影响。在此基础之上，集中讨论如下两个税收利益冲突问题：一是法域主体间的税收利益冲突所导致的跨国并购中的双重征税问题，尤其是经济性双重征税问题。尽管经济合作与发展组织（OECD）及联合国（UN）税收协定范本在解决法律性双重征税问题上的措施已日臻完善，但将经济性双重征税扔给各国国内法解决的做法实际上减损了协定范本在协调分配税收管辖权中所发挥的作用。对此，本书从国际税收协定以及国内法两个层面，考察相关国家国内法及相关税收协定中就跨国并购中的经济性双重征税所采取的解决措施，这些国际法及国内法的相关解决措施为协调缔约国税收利益，建立中性、公平的跨国并购税制具有很好的示范意义。二是法域主体与跨国并购交易主体间的利益冲突，主要体现为跨国并购融资避税问题。作为理性的市场主体，跨国并购当事主体会将最大化并购收益与最小化并购成本作为开展并购活动的唯一追求目标，此为跨国并购融资避税动因之一。跨国并购融资避税动因之二为各国税法的免税、减税以及延期纳税等种种税收优惠措施，以及各国并购课税规则的不一致甚至相互矛盾，都为跨国并购主体的避税行为提供了便利途径。而全球化的外部经济环境在客观上也为跨国并购主体实施跨国避税提供了更加肥沃的土壤。随着跨国投资的规模和频率不断提高，国际避税形态可谓层出不穷、“花样翻新”。本书着重分析跨国并购融资中的资本弱化避税和滥用税收协定避税，从避税行为的具体表现形态和对并购涉及的各方主体的影响，到各个税收主权国家所采取的各种规制措施。提出各国采取什么样的避税规制方法取决于这些国家对行为所可能带来的后果的看法，立法之终极目的都在于阻止跨国投资人实施跨国避税活动，以维护本国税收管辖权。但制定反避税规则的国家越多，税收协定的正常适用越可能受到制约，发生国际双重征税的可能性也就越大。因此，在经济全球化的背景下，在跨国并购的反避税领域，也要求各国的税收规则进行国际协调。

最后，本书将着眼点落在中国跨国并购税制，继续秉持利益平衡理念，沿着我国并购税制的历史发展脉络，比较、探究我国国内法现行并购课税规则以及税收协定相关规则之于经济全球化的适应性问题，通过研究试图依次回答以下三个层次的问题：(1) 利益平衡视角下，什么是全球化下跨国并购课税中存在的问题？(2) 为什么要在利益平衡的视角下解决跨国并购课税中存在的这些问题？解决的措施是什么？(3) 站在利益平衡视角下，中国应如何从税收法律及政策层面上回应上述问题？

目　录

第一章　跨国并购重组基本概念及分类

一、有关跨国并购的基本概念

跨国并购是企业国内并购在开放经济中或经济全球化过程中的跨国延伸，因此要了解跨国并购的基本概念，应首先从一般意义上的企业并购概念开始。

（一）若干概念的界定

1. 兼并与收购

企业并购[①]是企业兼并和收购的简称。兼并和收购既有联系又有区别，在实际运作过程中往往交织在一起，很难严格区分开。收购在很多情形下被认为是兼并的一种重要手段和操作方式，是兼并的一种特殊形式。

兼并也称为合并，是指两家或两家以上的公司合并，原公司的权利义务由存续（或新设）公司承担，分为吸收合并和新设合并两种形式。当并购企业与目标企业之间一方吸收另一方企业而存续，被吸收企业不需清算而解散时属于吸收合并；当并购交易企业并为一个新企业，原交易主体不需清算而解散时属于新设合并。原企业的债权和债务由存续企业或新设企业承继。《中华人民共和国公司法》[②]（以下简称《公司法》）第 172 条规定了“吸收合并”与“新设合并”。

收购，是指一家公司用现金、债券或股票购买另一家企业的全部或

---

① 所谓的企业并购，其并购标的是企业的股权，因此，并购的目标只能是公司，或者说是公司制企业，而不能是非公司的企业。由此，从严格意义上讲，并购应该称为公司并购，企业并购更多的是一种约定俗成的称谓。在本书中不对企业并购与公司并购区分，同理，并购企业亦可能被称为并购公司，目标企业亦可能被称为目标公司。

② 笔者注：若无特别说明，本书所指称的《公司法》系指 2018 年 10 月 26 日我国第十三届全国人民代表大会常务委员会第六次会议通过的修改公司法的决定，同日起施行的公司法。

部分股权或资产，以获得该企业控制权的行为。与兼并中被兼并企业的法人资格丧失不同，收购中的被收购企业仍可以法人实体形式存在，其控制权只是部分转让。按收购对象不同，可以细分为收购资产和收购股权两种。收购资产是指收购方将目标企业的全部或主要资产并入收购公司，从而在事实上取得目标企业的控制权的交易行为。如果一家企业仅仅购买了另一家企业的非经营性资产，如购买几台机器设备、购买房地产公司的一栋楼房等，对后者的生产活动和法律地位不产生实质性影响，则不属于收购资产，而只能作为一般商品的买卖行为。由于在收购目标企业资产时，尚未触及后者的股权，因此收购方无须承担目标企业的债务。收购股权是指收购方全部或部分收购目标企业股权，并承担目标企业继有债权债务的交易行为。当所收购的股权达到规定比例后，收购企业就可以取得该目标企业的控制权，从而目标企业成为收购企业的全资子公司或控股子公司。①

不过，除了从会计、审计角度处理财务数据及在法律规则中有所区别之外，一般情况下均不对合并和收购做专门区分，而是将二者联系在一起统称为并购，泛指在市场机制下企业为了获得其他企业的控制权而进行的产权交易活动。

2. 分立与剥离

公司分立，是指一家企业（被分立企业）将部分或全部资产分离转让给现存或新设企业（分立企业），被分立企业股东换取分立企业的股权或非股权支付，从而实现企业的依法分立。被分立企业失去的是标的资产，标的资产的接受者是分立企业。被分立企业本身不会获得转让资产标的的对价，转让对价的接受者是被分立企业的股东。

公司分立也可以分为存续分立和新设分立。荷兰国际财税文献局（IBFD）官方网站②的解释为，转让公司按照本公司股东原来的持股比例，将其持有的现有一家子公司或新成立的一家子公司的股份转让给上述股东。存续分立交易完成后，被分立企业仍存续经营，并且不改变企业名称和法人地位，同时分立企业作为另一个独立法人而存在。分立企

---

① 联合国贸易和发展会议（UNCTAD）编写的《2000年世界投资报告》指出，跨国并购中，收购企业拥有10%以上的股权就是对被收购企业具有实际影响的控制力，许多国家也采用相同标准，如美国。

② 荷兰国际财税文献局官网网址为 http：//www. ibfd. org/itg/。

业的股份由被分立企业的股东持有，存续分立通常采用让产分股和让产赎股两种方式实现。前者是将部分资产分离转让出去成立新的公司或转让给现存公司（分立企业），将接受资产的子公司的股票分给被分立企业的全部股东。同时，全部股东在被分立企业的股份按比例减少，有时可以保持不变。让产分股式分立简单说就是将子公司股票分配给母公司股东。其特点是整个过程中没有发生现金的转手，公司的资产也没有被重估，被分立公司股东不必放弃其在被分立公司持有的任何股份。这样母公司股东就在新的实体中也持有股权，但子公司的控制权却被分离了，成为一个能够独立作出经营决策的法律实体。从某种意义上说，这相当于母公司向现有股东进行股利分配的一种形式。让产赎股式分立是将被分立企业部分资产分立出去成立新的子公司或现存的公司，将新公司的股权分配给被分立企业的部分股东，换回其在被分立企业的股份，从而使这部分股东在被分立企业不再持有股份。新设分立是指将被分立企业分设成两个或两个以上的企业，被分立企业依法注销。新设分立企业通常采用股份分割式分立，即将公司分割组成两家以上的新公司，原公司解散。新设分立可以采取企业分家、股东不分家的方式实现，即被分立企业的全部股东按原持股比例均衡地同时取得全部分立企业的股份，原持有的被分立企业的股票依法注销，被分立企业依公司法规定解散；也可以采取企业分家、股东也分家的方式实现，即被分立企业的不同部分股东取得不同分立企业的股票，同样，被分立企业依据公司法规定解散，股票依法注销。

资产剥离。资产剥离是与公司分立相对应的一种交易形式，是指将企业的一部分资产或一个部门或一个子公司出售给另一企业，进行资产剥离的企业将收到来自后者支付的现金或与之相当的对价。

3. 重组

公司重组，兼具经济和法律上的双重含义。从经济角度来看，公司重组是指针对公司产权关系和其他债务、资产、管理结构所展开的公司的改组、整顿与整合的过程。从法律角度来看，公司重组是指改变公司结构的过程，是创设、整合或清算法人实体的形式之一。

股权重组。股权重组是指通过对公司原有股权进行重新分配或通过增发新股改变公司原有股权结构的行为，包括股权转让、股权置换、公司内部人持股、股票回购等形式。股权重组与并购既有联系又有区别。并购必然引起公司股权重组，但股权重组只有涉及公司控制权变动时才属于并购，如并购方与目标企业进行股权互换即属于股权重组，但公司内部进行的证券、权证或选择权的交换则不属于并购。

资产重组。资产重组是指通过拍卖、转让、交换、联合等形式对企业资产进行重新组合，包括对企业主要实物资产或全部资产以及对作为企业资产所有权表现形式的股权进行重组，公司的法人地位并不因资产重组而发生改变。资产重组与并购联系非常紧密，一方面，企业并购并非简单的资产相加，更不是资本的盲目扩张，而是伴随着企业资产的重组以及资本结构的调整，产生并购企业与目标企业的资源互补及协调效应，最终为企业带来整体价值的提升。另一方面，资产重组也可能通过出售、拍卖、股权转让等交易形式实现，实现优化资本结构。也就是说，并购既是企业实现资本扩张的手段，也是企业保持资产运营效益、优化资本结构的途径。

变更公司注册地及形式。变更公司注册地是指变更公司登记地点，变更公司形式是指从一种公司类型变为另一种公司类型。两者都构成了公司法律属性上的变更，但未必涉及公司经营活动方面的变化，公司的资产和负债也保持不变。有些国家的公司法将公司的注册地从一国变为另一国，改变公司形式视为公司清算，成立一家新的公司。

破产重组。破产重组可能采取以上各种交易形式，特点是一家或更多公司被宣布破产，重新安排破产公司的未清偿债务。尽管破产重组中主要为债务重组，但也涉及股权资本的重组以及一家或多家法人实体的清算。

4. 跨国并购

国际货币基金组织这样定义跨国并购：通过兼并或收购国外企业或公司的股权达到一定比例以上获得企业控制权，从而获得这个企业持久的生产和经营利益。而根据联合国贸易与发展会议（以下简称UNCTAD）所编写的《2000年世界投资报告》，跨国并购是指：（1）外国企业与境内企业合并；（2）收购境内企业的股权达10%以上，使境内企业的资产和经营的控制权转移到外国企业。UNCTAD将跨国并购具体分为下列活动：（1）X国的国内企业收购（或者合并）Y国的国内企业。（2）X国的国内企业收购（或者合并）X国的外国子公司。（3）X国的国内企业收购（或者合并）Y国的外国企业。（4）X国的外国子公司收购（或者合并）Y国的国内企业。（5）X国的外国子公司收购（或者合并）X国的另一家外国子公司。（6）X国的外国子公司收购（或者合并）X 国的国内企业。（7）X 国的外国子公司收购（或者合并）Y 国的外国子公司。本书采用 UNCTAD 对跨国并购活动的上述划分。

（二）并购支付方式

并购企业对目标企业支付的对价形式主要有现金、股票以及综合性证券，由此将并购分为现金并购、股票并购、综合性证券并购（参见表 1）。其中现金式并购中的现金包括货币性资产和非货币性资产（除股权），因此现金式并购又可称为资产并购。

表 1　收购标的与支付方式对照表

		收购标的	
		资产	股票
支付方式	现金	现金购买资产	现金购买股票
	股票	股票购买资产	D 类：股票购买股票
	综合证券	综合证券购买资产	综合证券购买股票

从现金来源看，并购企业支付的现金可以全部为自有资金，也可以通过融资来筹集。并购企业采取的融资渠道主要包括增资扩股、金融机构信贷、卖方融资、杠杆融资、管理层融资、发行可转换债券等方式。因此，企业并购亦可以从融资渠道角度分为：增资扩股收购，即收购方通过增资扩股方式取得现金来收购目标企业的行为；金融机构信贷收购，即收购方通过向金融机构取得贷款来收购目标企业的行为；卖方融资收购，即收购方通过与目标企业谈判以推迟支付部分或全部对价款项的方式来收购目标企业的行为；杠杆融资收购，即债务融资，是指收购企业主要通过借贷资金来收购目标企业，且从目标企业的现金流量中偿还所借资金的行为，利用杠杆收购的主体可以是目标企业之外的企业、个人或机构投资者等外部主体，也可以是目标企业的管理层、职工等内部人士；管理层融资收购，即一个企业的管理层人员通过大举借债或与外界金融机构合作，收购其所工作、管理的企业的行为，管理层收购实质上为杠杆收购的一种；发行可转换债券收购，即通过发行可转换债券来筹集资金对目标公司进行收购的行为。可转换债券在一定时期内可以转换为收购企业的股票。

实践中，并购方企业往往将几种支付方式混合使用，如以自有现金、银行贷款以及本公司新发行股票或可转换债券相结合的方式进行并购，也即前文所述的综合性证券收购。

本书主要围绕着跨国并购当事主体的并购所得课税来研究各方主体的税收利益平衡问题，而并购对价的支付方式是导致并购当事主体受到差别税收待遇的缘由之一，所得在税法上的意义无外乎应税所得以及广义的免税所得（包括因递延纳税而不用当期课税的所得）。因此，跨国并购所得亦可以分为应税跨国并购所得和免税跨国并购所得，相应地将跨国并购从税法上区分为应税跨国并购与免税跨国并购。

二、跨国并购税法意义上的分类

企业间的并购行为必然会导致资产的所有权发生转移，这种转移实际上是目标企业对其拥有的资产所有权的处置，而这种处置从税收角度讲属于应税事项。但企业并购活动中的资产处置对于投资者而言，只不过是以不同的形式继续其投资行为，如果仅仅因为其投资形式的简单变化而要求确认转让所得并征收所得税，会对企业的正常并购行为造成阻碍。因为企业或其股东的资产并未变现，如果确认应纳税所得，他们需另外筹措资金纳税，这显然有违税收平等负担原则。因此，各国国内并购税制将国内并购和跨国并购都基本分为应税并购与免税并购。

跨国并购税制是指涉及企业跨国并购的相关税收处理规则以及具体税收措施。一般意义而言，跨国并购税制并不是单独的税制体系，而是既包括专门的并购所得课税规则，也融合借鉴其他相关课税及税收征管规则，亦涵盖双边国际税收协定中的相关条款。本书中涉及的跨国并购税收概念包括双重关系：第一重关系是反映一个主权国家与其税收管辖权范围内的并购中的跨国纳税人之间的税收征纳关系，通过国内税法规范来确定跨国并购中目标企业的税收属性的继承，目标企业及其股东、并购企业及其股东的税收待遇，收购标的的税基，确定跨国并购在税收上的性质，何时属于应税跨国并购，何时属于免税跨国并购，以及各自所带来的税收影响；第二重关系是反映跨国并购中的一个主权国家与其他相关国家之间的税收分配关系——主要体现为税收管辖权的划分，主要是通过国内法中的相关协调税收管辖权的规则以及各国所签订的双边税收协定来解决跨国并购所得的双重征税问题以及并购当事主体的避税问题。

正如有些学者指出的，“甚至在一个全球化的世界里，每一个公司、每一个活动也是地域化的”“在生产链上的每一个组成部分，每一个公司、每一个经济活动在严格意义上都是‘立足于’某个地域的”①，跨国并购亦如此，并不存在关于应税并购与免税并购完全一致的国际定义。因此，本书在综合考察各国并购税制的基础上，主要结合美国《国内税收法典》（Internal Revenue Code，I. R. C.）、欧盟合并指令等国家和地区的相关规则对应税并购与免税并购做出具体划分。②

我们可以用下面这句话来高度概括并购的基本税收原理：如果并购涉及一家企业用股票交换另一家企业的股票，这是免税交易；如果用现金或债务作为支付对价，则是应税交易。③ 这看似简单的一句话在落实到具体税收规则和征管实践时，则变得相当复杂。免税并购的一般理论是收购企业利用其“正式发行的股票或证券与目标企业交换，以达到参与目标企业经营活动的目的，收购企业与目标企业之间的关系和权利以及对于各自资产的权利没有发生实质性的变更，在这种情况下，不用确认收购公司在股票或债券交换中的收益或亏损”。④ 一般而言，免税并购实质上并非真正意义上的“免税”，只是目标企业的股东在没有立即出售其获得的收购企业的股票而形成现金收益时，暂不必缴税，免税实质上是一种税收递延。如果收购对价中现金超过规定比例，整个交易一般就不能享受税收递延的待遇。如欧盟并购指令规定现金比例不能超过交易全部对价总额的10%。⑤ 事实上，这种税收递延是暂时的，一旦目标企业股东将取得的股票出售，则需要确认资本利得，随之产生纳税义务。免税跨国并购是来源国针对母国企业入境并购本国企业交易的，而不适用于本国企业并购境外企业，后者是否可以获得免税待遇则是由该境外东道国的税法决定。当收购企业构建的交易结构符合来源国的免税

---

① Peter Dicken：“A New Geo - economy”，in David Held and Anthony McGrew（eds.）*The Global Transformations Reader：An Introduction to the Globalization Debate*，p. 256.

② 实践中，并购的具体交易结构非常复杂，各国税法上针对这些具体交易结构的叫法也不尽一致。为论述方便，本书主要借用美国 I. R. C. 对于应税并购和免税并购分类中所使用的具体交易结构名称。本书根据 26 USC § 368：Definitions relating to corporate reorganizations 条款归纳整理。

③ J. 弗雷德·威斯通、马克·L. 米切尔、J. 哈罗德·马尔赫林：《接管、重组与公司控制》（第4版），张秋生等译，北京大学出版社2006年版，第90页。

④ Boris I. Bittker，James S. Eustice：Federal Income Taxation of Corporations and Shareholders（Seventh Edition），Warren，Gorham & Lamont，p. 12.

⑤ Clemens Philipp Schindler：- Subject Ⅱ：EU Report on Tax treatment of international acquisitions of businesses，IFA Cahiers，Buenos Aires，2015，p. 62.

交易的法律规定时，对目标企业（东道国的居民企业）及其股东而言，不需要确认应税所得。应税并购和免税并购各自又分为应税资产收购与应税股票收购，以及免税资产收购和免税股票收购。

（一）应税资产收购

1. 应税直接资产收购。是指收购企业以现金、综合证券或其他财产作为对价购买目标企业的部分或全部资产。收购完成后目标企业继续存在，但通常情况下目标企业在出售资产后解散，将出售资产收益分配给其股东。在此类收购中，目标企业在出售“全部或几乎全部”资产时，一般应得到目标企业股东或董事会的批准。一般而言，除非收购双方另有协议，收购企业不必承担目标企业债务。但是，根据事实上的兼并原则或类似继承人责任原则，收购企业仍有可能承担目标企业债务，为了使收购企业资产与目标企业的债务相隔离，可通过收购企业的子公司进行直接资产收购。收购后，目标企业解散时，一般将产生目标企业与目标企业股东两个层面的税收。因此，实践中，应税直接资产收购并非当事人优先考虑的收购方式。

2. 法定兼并。是指收购企业与目标企业合并，收购企业继续存在而目标企业完全消失。在该类并购中，收购企业向目标企业支付现金、债券和/或其他形式的收购对价，同时目标企业依法解散，其股东按照其所持有的目标企业股票份额向目标企业换取收购企业支付的收购对价，目标企业全部资产及债权债务移转给收购企业。应税法定兼并一般也会产生目标企业及其股东两个层面的税收。

3. 子公司兼并。是指由收购企业的控股子公司（以下简称收购子公司）兼并目标企业，收购子公司继续存在而目标企业完全消失，收购企业将现金、债券和/或其他形式的收购对价转给收购子公司，再由收购子公司支付给目标企业，目标企业依法清盘解散并以所收取的对价换回其股东所持有的股份，同时，收购子公司取得目标企业的资产并概括承受目标企业的债权债务。应税前向三角兼并可使收购企业的资产与目标企业的债务相隔离，使收购企业免于用自己的资产来承担目标企业的债务。该收购方式一般也会导致目标企业及其股东两个层面的税收。

4. 视为应税资产收购。根据美国 I. R. C. 第 338 条，在收购企业以现金、债券和/或其他形式的收购对价直接向目标企业股东购买目标企业股票符合该条规定的适格股票购买条件时，收购企业可以做出选择，将适格股票购买视为收购企业以股票购买价格购买目标企业资产之后由目标企业回购其资产。这里的适格股票购买是指收购企业在 12 个月的收购期间内收购了目标企业各种有表决权的股票，并且数量达到其表决权股票总数的至少 80% 以及其他各种股票总数的至少 80%。在该收购交易中，目标企业成为收购企业的受控子公司。在第 338 条下，收购企业行使了选择权，将目标企业本来应该享受的应税股票收购的税收待遇转化为应税资产收购的税收待遇。[①]

（二）应税股票收购

1. 直接股票收购。是指收购企业以现金、债券和/或其他形式的收购对价直接向目标企业股东购买目标企业股票，这是比较简捷的收购方式。在收购完成后，视收购企业所收购的目标企业股票数量占目标企业总发行在外股票数量来决定目标企业是成为收购企业的受控子公司还是成为收购企业的参股公司。应税股票收购与美国 I. R. C. 第 338 条视为应税资产收购的交易形式相同，但因适用不同的税法条款，导致目标企业及其股东的税收待遇迥异。

2. 法定反向直接兼并。是指收购企业在与目标企业合并过程中，收购企业被目标企业兼并，进而解散，目标企业继续存续。这种交易活动被视为兼并公司最终被顺流（downstream）到目标企业的股票出售和购买活动。目标企业以其在收购企业被兼并时从收购企业收取的现金、债券或其他资产，或其自有资产向目标企业股东换取目标企业股票，同时，目标企业将从其股东收回的本公司股票作为收购企业被兼并的对价支付给收购企业，收购企业股东在收购企业解散时即以其持有的收购企业股票换取该目标企业的股票。这种收购交易实质上等于收购企业在收购目标企业股票之后再兼并入已成为其子公司的目标企业。美国 I. R. C. 规定母公司兼并入子公司属于免税公司重组，[②] 因此整个交易在税收上被视为股票收购。

3. 子公司反向三角兼并。是指收购企业设立一家专门实施收购交易的收购子公司，收购子公司被并入目标企业，收购子公司解散而目标企业继续存在，目标企业股东得到现金、债券或其他资产等回报，同

---

① 关于应税股票收购的税收待遇以及应税资产收购的税收待遇将在下文予以分析。

② I. R. C. §368.

时，目标企业将从其股东收回的本企业的股票作为收购子公司被兼并的对价支付给收购企业。由于这种收购交易的实际后果与收购企业直接收购目标企业股票相同，收购子公司只是为了收购目的而短暂存在，不影响交易的实质。因此，在美国，这种收购交易被美国国税局裁定为股票收购。

（三）免税资产收购

1. A 型法定兼并重组。[①] 是指收购企业与目标企业合并，目标企业解散而收购企业继续存在，目标企业的资产及其债务概括转移给收购企业，收购企业支付给目标企业的大部分收购对价必须是收购企业的股票，目标企业在解散时用收购企业股票向其股东换取目标企业股票，兼并后目标企业股东成为收购企业股东。它与应税法定兼并的主要区别在于：前者的收购对价主要是收购企业的股票，目标企业股东在兼并后成为收购企业股东，而后者的收购对价主要是现金、债券或其他资产，目标企业股东在兼并后一般不成为收购企业股东。

2. A 型法定合并重组。是指收购企业与目标企业合并组成一家新企业，收购企业与目标企业都解散，收购企业与目标企业双方的资产、债权债务都概括移转给新设企业，新设企业将其股票支付给收购企业与目标企业，收购企业与目标企业双方在解散时都用新设企业的股票各自向其股东换回本企业的股票，收购企业股东与目标企业股东在合并后都成为新设企业的股东。[②]

3. A 类子公司兼并。有时也称为前向三角兼并，是指收购企业控制的子公司（收购子公司）以收购企业的股票为对价兼并目标企业，目标企业解散而收购子公司继续存在，目标企业的全部或几乎全部资产移转给收购子公司，[③] 目标企业以收购子公司支付的收购对价——收购企业股票向目标企业股东换回目标企业股票，目标企业股东在兼并后成为收购企业股东。前向三角兼并与应税前向三角兼并的主要区别在于：前者的收购对价主要是股票，目标公司股东在兼并后成为收购公司股东，而后者的收购对价主要是现金、债券或其他资产，目标公司股东在

---

① I. R. C. §368（a）（1）.

② I. R. C. §368（a）（1）和欧盟并购指令第 2 条。

③ I. R. C. §368（a）（1）（A）和 §368（a）（2）（D）。这里的“几乎全部资产”是指至少购买 70% 的目标公司净资产且 90% 的目标公司总资产。

兼并后一般不成为收购公司股东。

4. 直接C型重组。是指收购企业主要以自身有表决权的股票为收购对价收购目标企业全部或几乎全部资产，目标企业将收取的收购对价分配给其股东。因此，目标企业股东在收购后成为收购企业的股东，同时目标企业一般都进行清盘解散。实践中，直接C型重组与A型法定兼并重组几乎不可分。①

5. 三角C型重组。是指收购企业的受控子公司（收购子公司）以收购企业有表决权股票为主要收购对价收购目标企业全部或几乎全部的资产。与直接C型重组一样，目标企业必须按照重组计划清盘解散并将从收购子公司收取的收购对价——收购企业的有表决权股票分配给其股东，目标企业股东在收购后成为收购企业股东。与直接C型重组的区别在于，在三角C型重组中，收购企业不是直接以自己的身份而是通过其受控子公司来间接地收购目标企业资产，但使用的收购对价却是收购企业自身的股票。

6. 收购型D型重组。是指收购企业主要以股票为对价收购目标企业全部或几乎全部资产，目标企业按照重组计划清盘解散并将收取的收购对价以及其未被收购的自有资产分配给其股东，目标企业股东在收购后控制了收购企业。② 与直接C型重组一样，收购企业主要以本企业股票为对价换取目标企业全部或几乎全部资产，目标企业立即清盘解散。在收购型D型重组中，"控制"的标准是目标企业股东至少持有收购企业全部有表决权股票的50%或至少持有收购企业全部种类股票价值的50%。因此，作为收购对价的收购企业股票不必限于收购企业的有表决权股票。③

（四）免税股票收购

1. 直接B型重组。是指收购企业仅以本企业有表决权股票为收购对价向目标企业股东收购其所持有的目标企业股票，在交易完成后，收购企业应至少持有目标企业的各类有表决权股票的80%且其他一切种类股票的80%，目标企业成为收购企业的受控子公司，目标企业股东

---

① Richard L. Doerrnberg, Howard E. Abrams, Boris I. Bittker, Lawrence M. Stone: *Federal Income Taxation of Corporations*, Boston: Brown and Company, 1994, p. 454.

② I. R. C. §368 (a) (1) (D) and §354 (b) (1).

③ I. R. C. §368 (a) (2) (H) and §304 (c) (1).

成为收购企业股东。[①]

2. 三角B型重组。是指收购企业的受控子公司（收购子公司）仅以收购企业有表决权股票为收购对价向目标企业股东收购目标企业股票，在交易完成后，收购子公司应持有目标企业的各类有表决权股票的至少80%且其他一切种类股票的至少80%，目标企业成为收购子公司的受控子公司，目标企业股东成为收购企业股东。[②]

3. 反向三角兼并重组。是指收购企业专门成立一家受控子公司（以下简称收购子公司），收购企业将本企业有表决权股票交给收购子公司，收购子公司被兼并入目标企业，收购子公司解散而目标企业继续存在，收购子公司资产（包括其所持有的收购企业有表决权股票）及债权债务移转给目标企业，然后目标企业以收购企业的表决权股票为对价向其股东交换目标企业股票并将收回的本企业股票交给收购企业，交易完成后，目标企业成为收购企业的受控子公司，目标企业股东成为收购企业股东。[③] 反向三角兼并重组交易结果等同于收购企业直接用本企业有表决权股票向目标企业股东收购其所持有的目标企业股票。因此，美国联邦税法将其视为股票收购，从而在税收上忽视收购子公司的存在。反向三角兼并和应税反向三角兼并的最主要区别在于：前者收购企业使用的收购对价是本公司的表决权股票，目标企业股东成为收购企业股东；而后者收购企业使用的收购对价则主要是现金、债券或其他财产，目标企业股东在收购之后一般不成为收购企业股东。

---

① I. R. C. §368 (a) (1) (B) and §368 (c).

② I. R. C. §368 (a) (1) (B) and §368 (c).

③ I. R. C. §368 (a) (1) (A) and §368 (a) (2) (E).

第二章 跨国并购税收利益冲突的法律解构

任何法律都充满利益冲突，税法自然也不例外，可以说利益冲突是税法生存的原因所在，也是推动税法前进和完善的动力之源。不过，税法的利益冲突相比其他法律，有其自身的复杂性，而这种复杂性很大程度上是税法利益结构的特殊格局所致。综观跨国并购所得课税，大致有如下两个层面的税收利益冲突：居住国和来源国间的税收利益冲突、征税国与跨国纳税主体之间的税收利益冲突。税法之于利益具有明显的可视性，因为在税法中不但有需要保护的利益，还必须证明保护的理由和界限，纳税人与国家之间、国与国之间的税收利益冲突是几乎所有国家都不可消除的矛盾，而在当前复杂的全球国际关系下，则尤为凸显。

一、跨国并购中税收利益平衡的一般法律意义

（一）跨国并购中的税收利益的法律性质

追求利益是人类社会最一般、最普遍、最基础的心理特征和行为规律。[①]“在商品经济社会，人们奋斗的一切都与他们的利益有关”，[②]利益是人类历史变迁的根本动力。一切社会活动的中心是利益，一切社会关系的核心是利益关系（广义利益关系），在这种社会利益关系体系中，首要的、核心的就是经济利益关系。从法律意义上看，利益与权利息息相关，权利最直接地体现为利益，利益被认为是法律背后的实质性因素。法律中的权利，实质上反映着法律所调整和确认的各种利益，义务的履行既是为了使权利得到保障，也是获取利益的要求。法律是协调和实现利益的重要保证，具有重要的利益调控作用。这种作用包括利益

① 张文显：《法学基本范畴研究》，中国政法大学出版社 1993 年版，第 275 页。
② 《马克思恩格斯全集》（第 1 卷），人民出版社 1995 年版，第 82 页。

调整、利益选择、利益协调，以及利益冲突的平衡。正如法理学家博登海默指出的“法的主要作用之一是调整相互冲突的利益”“对相互对立的利益进行调整以及对它们的先后顺序予以安排，往往是靠立法手段来实现的”。[①] 另外，利益也是法律背后起支撑作用的决定性因素，决定着法的产生、发展和运作。德国学者耶林提出，“一切法都受到利益与目的约束”[②]，法律离不开利益。利益背后反映的实际上是一种社会关系，即利益关系。由于社会经济生活中的利益主体复杂多样，利益要求各不相同，并且利益的重要性程度也彼此有别，一个法律制度在进行利益调整时需要根据当时的特定历史环境和立法宗旨，对各种利益关系进行调整。

利益是法学研究中的一个非常重要的概念和范畴。国际税法学上的税收利益在性质上属于广义的利益范畴之内的经济利益的一种。跨国并购所得课税制度中的税收利益是居民国、来源国的征税权以及并购交易主体依法纳税的基本要素。具体来说，作为国际协调机制的税收协定以及居民国和来源国各自制定的单边跨国并购所得课税制度中的税收利益，分别是居民国和来源国税收管辖权的基本要素，同时也是跨国并购当事主体的纳税人权利的基本要素。在税收协定以及居民国或来源国的单边跨国并购所得课税制度框架内，每一个利益主体，包括作为征税主体的国家以及作为纳税主体的并购企业、目标企业及其股东都有权在这个范围内寻求和获得最大化的利益，并且有权在制度限度内保护自己的正当利益不受侵犯或妨碍。当然，各个利益主体追求的价值目标不一样，并因此而形成了利益追求的多样性。尽管不同利益主体的利益追求存在多样性，但是他们追求的利益也具有一定程度的一致性或类同性，各利益主体在追求自身利益的同时，能够与其他主体的利益形成一种互动关系，形成利益追求上的趋同性。这种趋同性使协调各方利益的跨国并购所得课税制度的产生成为可能。

“经济法制度的实施必须尽量对各类主体的利益给予公平、有效的保护，以实现各类主体利益的平衡。”[③] 平衡协调理念同样是税法的基

---

① ［美］E. 博登海默：《法理学——法哲学与法律方法》，邓正来译，中国政法大学出版社 2017 年版，第 413 页、第 415 页。

② ［德］魏德士：《法理学》，丁晓春等译，法律出版社 2013 年版，第 233 页。

③ 张守文：《经济法理论的重构》，人民出版社 2004 年版，第 55 页。

本理念，税法中的平衡协调理念，从社会整体利益出发，协调各利益主体的行为，平衡其相互利益关系，以引导、促进或强制个人目标和行为保持在社会整体发展目标和运行秩序的轨道上，从而达到经济总量的平衡、结构的优化和秩序的和谐。税法中的平衡协调是超越形式平等的纳税主体权利与义务的分配，是期望对利益主体的实质上的利益平衡。税法的平衡协调是一种价值体现，既要保持整个社会的经济秩序，实现社会整体效益的增加和国家对于经济生活的调控，又要保证私法调整范围内的意思自治。

除上述税收利益平衡协调理念所承载的经济利益需要内涵外，跨国并购税制中的平衡协调理念还具有鲜明的政治意愿的韵味。跨国并购中的税收利益协调涉及的利益主体至少有两个具有平等主权的征税主体。即使在经济全球化下，抽象的、应然的税收主权仍然是绝对的、不可分割的，任何一个国家和组织都不能擅自改变别国税收主权存在的现实，也不能抹杀本国税收主权存在的必要性。这种浓郁的多国主权的政治色彩让跨国并购各方主体的税收利益的平衡协调要较之单独税收主权下的协调更为复杂、难解，采取何种平衡协调模式以及效果如何，取决于有关国家的政治意图以及实现这些意图的相应法律制度机制。很多时候，国际的税收利益的平衡协调是以政治上的合作为前提的，同时税收协调也经常成为政治合作的工具，两者互为表里，并共同以相应的法律制度作为最终的表达。正如学者艾伦·詹姆斯认为，“主权是国家存在于国际生活中的条件，是一个法律问题而非道德问题，体现为一个法律事实而非物质事实”。[①] 意即法律上的主权也许是平等的，也应该是平等的，但现实中的主权却未必能实现这一点。事实也的确如此，经济全球化创造了一个并购交易随时可能以各种复杂的形式发生在世界某个角落的市场环境，并购交易主体以及并购市场本身在地理意义上不断分散、利润不断分散，如果各国不对税收主权的应然与实然进行区分，无视法律上的税收主权和事实上的税收主权有可能存在的不一致（甚至经常不一致），是无法及时回应经济全球化所产生的跨国、复杂并购交易方式和结构的。因此，各国的跨国并购所得课税制度必须能够针对全球市场发

① Alan James: *Sovereign Statehood—The Basis of International Society*, Allen & Unwin. Cambridge University Press, 1986.

展给并购所带来的变化做出及时的回应，其税法的宏观调控及利益平衡的目标才能得以实现。

本书将跨国并购所得课税制度实现各类主体利益平衡的最基本的主张概括为：跨国并购所得课税制度的立法目的、基本原则，以及具体规则的设计应着眼于如何衡量解决跨国并购中有关国际双重征税的利益冲突、有关国际避税的利益冲突、有关市场竞争力的利益冲突。将跨国并购所得课税制度中的税收利益平衡理论的基本内涵概括为：应当以国家税收主权的尊重作为多元利益平衡的前提，以平衡并购各方当事主体的税收利益作为国家税收管辖权行使的制约机制，以公平和效率为价值基准合理设计单边税法规则和双边协定条款中各方主体的权力与义务结构，将平衡各方主体的税收利益贯穿整个跨国并购所得课税制度的解释与适用中。

（二）税收利益冲突协调的必要性分析

1. 利益冲突的现实性

利益在本质上根源于一定社会的物质生产关系，而利益的实现都是在一定的有限资源条件下完成的，有限的社会资源在满足不同利益主体需求时的有限性和条件性，使相关利益主体由于追求的目标不同而产生利益纠纷和利益争夺的情形难以避免。① 正如庞德所言，人的本性中的欲望和扩张性与社会本性具有矛盾，正是这一矛盾产生了利益冲突的根源。② 利益冲突问题在税收领域内并不陌生，美国就是在税收利益冲突中诞生的。在国际税收领域中，全球化引发各国竞相将吸引资本投资作为宏观经济政策的目标之一，追求国家税收利益最大化是每个主权国家的理性选择，但全球资本的相对稀缺性成为诱发各国税收利益冲突的基础性因素。

税收政策是服务于国家利益的重要手段，而各国本身的经济发展水平不同、历史文化存在差异，每个国家都是根据本国的国情，从本国客观的政治经济状况出发来确定税收政策及法律制度的，由此决定了各国税制的迥异。这种税制的差别既体现在同一课税对象在国际税负水平的

---

① 冯晓青：《知识产权法利益平衡理论》，中国政法大学出版社 2006 年版，第 15 页。

② ［美］罗斯科·庞德：《通过法律的社会控制法律的任务》，沈宗灵、董世忠译，商务印书馆 1984 年版，第 89 页。

差别，又体现在同一课税对象在其内部地区与地区之间、行业与行业之间，以及囿于资本的来源、投向不同等而形成的国内税负水平的差别。尽管全球经济的一体化在客观上促使各国之间在税制上不断地相互借鉴，税收差别已经在缩小，但毕竟不可能完全一样，这就使得国际税收竞争不可避免，而国际税收竞争又成为国家间税收利益冲突的直接导源，并表现为居民国与来源国之间的税收利益冲突以及征税国与跨国纳税主体之间的税收利益冲突。上述税收利益冲突引起的税收利益动荡，也必然会要求实现相对的税收利益平衡。

2. 建立利益冲突协调机制

考察人类社会的发展历程，不难发现，对多元的利益冲突进行不断的利益协调，促进了社会的发展和进步。法律在对这种多元的利益冲突进行不断的调整中凸显了其独到的价值。以法律选择形式加以协调，是法律的重要功能。法律制度就是利益选择的结果。通过利益选择，能够确定一定时期的利益导向和利益主次关系，并确定应当鼓励和限制的利益，从而使法律对利益的配置实现最大化。利益选择需要对可能相互冲突的利益进行价值判断，进而将那些符合价值取舍标准的利益纳入法律调整的范围并予以保护，排除那些不符合价值取舍标准的利益，再进而进行利益的二次选择。这个过程即属于利益平衡的过程，其目的是有效配置权利和义务。利益平衡是利益体系的相对均衡、相对和平共处的状态。在跨国并购领域，居民国与来源国之间以及纳税人与征税国之间的课税关系，看似在强调权利与义务，或权力与权利之间的“均衡”与“平衡”，但实际上强调的是这些权利和权力背后的利益的均衡。① 双边税收协定对缔约国间税收利益的调整需要以消除双方国家间的双重征税为宗旨，根据特定所得的类别，对缔约国各自的税收管辖权进行有目的的调整。例如，对于跨国并购中的目标企业股东的外国来源所得，在决定是否对这种利益征税问题上，跨国并购所得课税制度的利益选择在不同历史时期、不同国家表现不同。对于新兴转轨国家，当其经济正处于快速发展阶段、主要作为资本输入国时，其跨国并购所得课税制度利益选择的天平通常会倾向于境外投资主体，旨在吸引更多的外国投资。随着科技的不断进步、国家外汇储备的进一步充足、国内企业规模和实力

① 张守文：《经济法理论的重构》，人民出版社2004年版，第55页。

的加速提升，其资本输入国的地位逐渐被资本输入和资本输出双重身份所代替，甚至在某些领域资本输出国地位尤为凸显，经济的发展打破了原有的税收利益关系的平衡，跨国并购所得课税制度需要对这一税收利益关系的变化做出反应，重新进行利益选择，使本国跨国并购所得课税制度能够在新的经济发展环境中重新维护各利益主体间的利益平衡。典型例子是2007年退出历史舞台的我国《外商投资企业和外国企业所得税法》及《企业所得税暂行条例》，取而代之的是平等适用于居民企业和非居民企业的《企业所得税法》。

（三）税收利益协调的适度性分析

1. 合理性

“文明的进步会不断地使法律制度失去平衡，而通过把理性适用于经验之上，这种平衡又会得到恢复，而且也只有凭靠这种方式，政治组织社会才能使自己得以永久地存在下去。”①

在哲学范畴上，平衡是矛盾暂时的相对统一或协调。“平衡总是以有什么东西要平衡为前提，就是说，协调始终只是消除现存的不协调的那个运动的结果。”② 平衡是许多学科都要研究的问题，无论是物理学还是生物学、经济学还是法学，都是从不同角度探讨自然或社会中的平衡问题。当它适用于法学和经济学领域时，平衡与效率和公平因素紧紧地联系在一起，因而具有更加重要的价值。由不平衡到相对平衡的反复过程是平衡的发展规律。平衡的相对性反映出平衡是有条件的，出现在一定的情势之下，离开了特定的环境和条件，平衡将被打破。税法中的平衡既体现在税率、税前扣除标准、亏损结转年限的确定上，也体现为纳税人权益诉求机制的建立与税收当局调整纳税的权力授予，等等。

利益平衡也称为利益均衡，是在一定的利益格局和体系下出现的利益体系相对和平共处、相对均势的状态。③ 本质上，分配、协调与平衡各主体的利益是法律规范的最重要价值判断与考量。利益平衡论的思想源于德国的自由法学及在此基础上发展起来的利益法学。利益法学派代表人物赫克、惹尼等认为最大满足当事人意愿的方法是“在正义的天平

---

① ［美］E. 博登海默：《法理学——法哲学与法律方法》，邓正来译，中国政法大学出版社2017年版，第149页。

② 《马克思恩格斯全集》（第26卷），人民出版社1973年版，第604页。

③ 冯晓青：《知识产权法利益平衡理论》，中国政法大学出版社2006年版，第11页。

上认识、衡量所涉及的利益，并根据某种社会标准去确保其间最为重要的利益的优先地位，最终达到可欲的平衡”，[①] 这直接影响着不同法律关系中各类主体之间的和谐度。因此，具有哲学意义的平衡或均衡的价值目标，对于法学的各个领域都是适用的。从经济学角度看，平衡构成了跨国并购所得课税制度的“效益”目标。这种效益在跨国并购所得课税制度中不是表现为直接经济效益的形式，而是表现在通过跨国并购所得课税制度规则的设计，平衡和协调居民国和来源国的税收利益、征税国和跨国纳税人的税收利益，最终旨在促进相关国家乃至全球并购资源的效用最大化。

2. 相对性

任何社会都存在与其社会政治、经济和文化等环境相关的不同利益主体，包括利益个人和利益群体。利益个人、利益群体之间存在着一定的利益差别，具有一定利益差别的复杂多样的利益共同体相互依赖、相互制约、相互影响、相互渗透、相互对立，共同组成了一个复杂多元的社会利益体系，这个多元的社会利益差别体系又构成一个多种多样的利益格局。协调各种利益主体间的利益关系，具有重要作用。利益平衡要求尽量减少利益冲突，尽可能保持利益体系的稳定和利益格局的均衡，避免利益失衡。然而，利益平衡又是相对的，具有其自身的局限性。利益的多元性和主次性使得利益冲突在客观上无法避免，随着社会政治、经济和文化的发展与变化，必然出现新的利益矛盾和利益冲突取代既有的矛盾和冲突，正如马克思所说：“利益就其本性来说是盲目的、无节制的、片面的，一句话，它具有无视法律的天生本能。”[②] 基于原来利益体系和利益格局的利益平衡将被打破，这就需要实现新的利益平衡。全球化作为21世纪最重大的经济事件，促使各国政府和跨国企业为了提高竞争力而实施全球化战略，跨国公司不断地扩大其全球战略目标，它们和单一国家之间的联系正变得不再紧密，而国际金融市场的蓬勃发展让经济实体可以自由跨境转移资本，各种商品和生产要素的跨国界流动对各国传统政策和法律造成冲击，这种冲击在税收领域尤其明显。一

① ［美］E. 博登海默：《法理学——法律哲学与法律方法》，邓正来译，中国政法大学出版社2004年版，第145页。

② 《马克思恩格斯全集》（第1卷），人民出版社1995年版，第288－289页。

方面，税法较其他法律来讲都相对封闭，国家之间的税法差异也较大，税法的这种状况阻碍了诸要素的跨国流动，当这种冲突发展到一定地步，国家之间基于各自利益的考虑，不得不对各自税收制度进行主动调整或相互妥协；另一方面，一国在跨国投资中所处的地位随其在全球的经济竞争力的提升，逐渐从一直主要作为资本输入国转而成为资本输入与资本输出地位的并驾齐驱，甚至资本输出国地位后来居上，这要求必须及时调整单边跨国所得课税制度中以及对外缔结的双边税收协定中对于本国征税权地位的定位，从单一重点强调来源国税收管辖权到将来源国税收管辖权与居民国税收管辖权两者并重。

二、跨国并购中税收利益冲突主体、客体及冲突样态

不同法律制度下考察的跨国并购中的相关利益主体的范围大致相同，但各项法律制度只能基于法律的价值与功能来专项协调若干并购当事主体之间发生的若干利益冲突，如反垄断法律制度协调并购企业与国内乃至国际市场的其他同业竞争者之间因占有市场份额而产生的利益冲突；现代公司法律制度协调并购企业和目标企业内部股东、董事、监事、高级管理层、职工的利益冲突，协调目标企业及其股东与并购方的利益冲突；等等。那么，国际税法作为一种重要的制度安排是用来协调跨国并购中什么主体之间的什么利益关系呢？厘清跨国并购中的各种税收利益关系，也即税收利益结构，是实现跨国并购所得课税制度的税收利益平衡的前提，而连接税收利益网格的是跨国并购中各个税收利益主体，各主体间以利益博弈形式建立相互间的连接。

（一）交易主体与法域主体

作为跨国并购所得课税制度调整对象的跨国并购课税关系，是两个或两个以上的主权国家与纳税人相互间在跨国并购交易所得上产生的经济权益分配关系，是有关法域主体之间的财权利益分配关系和它们各自与交易主体之间的税收征纳关系的统一体。

1. 交易主体及其纳税义务

无论是跨国并购还是国内并购实质上都是关于产权的交易。从所得课税角度看，产权交易形式产生的所得一般要在公司层面和股东层面进行分配，相应地，所得课税也体现为两个层次，一个层次是对作为并购交易主体的并购企业或其实施并购的子公司以及目标企业征收公司所得

税；另一个层次是对作为并购交易主体的股东征税，企业股东可以进一步区分为个人股东和法人股东，当股东为个人股东时征收个人所得税，当股东为法人股东时征收公司所得税。

从单一国内所得税法角度看，交易主体及其股东承担所得税义务的基本形式为当期缴纳所得税收，或者延期缴纳所得税收，或者免予缴纳所得税。纳税人最终承担哪一种纳税义务以及税收负担大小的确定主要取决于跨国并购交易结构以及目标企业的税收属性。跨国并购的具体交易结构主要涉及并购对价的支付方式以及融资方式。其中，并购支付方式的选择是最为根本的问题，决定了跨国并购的税收性质是应税还是免税，而并购交易的税收性质又影响着并购交易的交易主体及其股东的纳税义务的承担，也决定了目标企业的税收属性是否由并购企业继承的问题。目标企业的税收属性尤其指目标企业具有的净经营亏损、各种税收抵免等有利税收属性，在免税跨国并购中，目标企业的税收属性一般可以如同目标企业自身一样得以保存，并由并购企业继承，也可能虽被保存但被加上种种限制，如对净经营亏损的每年的使用额有一个特别的数额限制，这主要取决于企业所在国的相关税法规定。从国际税收协调角度看，交易主体纳税义务的承担主要表现为所得是否存在国际性双重征税，以及如何消除这一问题。

2. 法域主体

跨国并购中的另一类税收利益主体是对跨国并购交易主体因并购而获取的所得享有税收征收管理权的国家，这类国家分为两种：一种是以交易主体的居住国的资格出现，对其行使居民税收管辖权，为资本输出国；另一种则是作为交易主体的并购所得的来源国或财产所在地国，对纳税人主张所得来源地税收管辖权，为资本输入国。来源国可能是被并购企业所在国或被并购资产所在国，居民国可能是并购企业为其居民的国家，也可能是并购子公司的母公司为其居民的国家。税收管辖权是与上述两个法域主体之间发生税收利益冲突及协调利益冲突相关的根本性问题，跨国并购中对交易主体的国际双重征税的发生及避免都同税收管辖权有密切联系。

一般而言，作为一个主权国家，出于维护国家财政利益的考虑，会尽可能地扩大或延伸自己征税权力的行使范围。主权是国家的本质特征，它是指一种绝对的、持久的、不受任何法律约束的、对公民和居民进行统治的最高权力。[①] 主权是民族国家的灵魂，对内享有最高权威性，对外享有最高独立性。维护主权是每个理性国家的必然选择。税收主权是国家主权的一个重要组成部分，是国家经济主权的体现，从一国的角度来看，它是国家在征税方面所拥有和所行使的不受外来约束的正当权力，就国与国之间的关系而言，国家税收主权独立自主本身就包含着各国税收主权平等的含义。国际社会是由各个大小不同但主权平等的国家所组成的，这种客观事实本身决定了一国政府不可以漫无边际地扩大或延伸其税收主权的实际行使范围，也即各国实然层面的税收主权——税收管辖权的实现要遵循一定的原则。在各国长期实践的基础上逐渐形成了税收管辖权的两个行使原则：属地原则和属人原则，并由此将税收管辖权分为来源地管辖权、居民管辖权和公民管辖权。来源地税收管辖权就是属地原则的体现，是指一国对来源于本国境内的所得行使征税权，而不论纳税人是哪一个国家的居民或公民；居民（或公民）税收管辖权是属人原则的体现，居民管辖权是指一国对符合本国税法关于“居民”规定的本国居民（包括法人居民和自然人居民）[②] 的来自本国境内和境外的收入，即在世界范围内的所得行使征税权；公民管辖权是指一国对具有本国国籍的公民在世界范围内的所得行使征税权。每个主权国家都有权根据自身利益的需要选择相应的税收管辖权，实践中，有的同时实行地域、居民（或公民）管辖权，有的单独实行来源地管辖权，有的同时实行来源地、居民和公民管辖权。这也使得在跨国并购所得课税关系中，一个征税国经常同时具有居住国和来源国这样的双重

---

① 张碧琼：《经济全球化——风险与控制》，中国社会出版社 1999 年版，第 19 页。

② 国际税法上的居民，一般是指按照一国法律，依住所、居所、管理场所或其他类似性质的标准，负有纳税义务的人，既包括自然人，也包括公司或其他社会团体。参见 OECD Model Convention and Commentary（2008）on the Article 4。尽管范本中列出居民的一系列认定标准，但各国可能采用上述标准中的一种或几种。各国认定标准的不一致，以及跨国所得的存在，导致双重居民身份而引起的双重征税问题。目前国际条约尚未对居民认定标准规定任何准则，各个国家根据国内法律规定税法上居民的构成条件，并在双边国际税收协定中规定特别条款，以明确优先采用何种居民概念。比如，OECD 和 UN 税收协定范本对于同时成为缔约国双方公司居民的，首先以实际管理机构所在国为其居住国。然而在有些情形下，判定公司的实际管理机构并非易事。对管理机构和控制中心的不同理解，会引起国家之间居民税收管辖权的冲突。因此，有关国家在其双边税收协定中规定公司居民身份发生冲突时，由缔约国双方的税务主管当局协商解决。基于研究主题所限，本书不对各项认定标准展开讨论，直接以并购企业居住国作为跨国并购交易法域主体之一的居民国。

地位。对那些具有该征税国居民身份的交易主体而言，它是居住国；对那些不属于其居民的非居民纳税人而言，它又是来源国。税收管辖权的类型选择，往往反映出国家的经济地位及维护本国财政利益的需要。在正当与合理的同时，各国对于税收管辖权类型的选择也必然导致征税权力的交叉，不同国家的税收管辖权会同时叠加到交易主体的同一笔所得上，产生税收利益分配的矛盾，进而产生如何在这两个征税主体和跨国纳税人之间实现经济利益的合理分配关系问题。

（二）跨国并购中税收利益冲突的客体

1. 资本收益

跨国并购交易产生的所得是引发各利益主体间税收利益冲突的客体。跨国并购交易主体出售的资产或转让的股权都属于资本性资产，由此而实现的所得，在税法上被称为资本利得或资本收益。① 关于资本收益的定义，经济学家劳伦斯·赛尔茨将其概括为："从法律和一般观点上看，资本利得被认为是拥有者不是为了经营而进行库存的，或者非规则地销售的各种资产，因市场价值上升而实现的获利，资本利亏则是这些资产因市场价值下跌而遭受的损失。"资本收益有广义和狭义之分，狭义的资本收益是指已经实现的资本收益，广义的资本收益既包括狭义的资本收益，也包括尚未实现的资本收益。广义的资本收益是观点上的，与资产是否被处置交换无关，只要在持有资产期间，持有资产的市场价值产生了增加，就认为是产生了广义的资本收益。资本收益作为所得的组成部分，像其他所得一样，体现为投资者的投资能力或购买消费能力的增加，体现为纳税人的经济行为带来的财富增值，自然也应属于应税所得，应税所得衡量的是纳税人的负税能力或纳税能力，和其他的所得一样进行课税，因此，对资本收益理应与其他所得一样进行课税，

① 资产或股权均属于资本项目，股票在证券交易市场上可能增值也可能贬值，机器、设备等资产在市场上出售可能增值或亏损，因此，资本项目销售价格与购入时价值之间的差额为正数时是资本利得，为负数时是资本利亏。

才能体现税负公平，[①] 并且，对资本收益进行课税也可以将部分资本性资产收归国家所有，一定意义上能够缩小社会成员之间收入分配的差距。

从单一国家所得税法角度看，在跨国并购交易中，无论是目标企业还是并购企业抑或其法人股东承担的公司所得税，还是交易主体的个人股东承担的个人所得税，实质上都是对出售资产或转让股权产生的资本收益如何进行税务处理的问题。实际上，不同的资产在不同的经济条件下都可以产生资本收益。在跨国并购交易条件下，并购交易主体层面上的资本收益可能来自目标企业出售资产时资产价值的自然增值、目标企业资产的加速折旧[②]，也可能来自作为并购支付对价的债券的价值增值，并购交易主体股东层面上的资本收益则可能来自股东出售目标企业或并购企业股票时股票的价值增值等。

---

① 既然资本利得为所得的一种，它的课税理论基础也是基于所得课税的理论，一是“源泉说”。代表人物是弗里茨·纽马克，认为对某种所得是否应当课税，要依据所得产生的源泉来判断，应税所得的产生形式应该具有循环反复发生的源泉性质。该说认为资产的处置交换并没有对国民经济有实质的贡献，只是资产所有权的转移，也没有创造出价值，因此不能发生所得，只是产生利益的重新分配，所以不征收所得税。二是“净资产增加说”。代表人物是德国经济学家范·尚茨，该理论始终坚持对资本利得应当征税的观点。认为不论一项所得产生的原因是什么，在某一时期内净资产增加，即期末的净资产额比期初的净资产额要大，就产生了所得。从而扩大了应税所得的范围。三是近些年新兴起来的“消费支出说”，代表人物是英国经济学家阿尔弗雷德·马歇尔等，该学说认为所得的客观性与现实性最终在消费上体现，因此所得应当是从消费中获得的满足，并且这种满足是以货币衡量的。在理论和实践方面被普遍接受的是“净资产增加说”，认为这一学说包含着应当将所有来源的所得包括在应税所得中的公平的观点，否则，消费能力相同的人们最终承担的应纳税额就会不同，资本利得虽然不是永久性来源所产生的收益，但在实际上增加了纳税人的消费能力，对纳税人的纳税能力产生了影响。而按照税收公平原则，对纳税能力相同的人课征相同的税收，对纳税能力不同的人课征不同的税收，在其他条件相同的情况下，获得资本利得的人显然比没有取得这种收入的人具有更强的纳税能力，应当负担更多的税收。从税收效率原则上看，净资产增加说将各种所得都一视同仁，其对经济活动造成的扭曲要比来源说小许多。净资产增加说被我国等许多国家作为税制设计的理论基础。

② 资产的加速折旧有税收折旧和经济折旧之分，两者的计算因为目的和方法的不同往往造成的结果也很难相同，两者的背离就可能产生资本利得或利亏。如果税收折旧超过经济折旧，那么资产的账面价值（税法调整后）就被低估了，从税收角度讲就产生了资本利得。反之当税收折旧低于经济折旧时，就会产生资本利亏。当资本利得适用优惠税率甚至免予征税时，就很可能造成税收的不公平，当产生资本利得时，就有一部分本来适用一般所得税率的折旧适用了较低的资本利得税率甚至不被征税。反之则造成本来适用资本利得税率或不被征税的折旧适用了一般所得税率。

在明确对资本收益课税的基础上，如何进一步确定对其课税就涉及税负选择的问题，核心问题是对资本收益是否实行税收优惠。从各国税法实践来看，资本收益的税负处理一般有三种形式：（1）基于公平税负，将资本收益作为普通所得同等课税，根据其所属的主体（个人股东还是公司股东）分别课征个人所得税与公司所得税。理由是资本的转让所得从实质上来说，与其他所得一样，都使纳税人具有相应的纳税能力，不同的纳税人之间纳税能力的差别是由所得的数量所决定的，而不是由获得所得的来源所决定的。如果对资本利得适用低于其他所得的税率，会诱使人们将普通所得通过税收筹划转化为资本利得，造成国家财政收入的减损，典型的国家如澳大利亚、日本、阿根廷、荷兰、西班牙以及中国等。（2）将资本收益单独进行确认与计量，并实行不同于企业所得税或个人所得税的特殊征税政策，即实现单独的资本利得税，许多国家采取低税率政策，① 如英国、德国、② 美国、法国、加拿大等国。理由是，首先，资本利得与其他所得不同，持有人往往是经过长时间的所有，然后将其转让或出售才实现增值的，如果像对待其他普通所得一样，在该项利益的实现年度课累进税率，显然有违税负公平原则。其次，"锁定效应"的存在，对资本收益采用高税率将很难实现征收，且通货膨胀的存在增加了资本收益的实际税负。最后，对资本收益采用轻税政策，可以起到鼓励投资、鼓励资本流动的目的，从而有利于提高经济增长率。（3）实行免税，对资本利得不征税，如我国对个人股东转让上市公司股票的所得不征收个人所得税。有的国家还针对长期资本利得和短期资本利得的不同采取不同的税率，对长期资本利得实现低税率。

无论是将资本收益并入综合所得按照普通所得税率征收还是单独适用优惠税收政策，从根本上讲，是与代表各国经济发展水平的资本市场、产权市场的大发展正相关，与个人收入分配差距不断加大相联系的。本书赞同大多数国家在立法实践中所采取的对资本利得实行税收优

---

① 夏禹川、肖坤：《资本利得课税的比较与研究》，载《北方经济》2008 年第 9 期。

② 德国 2009 年以前的税法规定个人出售已持有 1 年以上的股票取得的收益免予课税，但在 2008 年企业所得税改革方案中对资本利得税的征收方式做出调整，规定自 2009 年 1 月 1 日起对利息、股息和个人出售有价证券（无论持有期间长短）的所得全额征收资本利得税，税率为 25%，再加上团结税和宗教税，德国新税制下资本利得的实际税率达到 28%，也即德国税法自 2009 年起取消了对长期资本利得与短期资本利得区别征税的措施，而代之以全额统一征税。

惠政策，即不仅考虑到对资本、投资的影响，而且考虑到不同的收入来源给纳税人带来的未来经济能力是不同的。要体现相同的纳税能力应承担相同税负的税收公平原则，就不仅要以所得数量为依据，还应当以所得来源为依据。

从本质上讲，资本收益的产生都是客观的，而无论其是否实现。大多数对资本收益课税的国家是在资本性资产的转让行为发生时予以课税，也有些国家只对已经实现的资本收益课税。在某些情形下，尽管发生了资产转让，但从税收目的上看并没有相关资本收益被实现。例如，资产转让的资本收益被用来购买新的资产。这时，只能依赖于国内税法来确定是否实现了资本收益。[①] 如果资本收益的征税国在资产进行转让时没有行使征税权，也即以收付实现制为基础，可能发生的问题是交易主体可能通过并购以资本利得替代一般所得，旨在适用居住国的资本利得优惠税率，从而减轻公司及其股东的整体税负。如果以“权责发生制”为基础来确定纳税义务发生时间，将可能导致股权所有者为缴税而被迫过早处置所拥有的股权资产，如果股东持有的是公开发行的股票，由于股票的市场价格时刻更新，实际处置股票时，初始计算的未实现资本收益和真实实现的资本收益，必定存在较大的差距。总之，因来源国和居民国采用权责发生制或收付实现制的不同，而有可能影响并购法域主体及交易主体及其股东的税收利益。

2. 股息所得

跨国并购交易主体所实现的收益绝大多数为资本收益范畴，但是在如下情形中则会产生股息所得。一是当目标企业或被目标企业兼并的收购子公司存在未分配税后利润时，其股东实现的收益将包含着股息所得；二是当应税跨国资产并购中存在现金对价交易时，目标企业以股息形式将该现金分配给其股东，将产生股息所得。上述股东取得的股息所得数额等于按持股比例应分享的份额。

（三）税收利益冲突的样态

1. 基于税收管辖权的利益冲突：国际双重征税

在跨国并购交易中，并购企业及其股东、目标企业及其股东以及被

---

① OECD Income and Capital Model Convention and Commentary (2017), commentary on the Article 13.

并购的资产可能来自两个或者两个以上国家，各主体在发生并购以前在各自居住国按照其相应的课税规则被施以不同的税收管辖权。但跨国并购交易中，作为一国的居民纳税人将其经济活动扩展到他国税收管辖权范围内，并获取了以别国为收入来源地的所得，而且，对于某些国家而言，并购企业或者目标企业的身份将发生变化。由于各国选择税收管辖权类型不尽相同，或是居民（或公民）管辖权，或是来源地管辖权，或二者兼而采用，这种税收管辖权的交叉形成征税主体的多元化并对并购中的同一纳税主体、同一所得发生多法域主体的税收征管，引发国际性双重征税。尽管孤立地考察跨国并购中的居住国或来源国，并购交易主体之间在国内的税收负担可能是公平合理的，但跳出国家范围来看，在发生跨国并购所得国际性双重征税的情况下，并购交易主体的税收负担就不公平了。[①] 比如，目标企业由于转让分别位于不同国家的资产而取得所得，就可能在几个国家履行纳税义务，虽然目标企业与某一个仅在本国内从事活动的人有大体相同的收入，具有相同的纳税能力，但会由于成为跨国纳税人而被迫承受双重或多重的税收负担，显然有违税收公平。在这种情况下，主权国家一方面要维护自己的经济主权，坚持税法的内国法性质；另一方面要被迫适应国际经济关系相互依存的格局，积极调整和有关国家进行税收上的谈判、协调，或者通过国内法的单边调整，或者通过国际法上的双边或多边调整，并将二者有机地结合起来，最为典型的就是经合组织及联合国两个税收协定范本及绝大多数国家签订的双边税收协定，至今已经成为协调解决各国税收管辖权冲突的重要法律渊源，税收协定中一般将赋予居民国消除跨国所得双重征税的义务作为跨国所得税收管辖权的一般分配原则。因此，居民国国内税法的相关规定对于是否能够实现跨国并购交易主体的单次纳税义务就显得意义很重大了。

2. 基于征税权和税负从轻权的利益冲突：国际避税

作为理性的经济人，各个市场交易主体在从事跨国并购行为中，一般以效益最大化作为其行为选择的最根本标准。除了经济全球化以及科技革命等宏观上的客观动因之外，跨国并购交易展开的直接的微观动因应当是交易结果是否能够提高企业自身竞争力以及是否给企业带来利润

---

① 程永昌主编：《国际税收学》（第2版），中国税务出版社2006年版，第45页。

的最大化。最终收益的实际取得是促进企业展开跨国并购的内在根本动因。在各国既定的税法规则下，税法义务的承担与以效益为最根本考量的跨国并购之间的冲突便无可避免。跨国并购交易主体因其并购交易行为的发生或收益的取得而负担纳税义务，在法律形式上表现为该主体（并购企业及其股东以及目标企业及其股东）将因并购交易行为所取得的收益或所得以税收形式无偿让渡给牵涉国家，从而减少其收益权或财产权。因此，纳税义务的承担成为企业从事跨国并购交易活动的重要成本，将直接影响其收益的水平。税收是对纳税人财产的强制性转移，是对其财产权的一种合法侵害，而且，税收不具有直接的、显性的、个体意义上的对等给付，以税收为对价的公共产品和公共服务的非排他性和竞争性品质使其受益者具有“搭便车”的主观倾向性。税收成本越高，在某一纳税人看来，其税后净收益即越低。跨国交易主体从事并购活动，其主要目的是获取尽可能多的财产或收入，而纳税则是将其收入单方面地转移给某一国政府，而且是无偿的所有权的转移，在利益驱动下，力图减轻其税收负担、最大化其税收收益成为并购交易主体的本能欲望，自觉考量。

当然，在跨国并购交易中，“税收可能只是影响公司做出地域选择的诸多因素之一。市场进入壁垒、东道国的基础设施、劳动力成本以及人员培训水平等其他要素可能比在当地的税收负担更为重要，税收负担也许不会成为企业重新选择经营地域的唯一理由，但对企业做出跨国投资决策则是至关重要的”。[①]除上述纳税人的趋利避害的本性外，客观上，各法域主体间非一致的税制结构以及缔结的双边国际税收协定也给跨国并购交易主体带来更广阔的基于税负从轻考量的交易结构的选择空间，另外，由于双边税收协定在消除某些类型的国际性双重征税的乏力给跨国纳税人造成额外的税收负担，也更进一步激发并购交易主体税负从轻的冲动。

尽管“宪法保障人民之自由权，因此，纳税义务人得自行调整其经济活动，以期尽可能减少税收之负担”，[②] 基于税负从轻的基本考量，并购交易主体可以选择在税收负担上按照最有利于自己的税法效果的交

① Thomas Rixen, Tax Competition and Inequality, http: //ssrn. com/abstract = 1488066, p. 2.

② 陈敏译：《德国租税通则》，台湾地区财政管理机构财税人员训练所 1986 年版，第 56 页。

易结构进行安排，这本在税法容忍限度之内，“在多数相当的法律形成中，可以选择在税收上具有最有利于自己之税法上效果之法的形式”。①但是，当这种税负从轻权的利用达到滥用的边界——国际避税——超出了税法所容许的范围时，将引发与并购法域主体的征税权之间的利益冲突，从而构成跨国并购中税收利益冲突的另一种表现：发生在跨国并购企业与来源国之间、并购方与所属居民国之间、被并购企业与所属居民国之间以及被并购企业股东与所属居民国之间的利益冲突。从引发跨国避税的客观条件来说，可以将跨国并购中的避税问题作为税收管辖权的消极冲突，因为，跨国并购交易主体的种种跨国避税安排主要都是利用各法域主体的单边税法规则的非一致以及双边税收协定所可能带来的利益，而这均源自一国税收管辖权在立法层面的行使结果。

3. 基于市场竞争力的利益冲突

跨国并购所得课税制度一般被各国政府作为一种政策工具，用于实现鼓励外国资本的境内投资和本国资本的域外投资的目的。一国可以通过给予外国并购企业及非本国居民股东以优惠的所得税待遇，如降低或免除股息预提税、提高并购融资中的利息支出比例、加速折旧等来吸引外国投资主体；也可以通过给予本国企业及居民股东域外并购投资所得纳税额的减免或延迟纳税待遇，来鼓励和扶持本国企业从事域外投资和经营。各国对跨国并购所得的优惠税收待遇直接影响到投资企业的收益率，关系到企业的市场竞争力。从资本输入国角度看，在相同情形下，给予外国并购投资主体以优惠于境内企业的所得税待遇会在来源国的国内市场上造成上述两类主体在税收上的不公平，在两者之间产生利益上的冲突。这类利益冲突在发展中国家尤其凸显。从资本输出国角度看，对本国投资者的域外并购投资所得给予所得税优惠可以提高本国居民企业在海外市场上的国际竞争力。但对并购投资所得来源国市场上的其他同类企业则造成更大的竞争压力，由此引发的企业间的利益冲突在某些时候甚至会演化为国家间的经济纷争。

跨国并购中的上述各利益冲突是相互关联的。为解决法域主体间有关国际性双重征税的利益冲突，国家之间签订有关于避免双重征税的税收协定，同时在这些税收协定中的某些条款又经常为企业跨国避税提供

① 陈清秀：《税法总论》，法律出版社2019年版，第230页。

活动的空间，从而引发有关征税国与交易主体之间的国际避税利益冲突。此外，各国为避免对企业的跨国所得的国际性双重征税一般都会规定相应的解决措施，主要采用免税法或抵免法，而在考虑具体选择哪种避免双重征税的方法时，通常会从本国经济发展水平出发，或者为有利于吸引外国投资或者为有利于提高本国企业的国际竞争力，或者二者兼而有之，并阶段性地以其中一个目的为主，不同的规则选择结果却很可能导致有关市场竞争力的冲突。因此，我们无法将跨国并购所得课税中的上述三个利益冲突单独地进行分析，即使相对地做区分，更多的也是为了便于分析利益冲突的解决机制。本书前已述及跨国并购中税收利益冲突涉及的主体，应当说，法域主体与交易主体之间、法域主体之间、交易主体之间，这三类纵横交错的利益关系都以并购所得课税制度作为连结点。而这两类主体间发生的三类利益关系无时无刻不隐含在下文所讨论的所有问题之中，或者说，下面所有问题的研究都是这三类利益关系的具体化。

三、跨国并购中税收利益冲突的缘由

（一）税收利益冲突的背景分析

1. 经济全球化与跨国直接投资

“全球化”一词首次于1961年①在英语词典中出现，至今，已经成为当今世界一个热门现象、热点问题。② 全球化具有多维度的特性，包含经济全球化、法律全球化、文化全球化、政治全球化，等等。全球化在不同维度上的进展是不同步的，法律全球化、文化全球化等目前仍是

---

① Malcolm Waters. *Globalization*, London and New York: Routledge. 1995, p. 2.

② 目前，关于全球化的定义众说纷纭，在发源和研究较早的国外学术界也未能形成基本一致认可的定义。甚至对是否存在全球化，理论界都尚未达成共识，如英国学者保罗·赫斯特、格雷厄姆·汤普森从经济角度论证，全球化只是人们的理想或想象，虽然国际经济交往有了新的发展，电脑并没有引起全球经济的结构变化，也没有带来全球治理的可能性。参见［英］保罗·赫斯特、格雷厄姆·汤普森：《质疑全球化》，张文成、许宝友、贺和风译，社会科学文献出版社2002年版。对于经济全球化是福音还是灾难的效应的评价，理论界一直以来争执激烈。对经济全球化效应的评价应建立在这样一个认识基础上：经济全球化是否具有必然性。如果它是客观必然的历史进程的一部分，那争论其是福音还是灾难全无意义，我们能做的只是适应并改善其结果。本书认为，经济全球化是一个必然的历史阶段。它是科技进步和市场化发展到一定程度的结果，而科技进步和市场发展的脚步是不以任何人的主观意志为转移的。总之，经济全球化的趋势不可逆转。

一个概念，而真正降临在我们面前的只有经济全球化，它是全球化中最主要也是最具动感的部分。[①] 对于何为“经济全球化”，人们有不同的诠释，如经济发展与合作组织前首席经济学家 S. 奥斯特雷认为，经济全球化主要是指生产要素在全球范围内的广泛流动，实现资源配置的过程。[②] 国际货币基金组织（IMF）认为，经济全球化是指跨国商品与服务贸易及国际资本流动规模和形式的增加，以及技术的广泛迅速传播使世界各国经济的相互依赖性增强。[③] 国内有学者也对经济全球化作出了解释，如“经济全球化是经济的全过程在全球范围内展开和运行，包括生产过程、流通过程和消费过程”。[④]

从各种表述中不难发现，尽管措辞不尽相同，但其所表达的经济全球化的特征却基本一致。第一，经济全球化是一个动态的历史过程，其产生和发展是由经济发展的内在因素所决定的，符合生产力发展的必然要求；第二，经济全球化的核心是市场化，是在全球统一市场形成的基础上配置资源；第三，经济全球化主要表现为商品和资本等生产要素在全球范围内的自由流动，且流动的规模日趋扩大、流动的形式日趋多样；第四，经济全球化的实质是实现资源在世界范围内的优化配置；第五，经济全球化最终体现为世界各国经济的紧密联系、相互融合和相互依赖。20 世纪 90 年代以来，经济全球化的趋势表现得更为显著，其中突出的标志之一是跨国直接投资的快速增长。从联合国贸发会公布的《世界投资报告》中的统计数据来看，20 世纪 90 年代以来，跨国并购在国际直接投资中所占比例平均已达 68% 左右，成为全球跨国直接投资的主要方式。[⑤] 这其中，跨国企业扮演的角色不可忽视，有西方学者这样评价跨国企业与国家之间政治关系的变化：“国家的界限因跨国企业的出现而失去其限制作用，使企业可以游走于各国之间，经由选择投资地点作为筹码换取地主国的优惠或让步。”[⑥] 从有关部门发布的数据

① 何志鹏：《全球化经济的法律调控》，清华大学出版社 2006 年版，第 1 页。

② 刘力、章彰：《经济全球化：福兮？祸兮？》，中国社会出版社 1999 年版，第 1 页。

③ 国际货币基金组织：《世界经济展望》，中国金融出版社 1997 年版，第 45 页。

④ 范爱军：《经济全球化利益风险论》，经济科学出版社 2002 年版，第 1 页。

⑤ 数据来源：联合国贸易和发展会议网站，http：//www. unctad. org。

⑥ ［美］约翰·米可斯维特、亚德里安·伍尔得礼奇：《公司的历史》，夏荷立译，台北左岸文化事业股份有限公司 2007 年版，第 7 页。

看，进入21世纪后到2018年的10多年的时间里，跨国间的并购交易活动进入历史高点。以中国为例，自2003年以来，中国对外投资实现连续14年快速增长，年均增幅高达35.8%，2016年的对外直接投资流量是2002年的72.6倍，实现了历史性突破，对外直接投资流量继续位列全球第二。[①] 但自2017年以来，从《世界投资报告2019》看到，2018年流入发达经济体的全球外国直接总额减少27%，降至2004年以来的最低值。由于美国加强对我国企业在美投资、并购的审查，导致我国对美投资比重大幅下降，中国对外直接投资1582.9亿美元，同比下降19.3%，首次出现负增长，但与此同时，我国对欧洲、非洲国家的投资比重得到了快速增长，流向“一带一路”沿线国家的投资增长超过三成。[②] 而随着“一带一路”倡议的深入开展和更多国家（地区）的参与，中国境外投资结构和流向会受到进一步的影响。

经济全球化在过去的几十年时间里之所以得到大发展，主要得益于以下客观条件：一是科技的迅猛发展为加快世界经济一体化提供了物质基础；二是以中国、美国和欧盟为代表的世界主要国家和地区政府普遍采取经济开放政策，采用市场经济制度成为人类社会的共识，这为国际投资的快速发展提供了制度条件。此外，经济全球化的内在动力来自各国政府和企业自身各自所具有的利益需求：对于国家而言，会选择推行开放的经济政策，以谋求经济的增长和国民福利的最大化；对于企业而言，会选择实行跨国经营战略，以谋求利润的最大化。正是国家和企业对自身利益的最大化追求构成了经济全球化最根本的内在动力。在国家和企业实现各自比较优势的利益追逐过程中，最佳状态是形成共赢的局面，但毕竟各自所追求的利益不同，产生冲突在所难免，这种利益冲突既可能发生在国家之间、企业之间，也可能发生在国家与企业之间。这种利益冲突在全球经济增长进入疲软期的国际环境下，让全球化走到了十字路口，走到了“深水区”，让这种利益冲突反映在经济、外交、政治等各个领域之中，自然更首当其冲地反映在跨国并购投资的税收法律制度领域。本书认为，虽然在全球化发展过程中遭受到了个别国家的“逆全球化”行为，但全球化符合人类社会发展的规律，其趋势不可逆

① 数据来源：国家商务部网站，http：//fec. mofcom. gov. cn/article。

② 杨青：《中国企业境外投资法律实务指南》，法律出版社2019年版，第2页。

转，这也是本书立论之基。

在经济全球化背景下，各国经济对国际贸易和国际投资的依存度普遍提高，在跨国并购领域则表现为两个互为表里的因素的互动过程。一方面，居民国和来源国经济相互依存的程度不断加深，经济利益相互交织，居民国（母国）和来源国（东道国）都可能面临来源于对方国家内部分配所得而产生的税基，来源国可能面临着对本国目标企业及其股东来源于境外收购企业支付的收入的课税；另一方面，跨国并购课税以拥有各自经济利益的主权国家为基础，并购所得的税收课征主体为各个平等、独立的国家，因此税收利益也表现为国际社会中每个国家的个体利益，而主权国家无一不竭力维护本国的利益。换言之，以跨国并购为典型表征的各国经济相互依存的加深并不必然使各国经济利益趋同，反而，税基的国际性和税收利益的国家性之间必然隐含着发生冲突的因素。作为具有完全主权的经济行为主体，居民国和来源国，尤其是前者在税收利益上不会轻易做出让步。这样，由各国经济利益竞争的日趋激烈所决定，居民国和来源国在税收利益上的竞争也会日趋激烈。

2. 经济全球化与税收主权的矛盾与相通

税收主权自产生以来主要是一国内的权力分配问题，直到 19 世纪末 20 世纪初，资本主义进入垄断时期，经济国际化和收入国际化的现象日益普遍，各国税收制度随之发生重要变化——所得税制度逐渐确立，税收主权随之在国际法上的意义才凸显出来。一方面，国家对所得税一般都同时行使所得来源管辖权和居民管辖权；另一方面，频繁的劳务、商品和资本的跨国流动，既大量产生国内居民获得外国收入的情况，也大量产生外国居民获得国内收入的情况。这样也就大量出现了两个以上的国家对纳税人的同一所得或同一纳税人的不同所得都有权征税，从而使税收管辖权冲突日益尖锐。

经济全球化与税收主权的矛盾和主权与经济全球化的内在根本矛盾有着相似之处。经济全球化的主导者是市场，本质上强调互相依存，具有自发性和分散性的特征；主权的主导者是国家，本质上强调各自独立，具有统筹性和集中性的特征。这就导致经济全球化与主权有着根本的内在矛盾，尤其是当经济全球化发展到一定阶段，具有了较成熟的自发秩序，配合以相应的组织，就形成了强大到足以和传统主权秩序相抗衡的权力，但以利益为直接动机的经济全球化又渴望用主权这种强大的权力来实现其价值目标。

上述矛盾也正是税收主权与经济全球化之间存在的矛盾。税收主权既有主权所普遍具有的属性，也有自身的特殊之处，这使得其与经济全球化又是相通的。

税收是一国政府提供公共品所需的对价，在市场经济体制下，税收是国家存续的物质基础。对于现代市场经济国家而言，税收主权运行的重要目的之一是维护市场经济体制和个人经济自由。而经济全球化的主导者是市场，因此，税收主权的目的与经济全球化的精神实质有相通之处，而非一味冲突。此外，传统的主权自产生时起，其基本出发点就是权力，税收主权尽管也是彰显国家权力的途径，但毕竟税收是支撑国家机器运转的物质基础，税收主权以利益为考虑的出发点，运用权力是为了获取利益、再分配利益。经济全球化则完全是一个利益驱动的过程，建立全球市场的目的是获得高额利润。因此，在这一点上，二者也是相通的。

正是由于税收主权与经济全球化之间存在重要的相通性，经济全球化会迅速在税收主权的行使方面引起顺应性的反应，而税收主权行使的变化又自然成了经济全球化的一部分。但是，税收作为主权者的政策工具之一，并不只是受经济因素的左右，主权国家当然也是国内政治力量和社会力量的总发言人。经济全球化背景下，正因为面临着国界模糊，民族融合的可能，国家主义和民族主义反而空前高涨，在一些情形下国内政治或文化压力往往在税收目标的权重中扮演着重要的角色，税收主权还要服务于经济全球化背景下国家的政治、文化和社会利益。

因此，税收主权与经济全球化的关系不是单向的、纯粹的，而是既相生相成，又相互矛盾、排斥。

3. 国际税收竞争下的税收管辖权的实现

经济全球化为跨国并购法域主体间的税收利益冲突创造了外部环境，也成为引发这种利益冲突的内在动力，与此同时，经济全球化下要素的跨国界流动也对各国传统政策和法律不可避免地造成冲击，该冲击在税收领域尤其明显。

在国际法领域，“税收管辖权”一词的使用频率要远高于“税收主权”。大多数学者认为，税收管辖权是国家主权在税收方面的体现，是国家主权的重要内容。“税收管辖权意味着一国在征税方面行使权力的完全自主性，在处理本国税务时不受外来干涉和控制。”① 本书认为，税收管辖权与税收主权并非可以完全相互替代的概念。国际法中的国家管辖权一般是指国家通过立法、行政和司法手段对人或事务实行控制的权力。② 它的实质是一种具体的权限划分，一定涉及管辖者与管辖对象的范围，以及管辖的方法与途径。而主权除物质上、实践上确实意味着具体权限划分外，在内涵上还是一种高度抽象的概念，它强调的对内至高无上性和对外独立性是一种概括的表达。税收是主权国家为了实现国家职能，利用政治权力，凭借法律手段，参与社会产品价值的再分配，强制、无偿地取得财政收入的制度。就此本质而言，税收天然地与主权相关，是主权的构成部分，是国家主权在税收领域内的体现。此外，税收主权强调的是主权权力的存在和相互平等，税收管辖权则更多地着眼于如何实现这种至高无上的权力以及在平等的主权国家间如何划分权限。“主权是某种法律人格的法律速记，或国家地位的法律速记；管辖权是指问题的特殊方面，尤其是权利（或主张）、自由和权力。”③ 由上所述，可以将主权分为应然与实然两个层面，实然主权也即管辖权，在法律制度层面研究主权问题，实际上就是研究管辖权问题。税收管辖权是税收主权的组成部分和体现，它是税收主权中实践性的组成部分，它体现税收主权实然性的一面。正是通过税收管辖权，税收主权抽象的一面才实在地表现出来；也正是通过税收管辖权行使的范围和效力，才彰显了税收主权的最高性和独立平等性。这集中体现在各主权国家制定纯粹的国内税法规则以及用来规制域外应税事实或跨境纳税人的涉外税法。但同时，“国家虽然具有立法权，但是并不具备在其他国家管辖范围内执行这些法律的权力。一国也不会赋予他国税法在本国的强制执行力”。④ 任何一个国家的税法较其他法律来讲都相对封闭，税法的这种相对封闭属性使得税收在经济全球化为资本和其他要素的全球流动创造环境并且在其他壁垒瓦解的条件下成为决定资本流向的一个主要因素。

---

① 杨志清：《国际税收》，中国人民大学出版社 2005 年版，第 27 页。

② 江国青：《演变中的国际法问题》，法律出版社 2002 年版，第 25 页。

③ ［英］伊恩·布朗利：《国际公法原理》，曾令良等译，法律出版社 2003 年版，第 122 页。

④ ［美］罗伊·罗哈吉：《国际税收基础》，林海宁、范文祥译，北京大学出版社 2006 年版，第 12－14 页。

一国税收主管当局在国外执法时，必须遵循国际法准则。“一国司法或者行政机构被授予对一个人实施管辖权的事实，并不代表这些机构能够通过命令的方式约束个人在该国之外的行为。”① 当一国税收主管当局出于某种目的——主要表现为实现国家财政收入、宏观调控目标——实施本国税收政策及税法规则影响到他国税务主管当局执行本国税收政策及税法规则时，就产生了国家间税法规则在适用上的冲突。

对于各国而言，流动的税基就是易于消失的税收，各国要维护其经济利益，就要考虑如何去“占有税收”，这必然会加剧国家间的税收竞争，通过降低对资本要素的课税以减弱对国际资本和税源转移的刺激，并试图将其他国家的税基吸引到本国来。综观国际税收竞争的表现，从20世纪80年代开始世界性降税浪潮，并首先从美国开始爆发。一些发达国家不断降低本国公司所得税名义税率，如英国从40%降到35%，又从35%降到33%。发达国家作为资本输出国降低所得税税率，无形中对作为资本输入国的发展中国家造成了巨大压力。在各国经济相互依存的环境中，税收制度的外溢性彰显无疑，使得发展中国家为吸引国际资本，也必须将税率降至不高于发达国家的水平，这样全球范围内的所得税税率都趋于降低，并且这种趋势一直在延续。目前全世界实现企业所得税的国家（地区）平均税率为28.6%，亚洲国家的平均税率为26.7%。② 除降低法定税率外，各国还纷纷采取比别国更优惠的税收措施来吸引外资，如通过规定免税期、费用扣除、投资抵免、固定资产加速折旧、延期纳税、再投资退税、特定收入免税、对一些特定部门或地区的企业实行较低的优惠税率等措施展开竞争。还有一些国家和地区采取诸如相关税收信息保密制度等制度和措施来增加本税收辖区对国外资本等要素的吸引力。各国竞相推出的优惠税收政策不可避免地成为国际双重征税和纳税人的国际避税的制度诱因。国际双重征税和国际避税是跨国投资活动的利益冲突在税收上的体现，实质上是对国际税收效率与国际税收公平价值目标的违背。

---

① F. A. Mann, *The Doctrine of Jurisdiction in International Law*, Hague Recueil, Vol. 1, 1964, pp. 145 – 149.

② 邓明：《企业所得税有效税率与资本结构》，载《经济管理》2019年第9期。

（二）税收利益冲突的制度差异性诱因

从跨国并购交易主体角度分析，追求利润最大化早已成为市场经济主体积极参与竞争的根本动机。而在收益总量不变的情况下，为了实现利润最大化，尽可能地降低成本、提高利润率便成为提高自身竞争力的重要选择。税法是利益分割的利器，本质上体现为国家与纳税主体之间的利益分配关系。对于跨国并购法域主体而言，税收是其提供公共物品的对价，对于跨国交易主体而言，税收却往往意味着自身经济利益的减少和成本负担的增加。经济全球化下国家的所得税税负竞相攀低，国家间税收竞争甚至是恶性税收竞争为跨国并购交易主体实施国际避税提供了必要条件和空间，并购中的私权主体得以游走于各国税制间的差异、法律漏洞以及国际税收协定提供的各种好处上，权衡利益得失，并结合自身经营投资实际需求而制订了全球避税计划。

实际上，国际避税产生的最初原因主要是由各国政策和法律制度上的差异、沉重的所得税税收负担以及通货膨胀造成的，加之国际双重征税增加了跨国纳税人的负担，也促使他们寻求更有效的避税方式。然而，随着全球化进程的不断深化，各国投资决策的自由化和投资壁垒的减少，客观上造成跨国投资者可以根据自己的需要和战略的变化，将其资本自由地在国与国之间流动，资本追逐利润的本性逐渐凸显并占据上风，跨国公司担心的不是过重的税收负担，而是千方百计地在跨国并购等跨国投资活动中套取税收利益，以最大限度地获得交易的经济利益，严重危害了相关国家的财政收入和社会保障制度，引发跨国投资交易主体与投资牵涉国之间的利益冲突，成为跨国并购税收利益冲突的一个节点。从税收公平角度看，实施跨国避税的纳税人只享受政府提供的公告产品，却没有为此承担相应的义务，这对于其他相同情形下的纳税人而言显然是不公平的。

随着跨国投资的规模和频率不断提高，国际避税形态层出不穷、“花样翻新”。理论的总结似乎总滞后于实践的创新，尽管如此，还是有学者试着将之分类：一是通过纳税主体的跨国移动来进行避税，典型的表现方式是改变自然人、法人的住所、居所等税收连结点，或者改变公司组织结构和形式来达到规避原先适用的对其不利的居民税收管辖权，选择对其有利的居民税收管辖权的目的；二是通过征税对象的跨国移动进行避税，典型的表现方式是跨国联属企业通过转移定价和不合理分摊成本费用进行国际避税、跨国纳税人利用避税港进行国际避税、利用公司重组进行国际避税、跨国投资人通过弱化资本进行国际避税；三是通过滥用税收协定进行国际避税。

当然，这种矛盾和利益冲突的程度是相对的、动态的，它取决于一国与全球经济的融合程度，同时，取决于国际税收竞争关系的调和以及国内税收政策及制度的修正。

第三章　跨国并购中税收利益平衡的基本原理

任何一项税法制度，不可避免地会反映法律决策过程中错综复杂的政治推演与潜藏其中的多重利益结构。产生利益冲突与协调利益冲突是人类发展的动力之源，对利益冲突的平衡与协调是人类社会制度安排的原点，法律制度的作用和任务正在于承认、确定、保障和实现相关主体的利益。人类对税收利益关系的判断和各方主体对税收利益最大化的追求完整无缺地体现在税法之中，税法是税收利益均衡之法，无论是税法理念、价值目标、原则还是具体规则都应该并且能够通过利益均衡的推演来分析得出，换言之，税法的功能在于保证税收中性与税收利益分配公平、主动协调多元利益主体的税收利益冲突。跨国并购税制自不例外。

一、跨国并购所得课税中利益平衡的总体构架

（一）税收利益平衡的价值评判基准：公平与效率

税法的价值是客体对税法的终极追求目标和税法对主体的积极意义或有用性。评判跨国并购所得课税制度中税收利益是否平衡分配的价值基准可以用公平和效率来涵盖。跨国并购所得课税制度的公平与效率的价值目标概括来说，是实现对跨国并购交易中的征税对象的公平合理的税收分配和征纳关系，促进跨国并购投资活动的正常发展。

跨国并购所得课税制度的公平价值首先强调有关国家相互之间的税收利益分配协调的公平合理，在对跨国并购交易中产生的所得和收益的税收利益分配上，在纳税人的居住国与跨国所得和收益的来源国之间应进行公平的划分，使彼此都能从跨国并购交易活动所产生的所得和收益中分享到其合理的税收份额。当然，这种国家间的税收利益分配的公平与合理应是实质意义上的而非形式上的绝对对等均衡，应当考虑到各国

在国际经济关系中所处的经济地位和实际情况，不能片面追求形式上的对等互惠。[①] 另外，跨国并购所得课税制度的公平价值与国内并购所得课税制度的公平价值的内涵并非完全一致，跨国并购所得课税制度中的课税公平并不必然意味着具有相同的经济能力和条件，但处在不同国家境内的纳税人，应该承担同等的税收负担和具有相同的税收待遇。这是由各国独立、平等的税收主权地位以及由此导致的国际税收法律制度的差异化存在所决定的。从这一意义上说，跨国并购所得课税制度上的公平价值更多的是在有关国家公平合理分配税收管辖权基础上对具有相同经济能力的跨国纳税人和相同性质的跨国并购交易所得与收益赋予的税收负担平衡一致。

跨国并购所得课税制度的效率价值也是企业选择实施跨国并购投资活动的永恒追求。只有当市场机制这只“看不见的手”在全球范围内得到充分施展，全球范围的资源配置才是最有效率的。支配着经济日益全球化发展的也正是这一客观规律。那么如何才能让市场机制来实现全球资源的最优效率的配置？从税法角度而言，理想状态是保证税收不干扰基于全球范围内的市场机制的资源配置，[②] 然而，各国以税收为载体的国际竞争的客观现实让我们只能寄希望于将税法的这种干扰程度控制在最低限度。这属于国际税收学理论范畴的核心内容之一，而国际税收效率原则正是其在多年研究探索基础上提出的基本主张，这一主张强调国际税收应当是中性的。在实践中，尽管绝对的税收中性是不存在的，但依然从国际税法学角度倡导税收中性的意义在于，敦促各国应当尽力通过国际税收协调来减少其制定的课税规则对市场机制配置资源的消极影响。

公平与效率是人类社会存在和发展的永恒主题，分别涉及社会伦理的终极目标与社会发展的动力机制。对于以实现跨国经济活动的征税对象的公平合理的税收分配和征纳关系，促进跨国经济交往的正常发展为己任的国际税法，自然将公平与效率价值作为其非常重要的理念追求。

---

① 廖益新：《国际税法学》，高等教育出版社 2008 年版，第 15 页。

② Tsilly Dagan: *The Costs of International Tax Cooperation*, University of Michigan, Public Law and Legal Theory Research Paper No. 02 - 13, 2002, p. 5.

“判断一个良好税收体系的第一个标准是公平、第二个重要标准是效率。”① 实现各法域主体之间以及征税国与纳税主体之间的税收利益的均衡分配是国际税法的公平与效率价值目标实现的最高境界，理想的均衡状态之下是现实的公平与效率价值的折中和平衡。实际上，任何一个研究法律关系的理论必然要在均衡与失衡之间寻找答案。要实现经济全球化下国际社会的经济稳定、跨国投资活动的良性发展，必须均衡实现法域主体以及交易主体的不同利益诉求，并最大限度地实现各主体的利益诉求的兼容并蓄，至于具体的实现路径则有赖于在最高价值基准层面下的原则与规则的制定和施行。

（二）利益平衡的基本原则

在公平与效率价值基准之下是实现跨国并购所得课税制度中的利益平衡的基本原则，即应当在遵循充分、有效基础上实现适度、合理。在现代社会，税收是有效政府的基本构成要素，而税法直接关系到主权国家的财政基础，并进而影响到政治的稳定，每个主权国家都力图维护本国的税收主权，都试图利用自己独特的税收法律规定来扩大本国的税收管辖范围以增加财政收入，因此跨国并购所得课税制度的直接目的是充分保护税收主权国家的合法权益。就保护税收主权国家合法权益的充分且有效而言，跨国并购所得课税制度需要加大对危害本国合法税收利益的种种跨国并购避税行为以及为国际避税提供场所或制度环境的“避税天堂”进行制裁的力度。离开了充分且有效地保护税收主权国家合法权益这一基本原则，将会导致国家正当税收利益在并购当事主体的避税行为中、在有害税收竞争中被“蒸发”，从而导致各国被动放弃税收管辖权的行使。

跨国并购所得课税制度在遵循充分、有效基本原则前提下还应当实践适度与合理的基本原则。这里的适度与合理主要是指对各方主体的税收利益保护的适度与合理。权利（力）作为利益的法律化，是法律设定的在一定范围内的自由，这种“一定范围内的自由”本身表明了任何权利（力）都是有边界的。边界就是权利（力）行使的实际范围，就是一方权利（力）主体与其他任何权利（力）主体利益的分界线与

---

① ［美］斯蒂格利茨：《经济学》，郭晓惠等译，中国人民大学出版社1997年版，第517页。

平衡点。在跨国并购所得课税制度中，同样存在着这一平衡点。具体体现在对跨国并购中对国家税收利益和交易主体的利益的保护都既不能过度，也不能严重不足，而是应当维持一种适度的、合理的保护基准。

从跨国并购税制本身的权利义务配置来看，既要求税法对并购交易主体之税收上权利与义务的设置符合经济全球化下跨国并购投资发展的客观需要，为资本在全球的正常、自由流动提供税法意义上的保障，又需要对企业在跨国并购活动中的各种避税安排予以及时、充分的事前防范和事后规制。

尽管维护主权是每个理性国家的必然选择，税收主权是国家经济主权的体现，它是国家在征税方面所拥有和行使的不受外来约束的正当权力，不过，首先各国税收主权的行使必须遵循经济规律与国际通行的惯例。税收利益的国际平衡涉及各国的税收主权，既然平衡必须遵循一定的准则来进行，那就意味着对税收主权的侵蚀。参与国际税收利益平衡的国家要遵从平衡协调的规则，其税收政策和制度的制定及管理已不能完全依照自己的意愿自主实施，具体表现在税收主权的让渡或受让上。既然税收主权是每个国家都极力维护的，这就必然导致税收主权与国际税收利益平衡之间的矛盾。如何让渡税收主权，以及在多大程度和范围上让渡税收主权，这是每个国家都必须根据本国国情来加以权衡的问题。由于权衡的基础和结果的不同，国家之间税收利益平衡发展将受到不同程度的制约。总之，税收利益的国际平衡越强就越会对国家税收主权施加更深的影响。[①]

（三）税收利益冲突的解决机制

经济全球化下的国际税收竞争引发的负外部性问题以及税收利益的诱导等因素导致跨国并购中各方主体间的利益冲突，有关税收管辖权方面的冲突可能造成国家间税收利益分配不平衡，甚至造成一国税收利益的不当减损，对并购所得的国际性双重征税加重了相关纳税主体的税收负担、阻碍其国际竞争力的提升，而跨国并购交易主体的国际避税行为又侵害了相关国家的正当税收利益，破坏其税收征收管理秩序。鉴于此，各主权国家在继续优化税制、以期建立竞争性的税收政策与他国抗

---

① 杨春梅：《经济全球化下的税收国际协调》，厦门大学 2001 年博士学位论文，第 31－32 页。

衡的同时，也纷纷采取行动试图最大限度地消除上述冲突造成的负面效应。不过，鉴于税收制度是国家经济主权的表现形式之一，他国无权干涉别国内政，直接要求或迫使实施有害税收竞争的政府提高税率、取消税收优惠，因此，目前这些行动主要表现为：一是加强单边规制措施，二是国际税收协调。

1. 基于单边解决措施

各国制定的单边措施主要是用来协调本国与在其税收管辖权范围内的并购交易纳税人之间的税收征纳关系，尤其着力解决双方之间有关国际避税的利益冲突。通过国内立法建立反避税制度，包括一般反避税规则以及转移定价制度、反资本弱化制度、受控外国公司制度、避税港等特殊反避税规则，以期使避税地和实施有害税收制度的国家或地区提供的避税条件无法发挥作用。不过，依靠单一国家采取类似的单边措施来解决跨国并购所得课税这样一个本质上是全球性质的问题，显然存在无法克服的局限性。首先，税收主权原则在保护一国税收管辖权的同时也限制了一国的课税权利，使得他们不能有效抵制其他国家的恶性税收竞争、规制跨国并购交易主体的国际性避税行为；其次，即使一国对并购交易中的本国居民纳税人及时征税，但是如果其他国家不采取同样的措施的话，将导致本国居民纳税人在跨国投资中处于不利境地，甚至造成本国经济利益的外流；最后，在实施单边解决措施中必须要提高监管的力度和纳税人税收信息的采集能力，这意味着一国政府不得不增加大量的稽征成本，承担因落实相关措施而产生的管理成本，况且即使付出上述成本最终也未必达到预期立法目的。因此，各国都意识到全球范围内的税收协调的重要性，在采取单边措施的同时一般都加强政府间的双边税收合作，发展更广泛的国际多边税收协调关系。

2. 基于国际税收协调①

各国如欲实现其实然层面的税收主权及其税收政策的效率和公平，

---

① 国际税收协调是一个被国际税收学界和国际税法学界广泛使用的术语，是指围绕两个或两个以上的主权国家（或地区），对跨国纳税人行使各自税收管辖权所产生的冲突进行协调的行为。另外，我国有学者对这一定义的外延进行扩展，并用税制国际协调来予以区分，认为，税制国际协调的内容比国际税收协调的内容更为丰富，前者主要包括三个方面：一是国际通过谈判和协商来解决各自税收制度上的差异引起的冲突，这种协调并不要求改变各自国家税制的差异，而是要求通过谈判缔结双边或多边国际税收协定来协调这些差异引起的国际双

就必须要先放弃其部分的税收管辖权,[①] 税收主权的削弱与加强是辩证统一的。随着经济全球化进程的加深和跨国企业持续实施全球并购战略，一国税收政策的跨境溢出效应日益明显，一定程度上限制了各国独立制定税收政策的主权，一国自主运用经济政策的能力可能被削弱。这促使越来越多的国家通过积极寻求国际合作和国际税收协调来解决跨国并购中的各种利益冲突。有效的税收协调可以约束国际税收竞争的负面影响，并有利于税收竞争积极作用的发挥。[②] 国际税收协调不仅有助于促进跨国纳税人的人际间公平，也有助于协调国家间税收利益分配的矛盾，并可以防范交易主体实施国际避税、确定避税行为的责任主体。比如，在协调国际税收竞争方面，OECD 于 1994 年发表了《关于税收优惠对吸引投资作用》的报告，1998 年又发表了《有害税收竞争：一个正在兴起的全球性问题》的报告，对税收优惠政策导致的税收竞争予以否定，建议各成员国尽快废除优惠税收政策，并且建议发展中国家也采取同样行动；欧盟在 1997 年年底通过了《关于商业税收行为法典的决议》，认可之前制定的《商业税收行为法典》所明确的有害税收竞争措施，将法典作为欧盟打击有害税收竞争措施的重要文件。国际税法学者 Reuven S. Avi – Yonah 教授在其 2008 年发表的《OECD 有害税收竞争报告：10 周年回顾》中充分肯定 OECD 成员国在这 10 年间有效遏制了成员国间税收优惠的恶性竞争，并建议 OECD 成员国应加强一致行动来削

接上页注①

重征税问题。二是一国税制对某种参照系税制的趋同，这种参照系税制既可能由某些区域集团成员国通过谈判达成协议加以确立，也可以由某种国际性规则加以确立。三是各国税制的一体化。这是税制国际协调的最高级形式，是各国税制趋同在逻辑上的最终结果。西方税收理论界对于国际税收协调这一术语也存在着诸多争论。早期一些学者认为，国际税收协调是国家间通过建立协商机制来进行合作以解决税收差异的行为，或者是关税同盟和经济同盟成员国为了推动一体化进程而协调税收政策的过程。近年有些学者认为，国际税收协调有两个不同的方向：一是各国税制完全消除差异，实现均等化；二是承认各国税制差异化的前提下的协调，即允许每个国家可以有不同的税制，但在运用税收政策时必须考虑大家共同的经济和社会目标。总的来看，西方理论界对国际税收协调的定义的不同主要体现在国际税收协调的范围和程度上。参见靳东升：《经济全球化下的税收竞争与协调》，中国税务出版社 2008 年版。基于研究主题所限，本书不对国际税收协调的范围、内容等展开讨论。文中国际税收协调定义的内涵主要是承认各主权国家税制的差异甚至冲突的前提下的国家间税收的更广泛的合作。

① Thomas Rixen: Tax Competition and Inequality, http: //ssrn. com/abstract = 1488066, p. 1.

② 邓力平、陈涛：《国际税收竞争研究》，中国财政经济出版社 2004 年版，第 1 – 4 页。

弱非成员国家的优惠税收政策的吸引力、打击成员国居民纳税人的跨国逃避税行为，如成员国统一实行受控外国公司制度、对成员国居民纳税人汇到非缔约国的款项统一征收预提税。①

与跨国并购所得课税相关的国际税收协调主要有税收管辖权的协调和税收征管合作，而具体方式则体现为对国际税收协定的广泛运用。本书将在下文着重讨论。当然，税收协定也不是解决冲突的万能钥匙，至少目前还不是。比如，尽管税收协定一般都规定有信息交换条款，但缔约国在交换的信息内容、交换方法等方面仍然存在许多分歧。况且并非所有国家之间都签订有税收协定，各国协定的内容也有所不同，导致打击跨国纳税人的避税行为的范围和力度都受到很大限制。而且税收协定本身有时也成为跨国纳税人实施避税的工具——非缔约国居民通过在缔约国设立导管公司获取由原本不可能获取的协定所赋予的税收利益。另外一个制约国际税收协调的重要因素是各国在国际投资中的不同角色。在跨国并购的资本流向中，发达国家主要处在资本输出国的地位上，发展中国家则主要处在资本输入国的地位上。跨国并购所得课税中，发展中国家主要凭借地域管辖权对来源于本国的收入和所得收税，发达国家则主要凭借公民管辖权和居民管辖权对其公司或居民来自全球的所得收税。发达国家和发展中国家在国际经济关系中的地位并不一致，对税收管辖权行使的侧重点不同，在税收利益的国际平衡中所处的地位和维护其利益的立场与着力点也是不同的。这样，通过国际协调一致的反避税行动来达到利益分配的均等，是难以完全实现的，更多的是借助于双边税收协调或区域性税收协调。

二、公平价值在跨国并购所得课税制度的实现原则

税法原则是税法价值的集中体现，与后者共同作为对税法的应然要求，税收法律制度是税法的实然状态。一项法律制度的理想状态是其实然状态符合应然的要求。跨国并购所得课税制度在遵循充分、有效基础上的适度、合理的基本原则之上，还应当遵循如下具体原则以彰显其公平与效率价值。

---

① Reuven S. Avi - Yonah：The OECD Harmful Tax Competition Report：A 10th Anniversary Retrospective，http：//www. law. umich. edu/centersandprograms/olin/papers. htm.

（一）国际税收公平原则

公平原则是跨国并购所得课税中公平价值的一个具体原则体现。[①]公平概念素来被认为是连接道德与法律世界的桥梁，[②] 其中包含着强烈的道义属性，即正义。作为法律基本价值的正义在税法中的具体表现即公平价值，税法的公平价值由形式正义，渐次向实质正义、本质公平演变，是一个从传统走向现代的历程。上述三个逐层递进的公平价值的含义可以概括为：形式正义表现为税法的平等适用，征税主体必须依法征税、纳税主体必须依法纳税；实质正义表现为征税公平，国家在税法中制定何种征税标准对纳税人来说才是公平的；本质公平则从探索税法的起源这一原初性问题出发，作为征税的实质主体——国家为何征税或者说国家征税是否有正当理由，“关于这一问题同如何来看国家的本质有着密切的联系。……有利益说或对价说、义务说或牺牲说”。[③] 由此产生衡量税收公平与否的两个主要标准：一是受益标准，即根据纳税人从政府提供的公共服务中享受利益的多寡，来判定其应负担多少税收，享受利益多者多纳税，享受利益少者少纳税，未享受利益者可以不纳税。二是能力标准，根据纳税人的税负承受能力来判定其应承担的税负。承受能力大者多纳税，承受能力小者少纳税，无承受能力者不纳税。相较于受益标准，纳税能力标准被公认为比较合理且易行。

不过，在运用公平价值来分析跨国税收问题时，这一价值所蕴含的正义却常常被忽视。在单独一个国家内的经济条件下，税收公平着眼于税收课征中的人际公平，即在一个课税权主体下如何实现纳税人之间的

---

① 何谓税收公平，不同历史时期不同学者有不同的看法。亚当·斯密认为，个人为支持政府，应按个人的能力，即以个人在国家保护下所获得的利益，按比例缴纳税收，此即为课税公平的意义；瓦格纳根据社会政策的观念，认为应按纳税能力的大小，采用累进税率课税，以求得实质上的平等。同时对最低生活费免税，重课财产所得税；福利经济学派艾吉沃斯认为税收公平相当于边际特征牺牲，它由最早的绝对公平原则演变成受益说、负担能力说，并从福利的观点使公平的意义与福利观念相结合。受益说和负担能力说都将税收公平分为横向公平和纵向公平，但受益说认为，横向公平是指凡从政府那里得到相同利益者应负担相同的税收，纵向公平是指凡从政府那里得到利益不同者应负担不同的税收；而负担能力说认为，横向公平是凡具有相同纳税能力者应负担相同的税收，纵向公平是不同纳税能力者应负担不同的税收。参见刘剑文主编：《税法学》，人民出版社 2002 年版，第 39 – 41 页。

② Jeffery, R. J., *The Impact of State Sovereignty on Global Trade and International Taxation*, Kluwer Law International, 1999, pp. 4 – 10.

③ ［日］金子宏：《日本税法》，战宪斌、郑林根等译，法律出版社 2004 年版，第15 页。

税收公平。但在以开放经济为主要特征的全球化下，延伸到国际领域中的税收公平问题就变得复杂许多，这主要是由于纳税人要面对两个或两个以上分属不同法域的税收管辖权的约束，另外，不同税收管辖权主体之间还因为并购资源的跨国流动而相互联系在一起，并产生在国家之间公平划分跨国并购所得税基份额的问题。概言之，跨国并购所得税收制度的公平原则面临两个问题：一是什么是跨国并购所得税制中的人际公平待遇；二是需要确定如何与并购交易的其他牵涉国公平分享它们之间发生的跨国并购交易所创造的税基。可见，跨国并购中的国际税收公平原则既有对国内并购税制的税收公平原则的继承，也由国际税法本质所决定。

跨国并购所得税制中的税收人际公平原则立基于国内税法的人际公平，但比后者复杂许多。公平是一个相对的概念，在国内并购所得税制中，税负的人际公平的参照对象单一，均为非涉外纳税人，公平较易得到实施。而在跨国并购所得税制中的情形则有所不同，跨国交易主体通常都要既受到来源国的优先税收管辖，又要受到居民国的最终管辖，经常发生在来源国和居民国被分别课税的情形下。这样一来，纳税人人际公平就会有两个标准，即来源国标准和居民国标准。当上述两个标准不同时，纳税人只能在其中一个国家实现税负公平，而不能同时在两个国家实现税负公平。基于上述公平标准的非单一性，跨国并购所得税制中的人际公平就表现为国家公平与国际公平两种类型：（1）国家公平是站在一国的立场将纳税人之间的税收公平细分为：予以国内投资者和国外投资者公平的税收待遇；予以来自不同国家的外国投资者公平的税收待遇；予以在国内和国外投资的居民投资者公平的税收待遇。在现实中，不论国内、国外投资者，来自不同国家的外国投资者，还是在国内和国外投资的居民投资者，其所处的境况在诸多方面都存在不同程度的差异，尤其是各国所处的不同的经济发展阶段。例如，经济处于加速发展阶段的国家在对待本国纳税人与外国纳税人的税收待遇问题上往往并不公平，通过给予外国投资者以更优惠的税收待遇来创造有利于吸引外资的税收环境；或者，出于国家经济安全考虑，对某些行业、领域的外国投资者的进入给予诸多限制甚至禁止，其中就不乏一些税收手段。因此，从严格意义上讲，一国实现跨国并购交易主体间绝对的人际公平是很难的，实践中往往只能做到动态、相对的公平。尽管如此，本书认为，在理论研究上给出严格意义上的纳税人之间的税收人际公平的概念仍然具有重要价值，与下文论述的跨国投资中的税收中性概念一样，为分析、改进一国的跨国并购税收制度提供了可资参照的应然层面的标准。在这样的价值和原则的引导下，才能不断完善相关税收制度，并向公平的要求不断靠近。（2）国际公平是站在居民国和来源国两国立场来看待纳税人的横向公平。现实中，跨国并购中纳税人之间的国际横向公平甚至要比一国负责的国家公平更难以实现，或几乎不可实现。因为跨国并购所得税制中的人际公平只能通过国际合作才能实现，任何一个国家都无法在缺少别国合作的情况下单独地创造一个全球公平的税收制度。这意味着各国都应当制定能够增加全球纳税人公平的税收政策和制度，但既然是由每个主权国家自己来决定制度的内容，本国国家利益必然更要起导向性作用。① 由于跨国并购所得与来源国存在更密切的经济联系，来源国不可能完全放弃对来源于本国境内非居民所得的征税权，这意味着，居民国只要对本国并购居民主体来源于境外的所得征税，就必须考虑如何避免由此产生的国际性双重征税问题，让本国的跨国并购主体所缴纳的国内外税收总额与具有同等收入，且其收入全部来自居民国国内，或跟具有同等的国内外收入总额并属于同一居民国的纳税人所缴纳的税收总额相同。实践中，居民国一般通过抵免制、扣除制或免税制来解决上述国际性双重征税问题，而尤以采用抵免制居多。由于存在抵免限额，在所得来源国税率高于居民国时，不可能在居民国居民之间达到完全公平，因此，限额抵免制度是对公平原则的偏离，而抵免结转则是对这一偏离的适当复归。限额抵免制度虽然不完美，但相比于免税制和扣除制，更能达到跨国纳税人间的公平。

国家间公平是跨国并购所得课税制度中国际税收公平原则的核心内容，是各主权国家在其税收管辖权相对独立的基础上平衡与各国税收利益分配的协调过程，最终达到税收利益的最佳配置，也即在居民国和来源国间公平分配跨国并购产生的相关税收利益，② 主要涉及税基分享和

---

① Tsilly Dagan, *The Costs of International Tax Cooperation*, University of Michigan, Public Law and Legal Theory Research Paper No. 02 - 13, 2012, p. 5.

② Nancy H. Kaufman, "*Fairness and the Taxation of International Income*", *Law and Policy in International Business*, Vol. 29 (1998), p. 188.

所得来源国如何确定税率两个方面。[①] 但是，每个国家在其主权范围内都有权独立制定各类税收制度，而且每个国家所处的境况又有所不同，比如各国公共品提供的成本价格不同、纳税能力的构成要素及评估标准存在差异等，决定了实现国家之间的税收公平是非常困难的。一国出于自身利益的考量所制定的相关跨国并购所得课税规则常常会导致其他国家受到不公平的税收待遇。因为纳税人税收负担能力总有一个限度，在承认消除国际性双重征税具有必要性的前提下，一国多征税必定意味着另一国只能少征税，如何公平地在国家间分享税收利益成为一个实际存在并具有重要意义的问题。目前，协调国家之间税收制度的主要途径是签订双边税收协定，不过双边税收协定在实施上仍然存在很大的局限性。比如，在适用范围上仅针对法律性国际双重征税，而对经济性国际双重征税问题不置可否。

实际上，跨国并购所得课税制度中的税收人际公平与国家间公平是相互联系的。国家之间税收关系越趋向于公平价值，就越影响到纳税人之间的人际公平状况。例如，一国出于调整与某些国家之间税收利益的划分而可能改变对来自某些国家的非居民纳税人所得征收预提税的规定，这种改变就可能影响到非居民纳税人与所得来源国及居住国的其他纳税人之间的税收公平关系。因此，就理论意义而言，协调国家之间的税收利益的公平分配应当与实现纳税人之间的税收公平待遇相统一，前者应当有益于后者的实现。但同时，税收公平不是一种静止不变的状态，而是一种动态的税收利益博弈的均衡格局。

在双边税收协定中有关外国税收抵免的规定是为实现税收利益在国家间公平分配而设[②]，如果承认税收负担应当按照纳税人的能力来分摊，那么就应当将纳税人的境外来源所得的税负全额抵免，但全额抵免可能导致居民国财政收入完全受制于外国的税收政策，这虽然合乎纳税

---

① Peggy B. Musgrave, *United States Taxation of Foreign Investment Income: Issues and Arguments*, Harvard Law School, 1969, pp. 130 – 133.

② 理论上讲，外国税收抵免制度并非必需，因为居民国可以和所得来源国就征税对象做出划分，从而互不干涉地各自征税，或者在对税率作出约定的情况下居民国直接按应该分享的比例征税，但实践中这两种方法都不可能完全被采用，如第一种方法一般只适用于跨国营业利润征税权的划分；第二种方法如果居民国实行综合税制就增加了适用难度，不如抵免方法简便。

人之间的公平，但不合乎国家利益的考量；而限额抵免制度虽然不合乎纳税人之间的公平要求，但合乎国家间的公平。因此，当各国处于不同经济发展阶段时，考量多重利益之后往往做出并非完全一致的选择。

（二）实质重于形式原则

体现跨国并购所得课税制度的公平价值的另一个具体原则是实质重于形式原则。实质重于形式原则是在不违反税收法定原则的前提下，实现税收公平价值的有效手段，是实现跨国并购所得课税中公平协调税收利益的重要原则。实质重于形式原则是英美法系国家的习惯称法，大陆法系国家又称之为实质课税原则、实质课税主义、经济观察法。实质重于形式原则源自1919年德国的《帝国税收通则》的经济观察法，自产生以来，一直受到各国税法学界的较多争议，实践中，英美法系通过判例法、大陆法系通过成文法路径发展出来的这一原则在关于税法的实质与形式的定义、特征等具体问题的界定上有诸多差别，但在该原则体现的价值追求上则基本相通，即都认为该原则是针对税法中形式与实质不相符合的问题，通过作用于税法适用、税法解释[①]等领域，对税收法定原则的绝对形式正义（尽管这是保护纳税人整体利益的最重要的手段）进行纠偏，力求实现税收公平。

实质课税原则得以独立存在的重要理论基础是税法概念的独立和自治，即税法拥有区别于其他法的相对独立的概念体系。[②] 基于此，尽管税法学界对实质课税有法律的实质主义和经济的实质主义之分的争论，但实际上是从不同角度对实质课税原则的解读，[③] 其精髓都是为追求实质与形式的统一，只不过对实质的认识角度不同而已，但都是税法的角度——经济的实质主义所认定的经济的实质，也是根据税法的目的进行认定的实质，因此，很大程度上讲，税法认定的经济实质也就是税法的

---

① 实质课税主义对税法解释的影响主要体现在如何解释借用概念。如果不需要赋予借用概念不同于私法的经济上的意义，完全按照其原来的含义进行界定，则实质课税主义毫无适用的余地。

② 这里的“自治”一词，当然与私法强调当事人意思自治不是同一个语义，前者意旨税法概念相对于私法具有其独特的品格和追求。税法概念体系自治是一个值得深入探讨的税法基础理论问题，但囿于研究主题，本书对此不作展开讨论。

③ ［日］吉良实：《实质课税主义（上）》，郑俊仁译，载我国台湾地区《财税研究》第19卷第2期。［日］新井隆一：《租税法之基础理论》，林燧生译，台湾地区财政管理机构财税人员训练所编，第49页。

法律实质，而非私法的法律实质。进一步讲，私法强调当事人的意思自治，对交易的经济理性可能并不十分重视，税法则不同，更强调公共利益，如果当事人的自治行为损害了公益，影响了税收公平价值的实现，则为税法所不允许。税法强调公平市场条件下的经济理性，税法下的经济实质并非只是纯粹的经济判断标准，而是需要经由税法的判断。①

下面的例子体现了并购交易中私法与税法对交易形式与实质的判断的差别。在私法上，出售股票和出售公司资产这两种交易具有不同的法律意义，一是主体不同，出售股票的主体为股东，而出售公司资产的主体则为公司；二是交易履行后公司财产的所有权状况不同，股东出售股票，其资产所有权还是公司所有，而出售公司资产，则公司资产所有权发生转移。但是如果不是一般性的股东出售股票，而是出售公司的全部股票，则从税法的经济实质上看等同于销售该公司的资产，而非股票。一般来说这两种不同形式产生的税收后果是不同的，一般性销售股票征收较低税率的资本利得税，有些国家甚至不征税，而销售资产则可能征收公司所得税，税率更高。再如，股东贷款给其所占股份的企业，作为企业的收购融资，可能被税务机关视为股东的股权投资；企业支付给股

---

① 私法概念是否能够以及可以在多大程度上运用于税法规范，或者说，到底是税法概念优先还是私法概念的意义优先以及在多大程度上优先，理论上及实务中有不同的声音。理论上可以分为三种不同的学说，一为独立说，强调税法概念的独立，认为民事法中之概念对于税法而言，仅充当概念核心，以便其处于一个概念领域，以便掌握在经济上与核心的事实关系相同情况之一切的事实关系。二为统一说，认为税法只要是使用民事法的概念用语，则其概念内容乃属相同，因此除税法另有特别规定外，必须与民事法为相一致之解释。税法乃是民事法的后续法，民事法具有优先地位。三为目的适合说，提倡应在个案中，解释探求税法上的民事法概念具有何种内容，倘若与民法为不同之解释，系合乎法规之明显的目的时，即应加以考虑。参见（台）陈清秀：《税法总论》，法律出版社 2019 年版，第 203 - 204 页。

在实务中，不同的国家由于各自的历史文化及法律传统的差异，对税法概念的独立和自治呈现不同的态度，但仔细研究和分类，还是能够找到一些共同的规律。2002 年税收国际研究会（IFA）曾专门讨论过税法中的形式与实质问题，该会报告根据大陆法系和普通法系国家的分类，将在税法的自治与独立问题上有不同倾向的国家和地区分成两种不同的情况，一是重视私法概念，强调私法概念优先于税法概念的；二是不那么重视私法概念，强调税法拥有相对独立和自治概念体系的。从整体而言，普通法国家、大陆法系中的南欧国家（比利时、法国、意大利、西班牙）、拉丁美洲的巴西、乌拉圭等国基本属于第一类，相对更为重视私法概念；另一部分大陆法系国家（德国、奥地利、瑞士及日本和丹麦等国）属于第二类，相对不太重视私法概念的优先性，更强调税法的相对独立和自治。参见（Norway）Frederik Zimmer, General Report - subject I：General Report on Form and Substance in tax law, IFA Cahiers, Oslo, Norway, August 25 - 30, 2002, pp. 25 - 28。

东工资可能被视为支付股息。[①] 因此，在税法上对交易做经济实质的厘定更有意义。当然其意义不是单纯税收的增加，而是为实现税收上的公平对待。

实质重于形式原则发挥作用的最主要的领域是法律适用和法律解释领域，包括对法律漏洞的补充、对事实的判定，有时也作用于税收立法领域。[②] 在跨国并购成为企业实施全球发展战略的一种常态路径选择下，国际税收事项因涉及国家税收利益的协调而逐渐成为各国处理国际事务中的重要内容之一，实现实质正义成为各国处理国际税收事务的价值目标，因为在平等的主权主体之间，没有哪个国家会愿意将本该属于自己的税收利益无条件地拱手让与别国。在实现各国税收利益分配的实质正义中，核心问题是各国税收利益的协调，而各国税收利益的协调除体现在国际惯例层面上，也体现在各国国内税法规则的适用上。实质课税是税法规则适用的原则之一，而且欲在各平等的主权国家之间实现税收利益协调更需要能够平衡各国税收利益的公平原则的适用，这样才能保证各国接受税收利益平衡的结果，也才能最大限度地实现税收对跨国并购活动的中性影响。

实质重于形式原则在跨国并购所得课税的税收利益协调中的适用主要体现在对母国及东道国并购法律的解释以及调整跨国并购中的国际税收规避等方面。“税收是加诸纳税人的一种负担。对此，从经济理性的角度出发，纳税人总是会千方百计予以避免或减轻。”[③] “避税是通过有意识的安排，运用税法的漏洞、含糊、判例或其他不足之处而达到少缴或不缴税的目的。”[④] 跨国并购交易主体的国际避税是跨国交易主体利用两个或两个以上国家税法和国际税收协定规定的差别、漏洞、特例和

---

① Boris I. Bittker, James S. Eustice: *Federal Income Taxation of Corporations and Shareholders* (*Seventh Edition*), Warren, Gorham & Lamont, pp. 1 - 20.

② 法律适用与法律解释有时并不容易区分。法律的适用，是指将法律规范适用于具体案件的全过程，是一个找法并适用的过程。如果找到可适用的法律规范即通过各种法律解释方法适用；如果找不到可适用的法律规范，即需要进行法律漏洞的补充；或虽找到可适用的法律规范，但过于抽象，须加以具体化，即需要进行法律的价值补充。整个法律适用的过程实际上是广义的法律解释过程，包括狭义的法律解释、漏洞补充和价值补充三部分。参见梁慧星：《民法解释学》，中国政法大学出版社 2000 年版，第 188 - 189 页。

③ 刘剑文、熊伟：《税法基础理论》，北京大学出版社 2006 年版，第 147 页。

④ 荷兰国际财税文献局网站，http：//www. ibfd. org。

缺陷，采取形式合法的公开手段达到规避、降低或延迟本应承担的纳税义务的目的。各国存在的纳税义务的确定标准、所得税率的高低、税基的宽窄、消除双重征税的方法、税收征管水平等诸多方面的差异以及国际避税地的存在，都为跨国交易主体选择征税国提供了条件和机会，从而达到降低实际税负的目的。各国对避税行为的认定方法、处理方式各有不同，同时各国税收征收管理、税法实施的效果等重要问题又与避税问题息息相关，这使得仅仅依靠税收法定原则下的税法漏洞补充等理论来从跨国并购交易主体的各类交易形式表面发现其避税的线索，无异于缘木求鱼。税收法定原则是形式理性导出的必然，而实质课税主义则是实质理性思考的结果，旨在追求纳税人的实质公平，不过，两者具有深层次的统一性，都追求正义、都保护纳税人的正当权利并防止权利的滥用，都是为保障所有交易主体以及国家税收利益的平等实现，实质课税原则从判定交易的税法上的经济实质角度来达到并购资源有效配置的目的。

三、效率价值在跨国并购所得课税制度的实现原则

（一）税收中性原则

1. 税收中性原则是实现税收效率价值的基本进路

如何在资源和技术既定的条件下尽可能满足人们的实际需要就是效率问题。[①] 效率本属于经济学的范畴，自由资本主义时期的古典经济学派亚当·斯密开了将效率引入法学领域的先河——“从经济学的视角，以效率为依据检视和评价法律制度”。在以市场经济作为基本经济制度的现代社会中，法律制度除广泛关注平等、自由、社会稳定、社会安全和秩序问题外，也重点关注效率问题。国际税收效率要求以最小的成本获得最大的税收收入，并利用税收的经济调控职能最大限度地促进全球经济发展，或者最大限度地减轻对全球经济发展的妨碍。国际税法领域中的效率价值包括税收的经济效率价值和税收的行政效率价值两个方面，跨国并购所得税收制度的效率价值自然也不例外。

---

① “在分析制度问题的时候，必须分清楚有效的（effective）和有效率的（efficient）……并不是一回事。有效的，仅仅是指解决了问题，但未必是有效率的，有效率的必须是按照效率的标准。”参见邓峰：《经济法学漫谈：作为理想尺度的效率》，载史济春、邓峰主编：《经济法学评论》（第5卷），中国民主法制出版社2005年版，第59页。

国际税收的经济效率是指各国税收制度实施效应的经济效率，强调各国税款的征收不至于阻碍世界经济的发展，要求跨国并购课税制度不应当阻碍并购资源基于市场配置的跨国自由转移。理论界一般以税收的额外负担和额外收益作为经济效率的具体衡量标准，税收将经济资源从跨国纳税人手中转移到各国政府的过程，势必对全球经济产生影响。当这种影响仅限于征税额本身，则属于税收的正常影响；如果跨国纳税人的并购投资等活动因为各国税收而受到干扰和侵害，相关的社会利益受到削弱，便产生了税收的额外负担。税收的额外收益是指各国政府通过征税获得财政收入，并用于公共品提供，增进全球福利，以及各国政府运用税收的调节功能，促进经济的发展。实现跨国并购所得课税制度的经济效率就是要减少所得税收的额外负担并扩大税收的额外收益。国际税收的行政效率要求具有税收管辖权的所有有关国家应进行税收的行政协调与税收合作，在对纳税人实现征税的同时，使所有国家的征税成本降至最低。

国际税收效率价值强调税收在国际经济活动中应当是中性的，中性的税收是实现税收效率价值的基本进路，其根本要义在于避免经济效率损失。税收中性的思想源于亚当·斯密在《国富论》中提出的公平、确实、便利、节约的税收四原则，认为税收的唯一职能就是收入职能，不具有调节经济的职能，主张国家征税不应改变私人经济的资源配置。以上述四原则为基础，斯密构筑了税收中性原理的基本框架。继斯密之后，经济学家们不断丰富税收中性理论的含义。19 世纪末 20 世纪初以后，纳税人收入的跨国性增加以及各国税收管辖权的冲突等原因导致了双重征税的产生，国际双重征税的存在严重制约了国际经济的正常往来秩序，违背了税收公平原则，扭曲乃至阻碍了市场机制引导下的正常的国际投资，税收中性理论被引入国际税收领域，并逐渐发展成一项原则。① “国际税收中性原则的基本假设前提是资本的完全自由流动，它努

---

① 之后，大卫·李嘉图接受了斯密的市场观和国家观，进一步阐述征税要尽可能少地妨碍再生产的观点。之后新古典经济学派代表人物英国剑桥大学教授马歇尔在其著述《经济学原理》中提出了税收超额负担理论，首次详细研究了税收可能带来的效率损失，他指出，国家课税不应造成纳税人税收以外的负担，理想的税制应使税收的额外负担减少到最低限度，税收不应影响纳税人的生产和消费决策，不扭曲资源配置。F. W. 约瑟夫在 1939 年发表的《间

力保证对企业投资和商业决策不受国家税收活动的影响和扭曲。"①基本含义是国际税收制度不应对跨国投资者的跨国投资的区位选择以及企业组织形式等产生影响，一个中性的国际税收体制应既不鼓励也不阻碍纳税人在国内进行投资还是向国外进行投资。② 跨国并购所得课税制度要求并购牵涉国的征税行为不应当干扰基于市场机制的跨国并购活动的自由进行，不应对并购资本的国际流动、并购主体的支付方式、债务融资比例等产生影响，从而为并购资源有效配置建立一个充分竞争的市场环境。

然而，一个永远无法改变的事实是，税收本身是国家凭借政治权力参与国民经济分配的一种方式，是保证国家履行公共职能必须采用的筹集资金的重要手段，这意味着，只要税收存在，税收的中性属性最终就只能体现为各主权国家所制定的具体税收规则，包括税制的设计、税种的确定、纳税主体、课税对象、计税依据、税率、减免税、纳税期限等诸多税收要素。因此，尽管经济学认为税收不应当干扰和扭曲市场机制的正常运行，不过，在现实经济生活中，任何一国的任何不尽合理决策或基于本国经济的"特殊考虑"都可能造成税收非中性的事实。税收在其产生之日起就被打上了政府的"烙印"，税收中性被证明往往只是一种理想化的状态，"国际税收及税法学者一般认为，除非世界各国完全协调统一资本所得税率，否则永远无法同时实现居民国与来源国的税

接上页注①

接税的额外负担》一文中，提出无差异曲线原理，发挥了马歇尔的观点，运用无差异曲线，将相关消费品的不同组合明列出来，对税收影响商品需求变化的情况更清楚地进行了数量分析，将税收中性思想的研究向前推进了一步。在经历了20世纪30年代到70年代初的凯恩斯主义国家干预经济的理论所左右之后，当时主张税收的"非中性"；20世纪70年代之后，税收中性又呈复归于再发展的趋势，美国制度学派学者沃尔德、供给学派学者保罗·克雷·罗伯茨等分别从课税对劳动、投资、储蓄、产业结构等方面的诱导和影响进行探讨，从而使税收中性问题的研究扩展到所有扭曲市场机制作用的经济活动中，其影响范围也由国内经济领域扩展到国外经济领域。同时，学者也已经不再一味强调市场的绝对调节职能，而是更加重视税收对市场失效的资源配置职能，推崇更为实际的次优原则，使税制成为维持市场机制的一种正常的政策工具后尽量减少对市场的干预，这种对税收中性的认识是从古典学派的税收绝对中性理论到现代相对中性税收理论的发展，标志着对税收中性原则的认识由片面趋于全面的变化。

① Fadi Shaheen: International Tax Neutrality: "Reconsiderations", *Virginia Tax Review*, 2007, p. 207.

② Lorraine Eden: Taxing Multinationals: *Transfer Pricing and Corporate Income Taxation in North America*, University of Toronto Press, 1998, p. 74.

收政策和制度对跨国投资的中性影响”。[①] 现实中，完全中性的税收几乎不存在，只能说是尽量减小税收的上述影响，[②] 各国税收制度中不符合税收中性要求的安排数不胜数。当然，这绝不意味着国际税收中性原则及其相关理论就失去了价值，尤其从税法学角度看，税收中性原则体现了税收公平与效率价值这一矛盾统一体相互统一的一面，而且，税收中性原则对于各国的税收立法以及国际税收征管协调具有重要指导意义。正确理解税收中性原则并将其运用在跨国并购所得税收法律制度和税收政策上，体现了市场机制的内在要求，能够有效降低跨国并购交易主体的纳税成本以及居民国和来源国的税收征管成本。

2. 国际税收中性的衡量标准

跨国投资主体投资方向的选择是依据资本边际收益率进行的，税收要保持中性，必须做到使该跨国投资者根据税前边际收益率和税后边际收益率所做出的投资决策相同，即使其面临相同的总税负水平。然而，由各国客观经济条件所决定的利润率水平（税前、税后都一样）有所不同，而各国提供公共品成本的差异也让跨国投资主体承担的税负水平各有不同，这使得现实经济生活中的国际税收中性的衡量标准被主要分为资本输出中性、资本输入中性。[③]

最早由美国经济学家 R. 马斯格雷夫和 P. 马斯格雷夫所提出的资本输出中性和资本输入中性原则目前已经成为各国国际税收制度研究中最常考虑的基本概念之一。两者都是关于税收因素如何影响投资决策并进而改变市场平衡的主张，区别在于资本输出中性是从资本输出国（来源国）立场出发，主张税收不应影响投资者在居住国还是国外投资的选择，也不应干扰国外投资者在各个国家的分布，要实现这一目标，在课税上居民国政府就应对其居民的国外所得按正常税率课税，而对在来源国已经缴纳的税收予以抵免；资本输入中性则是从资本输入国（居民

① Michael S. Knoll: *Reconsidering International Tax Neutrality*, University of Pennsylvania Law School, Institute for Law and Economics, Research Paper No. 09 - 16, May 2009, p. 1.

② Eric C. C. M. Kemmeren: *Source of Income in Globalizing Economies: Overview of the issues and a plea for an Origin - Based Approach*, Bulletin for International Taxation, IBFD, Nov. 2006, p. 438.

③ 西方经济学界对于国际税收中性理论的论述，还包括国家中性原则、财政中性原则等，具体可参考 Fadi Shaheen, International Tax Neutrality: “Reconsiderations”, *Virginia Tax Review*, 2007, pp. 207 - 239。

国）立场出发，主张税收不应当影响某一特定投资是由国内投资者进行还是由外国投资者进行，应对全部国内或国外投资者在相同税前所得情况下适用统一税率，而资本输出国要对其居民的国外来源所得实行免税，以实现公平竞争。① 资本输入中性原则实际上意味着仅由来源国课税。就实质意义而言，无论是资本输出中性还是资本输入中性，都是囿于各国在各自税收主权下实行的差别税制现状下，通过对各自免除国际重复征税的技术手段的选择应用，以求达到对资本国际流动的中性。不能说某个国家实行的是完全的或一成不变的资本输出中性或资本输入中性。以美国为例，美国的国际税收政策一直在来源地免税制度与居民的世界范围抵免制度之间摇摆不定。前者与资本输入中性相联系，后者则体现了资本输出中性原则。这恰好证明，一国的税收政策无法同时满足资本输入中性和资本输出中性，除非各国所得或资本税率实现统一。②

以美国 I. R. C. 及其财政规章关于美国纳税人向境外转移资产的收购性重组的规定为例，③ 为了防止美国纳税人利用重组不确认收益的规定将未实现收益的增值资产转移到境外来规避美国联邦所得税，美国纳税人在向境外转移增值资产时一般必须确认资产转让收益。另外，对这种收益确认待遇又设置了各种例外性规定。譬如，依据外国积极营业例外，如果美国资产转移者向外国收购公司转移的有形资产是用于外国收购公司在美国境外从事的积极营业活动，美国转移者则不确认转移所实现的收益。这种制度安排的主要目的显然是在阻止避税型跨国并购、维护美国税收管辖权的前提下，努力不对向境外转移资产的跨国并购交易

---

① Michael S. Knoll, *Reconsidering International Tax Neutrality*, University of Pennsylvania Law School, Institute for Law and Economics, Research Paper No. 09 – 16, May 2009, p. 3. 该文作者将资本输入中性原则进一步区分为所有权中性（ownership neutrality）和消费—储蓄中性（consumption – saving neutrality）两种含义。作者认为几十年来，被广泛讨论的国际税收制度是应当采用资本输出中性原则还是资本输入中性原则实际上一直存在一个含混不清的问题，即讨论者并没有在一个对资本输入中性的含义做相同理解的基础上展开讨论。作者认为，经济学界一般将之理解为储蓄中性，而法学界、政治学界一般将之理解为所有权中性。一般所说的在没有实现全球税率统一的情况下不能与资本输出中性同时实现的资本输入中性，主要被理解为储蓄中性。但是，当资本输入中性被理解为所有权中性时是可以同时实现资本输出中性和资本输入中性的。

② Michael S. Knoll, *Reconsidering International Tax Neutrality*, Research Paper No. 09 – 16, May 2019. http：//ssrn. com/abstract = 1407198.

③ I. R. C. §368（a）.

造成不当妨碍，以实现资本输出中性。

与美国做法类似，各国往往根据本国经济发展的特殊需要，在跨国投资所得税收制度的制定及修改中灵活调整资本输出中性为主导还是资本输入中性为主导，以贯彻本国经济政策，促进本国经济的持续稳定增长。这概源于资本输出中性原则和资本输入中性原则在具有其各自的合理性的同时，也存在着各自的局限性。以资本输出中性为例，它仅是从资本输出国的角度出发的中性，目的是使资本输出国资本的国际投向不受各国税制的影响。但从资本输入国看，其国内的各国投资者所面临的总体税负水平不同，从而造成竞争的不平等，削弱了居住于高税负国投资者的竞争能力，影响了其在国外的投资。从国际范围看，不同国家的投资者进行投资所面临的总体税负都不相同，低税负国家投资者的国际竞争能力强，可以获得更多的利润，而高税负国家的投资者则在竞争中处于劣势，从而各国税负水平的差异也即成为国际税收中性的干扰条件。[①] 同时，由于各国税制中关于应税所得内涵、扣除项目等的规定各不相同，从而依靠税收抵免、税收扣除等调整手段是无法达到税收对资本国际流动的真正中性的，各国税制内容的差别会对国际资本最优配置形成一定的干扰。

因此，理论上讲，若要实现彻底的国际投资中的税收中性，即同时实现资本输出中性和资本输入中性，需要国际社会的税收协调统一，实现各国无论是在税基、税率、计税方法还是避免国际双重征税方法等方面的统一规定，使各国资本的国际流动面临相同的税制因素，各国的税制不再成为影响跨国投资者投资决策的因素，最终真正实现资本的国际自由流动和平等竞争，达到国际范围内资本的最大增值。正如有些学者所言，“如果各国都不试图利用自己的征税权来改变发生在另一国的交易的价格，也即所得的分配不受一国税法的正面或负面的影响，国家间的中性税收还是能够在一定程度上实现的”。[②]

但是，我们毕竟生活在一个不完备的现实世界中，这个现实世界是

---

① Fadi Shaheen, International Tax Neutrality: “Reconsiderations”, *Virginia Tax Review*, Vol. 27: 203, 2017, pp. 207 – 209.

② Eric C. C. M. Kemmeren, “Source of Income in Globalizing Economies: Overview of the issues and a plea for an Origin – Based Approach”, *Bulletin for International Taxation*, IBFD, Nov. 2006, p. 439.

由代表国别利益的主权国家组成的，追求国家利益是每个国家的理性选择，在国际经济交往中，各国都无一例外地将国家利益置于一切问题之首，作为一切决策的根本出发点。税收政策及法律制度是服务于国家利益的重要手段。这决定了各国的跨国投资所得税收制度是无法将世界经济效率和福利放在首位的，各国无法自发地将世界经济效率和公平作为本国跨国投资税收制度所追求的价值目标。不过，在全球化下，税收主权做出适应性转变是主权国家最明智的选择，“处于动态的经济和国家体系中的现代国家，适应性是其实质”。① 目前最为现实且有效的做法莫过于借助国际税收协调和合作来保证国际并购资本的自由流动、纠正各国的跨国投资所得课税制度的非中性的缺陷，在实现各国税收利益平衡的基础上实现世界范围的效率与公平。

对于作为经济全球化重要参与者的跨国并购交易主体而言，具有对居民国和来源国税收主权的尊重和实现的义务，而各国在构建跨国并购所得税收法律制度时也要既以维护本国税收利益为根本宗旨，又顺应经济全球化对转变主权实现方式的要求。这决定了对跨国并购交易课税首先应当以维护和实现国家税收主权为核心要素。一国在决定其实行怎样的并购税收制度以及如何实行这一制度等方面有完全的自主权，任何人、国家和国际组织都应尊重他国的税收主权。而且，并购的跨国程度发展到越高的水平，对于新的规则的需求反而越加强烈，国家仍然是新规则制定和执行的主要力量，对于盲目、无效率的跨国并购也无法离开国家的宏观调控，而税收主权是保障这种调控顺利进行的基础。

（二）税收调节原则

跨国并购所得税收制度的效率价值除了体现为保持税收制度的中性原则之外，还应当根据不同情况，通过税收干预失调的市场活动，诱导资源的合理配置，促进市场机制发挥最大作用，也即税收调节原则。税收作为重要政策工具所具有的经济调节功能得到各国政府的普遍接受。国际税收中性原则的基本理论前提是市场的资源配置机制效率高于政府。但企业在进行跨国并购投资决策时，考虑的是自身的投资收益率的高低，而非其投资给资本输入国可能带来的种种积极的外部效应。企业

---

① ［英］琳达·韦斯：《全球化与国家无能的神话》，转自王列、杨雪冬编译：《全球化与世界》，中央编译出版社 1998 年版，第 93 页。

跨国投资的逐利性，市场机制自身的局限性，加之各国税收主权的独立性，将难以实现社会福利的最大化的效率要求。鉴于此，各国通过税收手段来调控跨国投资活动，是符合资源配置的效率要求的。对于资本输入国，特别是具有对外投资需求的发展中国家来说，通过实行一定的优惠税收政策来吸引外国投资资本并增强本国企业的国际竞争力，在经济学上具有合理性，有利于在国际范围内的并购资源配置中促进社会福利最大化的实现；在法学上具有正当性，彰显了国家税收管辖权的独立自主。

第四章　跨国并购中税收利益主体的规范化诠释

"制度是社会中不同利益主体之间进行博弈的基本规则，同时制度又是在博弈中产生的。"① 跨国并购所得税收制度是交易主体与法域主体以及法域主体之间通过博弈达成的税收利益平衡。跨国并购所得税收制度的原生力量是各种税收利益的矛盾、冲突以及协调。表面上看，这似乎是对税收主权的弱化或让渡，实则不然，既然一国政府拥有别国无法剥夺的税收主权，就意味着该国有权选择自己认为合适的税收制度，包括接受国际税收条约规定的各项制度，而这种自由不应受到干涉。限制税收管辖权的行使，可以说正是各国行使税收主权进行选择的结果，无论各国选择的具体原因为何，都是税收主权得以行使的具体表现，其唯一的前提是，各国做出选择时其意思表示是真实的，未受到别国或国际组织不合理的干涉。跨国并购交易各法域主体一方面不断调整、修改单边跨国并购所得课税规则，另一方面积极与别国缔结双边国际税收协定。在上述并购制度框架内，努力寻找税收管辖权的有序、有效行使以及交易主体正当权益的尊重和实现。

一、免税跨国并购所得课税规则中的交易主体税收利益分析

跨国并购在一般法律性质上可以分为股权收购和资产收购两种，根据两种收购方式在税法上的应税及免税待遇，可以进一步分为免税跨国股权并购和免税跨国资产并购以及应税跨国股权并购和应税跨国资产并购。"如果并购涉及一家企业用股票交换另一家企业的股票，这是免税

① 李雪松：《博弈论与经济转型》，社会科学文献出版社 1999 年版，第 26 页。

交易；如果用现金或债务作为支付对价，则是应税交易”,[①] 这句话高度凝练了并购交易在税法上的运行原理。不过，看似简单的一句话当与具体规则及交易实践相结合时，则变得相当复杂。

（一）免税跨国并购的实质分析

“经济全球化背景下，无论是发达国家还是发展中国家或经济转轨国家，为鼓励本国企业的海外扩张，同时吸引外国投资，都有关于免税跨国并购的规定。”[②] 各国所谓的免税并购并非真正意义上的免除并购交易主体及其股东的纳税义务，而是允许并购交易主体及其股东对并购交易产生的但未实现的资本利得延迟课税，但并非不课税。旨在避免税收制度对企业经济活动造成扭曲、实现跨国并购交易的税收效率价值，从征税角度使企业并购尽量趋向于“中性化”，既不希望因国家为获得更多的税收而限制并购行为的发生，也不希望因鼓励企业并购采取过多的税收优惠而造成国家税收大量流失，一国政府始终站在中立的角度来看待税收和企业并购之间的关系，但同时也注重防范企业借跨国并购交易活动实行避税的行为，要求公司在并购中，应当符合股东利益持续等相关条件要求。

总体来说，免税跨国并购制度实质上体现了鼓励并购投资活动与防止避税活动两种价值取向的内在统一，也即国际税收效率与国际税收公平价值目标的内在统一。在具体规则上则主要表现为：一是目标企业及其股东在获得并购企业股票时不课税；二是并购交易完成之后，并购企业及其股东取得的目标企业的资产或股权的价值按照并购之前记载于目标企业账面上的价值基础来确定。并购企业可以结转基于被转让的资产、免税的留存收益，或者互换的股票所产生的资本收益，以及被并购企业尚未用尽的亏损，[③] 纳税义务一直递延到并购企业或其股东出售上述资产而取得现金收益之时。有些国家会对取得并购企业股票之前以及之后的持有期限有一定要求。

---

① J. 弗雷德·威斯通、马克·L. 米切尔、J. 哈罗德·马尔赫林：《接管、重组与公司控制》（第4版），张秋生等译，北京大学出版社2006年版，第90页。

② Eric Tomsettetal. , eds. , *The International Guide to Mergers and Acquisitions*, loose - leaf 1993 - 96, IBFD.

③ Ben J. M. Terra, Peter J. Wattel, *European Tax Law*, Wolters Kluwer Law International, 2008, p. 517.

（二）免税跨国并购的要件分析

1. 前提要件分析

尽管各国都有关于免税跨国并购的制度规定，但未必自动适用于被并购企业。对于目标企业因合并或分立而取得的资本收益享受税收递延待遇一般都需满足如下前提条件：对于允许递延纳税的留存收益，本国主管税务当局能够确信在该留存收益被该非居民纳税人实现时可以行使税收管辖权。① 非居民纳税人对于来源国仅承担就来源于该国境内的所得的有限纳税义务。如果对跨国并购交易中的非居民纳税人和从事纯粹国内并购交易的居民纳税人适用完全相同的税收递延规则，对于前者，在很大程度上，就意味着真正的免税待遇，因为来源国很可能在跨国并购交易之后即完全丧失对非居民纳税人的被递延课税的收益在未来实现时的税收管辖权，造成对本国税基的侵蚀。如前文所述，实践中，国际税收公平和国际税收中性一直分别存在着居民国标准和来源国标准，在面对跨国并购交易时居民国和来源国均会出于担心资本外逃和本国税基遭到侵蚀而不愿意放弃对并购所得的税收管辖权。例如，居民国一般会对本国居民（同时为来源国的非居民纳税人）在跨国并购交易中取得的境外来源所得按照本国相应税率正常征税，而不管该笔所得是否已经在来源国缴纳税收；来源国则可能对非居民纳税人在股权互换交易中取得的并购企业股权或被分配的目标企业的免税留存收益进行当期征税，并且并购企业将可能丧失继承目标企业的某些有利税收属性，如尚未抵扣完的亏损。对此，已有西方学者指出上述各法域主体出于自身税收利益的考量而制定的内外不一致的免税规则弱化了免税并购规则的税收公平与效率价值，甚至阻碍了企业实施全球扩张的战略以及国内投资市场的正常运转。②

2. 免税跨国并购的主观与客观要件

免税跨国并购制度的价值取向既体现为吸引外国资本进入本国、鼓励企业实施全球并购来改善本国产业结构、优化产业组织，也体现为防

---

① Yariv Brauner：*Taxing Cross - Border M&A in a Globalizing World*，New York University School of Law，NYU Law School，Public Law Research Paper No. 63，Date Posted：May 27，2003；Last Revised：October 17，2008，p. 6.

② Ben J. M. Terra：Peter J. Wattel，*European Tax Law*，Wolters Kluwer Law International，2008，p. 517.

止交易主体以避税为目的实施并购交易、损害国家税收利益。为此，各国税法一般都从主观和客观两个方面来具体规定享受免税待遇的限定要件。主观要件是从交易主体及其股东的主观动机出发，要求实施的并购交易活动需具有合理商业目的；客观要件是股东利益持续和企业经营持续角度提出要求。各国税法在股东利益和企业经营的持续性程度的具体判断标准上不尽相同，但共性是都将这两项要求作为本国赋予免税并购的客观必要条件，来防止目标企业及其股东利用免税并购交易形式达到实质上处置其持有的全部或部分公司资产或股票的避税目的。

税收是纳税人享受国家提供的公共品所应当支付的对价，但从每一位具体纳税人来看，税收总是表现为对自己财产权利的一定程度的否定。在理性经济人的假设前提下，纳税人天然有着避税的内在冲动。跨国并购交易中的避税行为属于国际避税，从使用的手段和要达到的经济目的上来看，国际避税与国内避税基本一致，只不过前者的行为主体是跨国纳税人，其避税行为不仅跨越不同法域主体，而且一般都涉及两个以上国家的税务机关，较之后者更为复杂。跨国交易主体的国际避税行为并不违反各国法律的形式规定，但实质上以减轻或排除税法适用为目的，具有实质违法性，并导致一国财政收入的减少，损害了主权国家的税收管辖权，影响该国税收政策的宏观调控的效果，因此一般为国家立法所否认，也是反避税的规制对象。免税跨国并购的主观及客观要件的制度功能正是在于通过单边规则来修正并购牵涉国的税收管辖权和交易主体的滥用税负从轻权而引发的上述利益冲突。

在围绕上述三项要件的具体规范方式上，实践中有国家采用税法专门规定，也有国家采用公司法单独规定，亦有同时在税法与公司法中作出规定的。本文认为，如果选择由公司法来规定，当出现公司法为适应社会经济发展的需要而做出调整情形，税法与之配套的相关规定却未予修改时，假如仍参照公司法的相关规定来规范并购交易必将扰乱税法自身的秩序；如果选择由公司法和税法共同规定免税并购交易的条件要求，当两法调整、修改的步调不一致时，则会发生法律适用上的冲突。因此，不管从理论分析还是满足实践需要的角度来看，都应当立足于保证税法概念，[①] 相较于私法概念的独立性，选择由税法来专门规定免税

① 税法概念自治性问题在本书第一章已做论述，不再赘言。

并购的条件要求，这样，不管并购交易主体如何设计具体的交易结构，只要交易符合税法中规定的免税待遇的前提条件和主客观要件，就可以享受税收递延待遇，使得交易主体的税收利益和交易牵涉国家的税收利益在独立、连贯一致的税法规则中得到公平对待和有效保障。①

(1) 客观要件之一：股东利益“持续性”。综观各国税法规定，尤其是美国、欧盟的相关判决，主要从股东利益持续的质量——并购企业在并购重组中使用的对价是股票、债券，或是现金形式；数量——并购企业支付的对价中符合规定质量的对价需占全部对价的多大比例；时间——对目标企业股东在并购重组前后出售股票行为的限制，这三个方面作出具体规定以判定目标企业在并购交易完成后，其原有股东的利益是否在并购企业得到延续。

股东利益的持续性是一项跨国并购能够在所在国享受免税待遇的核心要件。关于股东利益持续在质量、数量和时间这三个方面规定的严格程度决定了并购交易实现免税待遇的难易程度。例如，在跨国资产收购中，如果所在国公司法或税法规定，目标企业的全部资产及负债都必须转给并购企业，并且并购企业支付的对价只能是其有投票权股票，则对于并购双方主体来说灵活调整交易结构的空间就非常有限。对股东利益持续性要件规定较为灵活的法律以美国 I. R. C. 为代表。美国关于股东利益持续，以及包括下文分析的企业经营活动持续的条件一般都规定在判例法中，也因此具有相当的灵活性。② 美国财政部 2007 年第 9316 号

---

① 比较典型的单独由税法来规定免税并购条件的是美国 I. R. C. § 368 (a) (1) (C) 规定的 C 型免税重组：收购企业主要以自身有表决权的股票为收购对价收购目标企业全部或几乎全部资产。这一定义在美国公司法中从未出现过。有关该规定的具体分析详见本书第一章。

② 参见美国 I. R. C. § 368 (a) (1) (A)。在美国联邦法律制度下，各州有权制定本州的民法，包括公司法。这可能要归因于联邦税法的灵活性，因为联邦税法必须适应各州公司之间的差异，并解释为何在美国，免税兼并重组的条件要求是由税法而非公司法来规定。一般认为股东利益持续要件起源于 Cortland Specialty Co. v. C. I. R. 60 F. 2d937 (2d Cir. 1932)，第二巡回法院认为，只有在目标公司收取与法定兼并和合并相同类型的收购对价——股票或证券时，资产转让才构成免税重组交易，否则资产转让属于应税资产出售。在 Pinellas Ice & Cold Storage Co. v. Commissioner, 287 U. S. 462 (1933) 案中，美国联邦最高法院确认了 Cortland 案判决原理，认为“国会的立法意图显然是重组条款不适用于一家公司仅仅现金购买另一家公司资产的交易，因为这种交易与兼并重组缺乏真实相似性。为了获得免税重组待遇，资产出售者对收购公司营业的所有者利益必须比短期现金票据所体现的所有者利益更加明确”。上述两个案例的受理法院将“股票或证券”要件转化为用来区分事实兼并重组与应税资

规章对判断股东利益持续作出了最新规定。[①] 在质量方面，要求并购对价形式必须是对收购企业的“确定的实质性的”权益，典型的如有表决权的股票，以债券性质的证券作为支付对价则不符合免税待遇的条件要求。实践中，有时会发生尽管并购对价形式符合免税待遇的条件要求，但是否真正享受免税待遇却要由目标企业小股东的选择来决定的情形。例如，规模较小的A公司被兼并入规模较大的B公司，A公司的股东只收到兼并后的新公司的很小比例的有投票权股票，在这种情形下，A公司的少数股东可能更愿意直接出售所持有的A公司股权来实现其现金收益。或者，A公司也可能根据居民国公司法关于少数股东在反对本公司兼并重组决定的时候可以行使股票回购请求权的规定，请求A公司回购其所持股票，并按照股票公允价值取得现金收益。这样，可能产生的一个问题是，假如A公司所在国税法的免税要件规定并购企业需用其有投票权股票作为被并购企业全体股东的对价补偿，那么被并购企业的少数股东拒绝接受并购企业的股票对价补偿的行为将意味着，该并购重组交易不能享受免税待遇。也即目标企业的少数股东实际上拥有对整个并购重组交易享受免税待遇的否决权。因此，税法或公司法中对于并购企业对价支付形式的规定，要比规定并购企业必须用其有投票权股票作为对价，对于并购重组能否享受免试待遇而言意义更为重大。[②]

接上页注②

产出售的股东利益持续要件。但并未解决目标公司是否必须收取特定数量的收购公司股票或证券问题，也即未解决股东利益持续要件的数量问题。在 Helvering v. Minnesota Co. 以及 John A. Nelson Co. v. Helvering 二案判决中对固定利益持续要件的质量及数量要求予以明确。

IRS，Treasure Department 9316 §1.368－1T（e）（2）. http：//www.irs.gov/irb/2007－16_IRB/ar07.html. 目标企业股东在并购重组之前或之后与第三方签订有出售所持股票的合约，如果该合约具有约束力，并且约定了固定的出售价格，该对价中包含其他可以衡量价值的财产利益，则该部分财产利益在全部对价中所占的比例将决定目标企业股东利益是否得到持续。如果出售合约中没有约定固定转让对价，或者并购企业按照事先协议在并购重组完成后不久以现金回购目标企业股东持有的并购企业股票，上述情形都属于破坏股东利益持续要件，相关并购将不构成免税交易。应当说，美国国税局关于股东利益持续时间方面的规定在很大程度上维护了并购交易中的税收中性原则，既防止国税局随意根据少数股东在并购重组前或之后的股票出售来挫败一个适格的免税并购重组，也防止了并购交易纳税主体将实质上的应税资产出售行为伪装成并购重组交易以获得免税待遇的避税目的。

① Frans Vanistendael：*Taxation of Corporate Reorganizations*，Victor Thuronyi，ed. Tax Law Design and Drafting，International Monetary Fund，2000，p.910.

② European Union Merger Directive. art. 2（as amended through 2006）.

在数量方面，各国税法规定的比例不一。美国判例法要求股东利益持续必须是“明确且重大”，也即收购对价的重大部分必须是股票。并购企业所使用的股票对价的公平市场价值应当至少等于目标企业当日发行在外股票价值的一半，才能满足股东利益持续的要求。欧盟合并指令在数量方面的要求则比美国严格得多，指令要求目标企业必须将全部的资产及负债都转让给并购企业，目标企业股东获得的对价中现金比例不得超过并购企业股票账面价值的10%，如果没有可以参照的股票账面价值，则参照股票的会计面值。[①] 欧盟合并指令允许成员国在此基础上提高比例。[②] 西班牙税法也规定现金比例不能超过全部对价的10%，否则视为应税资产出售，而非免税并购重组。不过，由于美国国家税务局（IRS）在1934年以后逐渐加强“股东利益持续要件”规则的制定，如C型重组中“对价中至少80%为并购企业有表决权股票”的要件规定、D型重组中“控制”要件的规定、反向三角兼并中目标企业股东用其股票交换收购母公司的表决权股票的要件规定，使得判例法中关于股东利益持续要件的判决的适用范围越来越窄。

对股东利益持续时间的要求实际上是一个关于适用多步骤交易原则（step transaction）的问题。多步骤交易原则是美国、加拿大等普通法国家发展出来的一项反避税规则，根据该原则，将一项包含多个步骤的交易视为一个完整的交易，税收待遇是根据整体交易结果来确定的。也即没有实质经济内容的交易步骤将被忽略，交易的税收待遇由整体交易的最终结果而非单个交易步骤的结果来决定。[③] 多步骤交易原则实质上是对实质课税原则的具体应用。由于各国对免税并购交易的条件要求比较严格，而并购交易主体的跨国避税选择又始终具有主观及客观上的诱因，交易主体在并购过程中不可避免地会出于经济利益的考虑对并购交易结构做出相应的调整，而这些调整很可能违反所在国税法的禁止性规定，而被认定为应税交易。例如，有些国家税法禁止并购交易主体在并

---

① European Union Merger Directive. art. 31.

② 荷兰国际财税文献局网站，http：//www. ibfd. org。

③ U. S. American Potash & Chemical Corporation v. U. S. , 399 F. 2d 194（Ct. Cl. 1968）；Commissioner v. Gordon, 391 U. S. 83（1968）；Furniss v. Dawson（1984）2 WLR 226；类似地，荷兰税法规定，免税并购的条件是并购公司股东在兼并重组完成后的3年内不能出售并购公司所发行的股票，参见NLD Vpb § 14（1）。

购交易发生之前或完成之后将对其没有价值的目标企业的某一部分资产进行出售或转让给第三方公司，或禁止并购重组之前或之后回购少数股东所持股票，否则并购交易将被认定为应税交易，不能享受免税待遇。相较于其他国家，美国的税法赋予并购交易主体在并购过程中更为充分的自主权，规定相当灵活，但对于当事主体在并购重组之前或之后采取的种种交易行为却作出种种限制性规定，而且适用于并购交易过程中的限制规则同样也适用于并购发生之前以及之后，这也正是美国判例法中的“多步骤交易规则”。

根据多步骤交易原则，如果在并购重组之前以及之后进行的每一个单独的交易步骤都是为实现整体并购重组所必不可少的步骤，那么，每一个不同的交易步骤将被视为整体并购交易中的一步。因此，在并购交易之前或者之后出售资产或股票的交易行为将被作为衡量股东利益持续要件是否得到满足的要素之一。

不过，一直实行较为严格的股东利益持续要件规则的国家一般不适用多步骤交易原则，如比利时。比利时在1989年税法改革以前，规定目标企业的全部资产必须毫无例外地转让给并购企业，并以并购企业的有投票权的股票为转让对价，同时允许并购交易主体在并购重组之前或者之后自由处置所持有的本企业的股票和资产。看似严格的规定在实践中却显得有些僵化，对于交易主体在并购交易发生之前或之后设计的种种“灵活多样”避税行为没有任何拘束力。

各国家对股东利益持续判定标准的不同规定实质上体现了各国在免税并购重组的立法问题上既可能规定较为严格的条件要求，也可能规定类似多步骤交易原则这类灵活的规则。灵活的规则体系一般更适用于像美国这样具有非常完善的税法服务系统的国家，拥有大量的专业税务律师、业务精湛的税务工作人员以及税务司法经验丰富的法院；对于税法制度尚欠健全的国家则很难适用，除非这些国家赋予税务行政人员相当大的自由裁量权，而过度的行政自由裁量权在法律监督体系不健全的国家又极容易滋生行政滥权行为。

（2）客观要件之二：企业经营“持续性”。与股东利益持续要件的渊源一样，企业经营活动持续要件最初也是作为法院对并购重组定义的司法解释而出现的，两个要件均旨在确保并购交易所享受的免税优惠待遇真的是该项并购交易“值得”享受的待遇。只有当能够确定被并购企业的经营活动基本保持不变时，才不予征税。如果目标企业转让的资产中包含一些对于并购企业而言完全没有价值的资产，如陈旧的设备、年久失修的建筑物，而所在国税法规定交易获得免税待遇的条件是目标企业的全部资产都必须转让给并购企业，并购企业将不得不为上述没有价值的资产支付对价，并要在并购重组之后为处理这些资产而支付费用。在经济利益驱使下并购企业总是会试图对交易结构或股东的财产利益的分配做出必要的调整来最小化上述成本支出，这很可能改变目标企业的历史经营活动，对此，欧盟合并指令规定目标企业必须将其全部资产及负债都转让给并购企业才能享受免税待遇①。其他许多国家也有类似规定。“持续性”程度的选择实质上反映了各国立法者在国家税收管辖权和交易主体的税负从轻权的天平上划出的平衡点，交易主体越过这一平衡点，就属于滥用法律赋予其的税负从轻权，侵害了天平另一端的国家税收利益，必然要受到税法的调整，让交易主体税收利益和国家税收利益之间的冲突复归平衡。

美国税法对于企业持续经营的一般要求是收购企业应当继续目标企业的“历史营业”，并且应继续在其营业中利用目标企业的历史营业资产中的重要部分，但如果目标企业有多条生产线时，收购企业只需要继续其中最重要的业务。美国 I. R. C. 第 368 条对 C 型资产收购重组规定了三项具体法定要件，一是收购企业必须获得目标企业“几乎全部资产”，即转移的资产必须占目标企业总资产的 70% 与净资产的 90%②。在通常情况下，这一要件将限制目标企业在资产重组之前剥离某些资产给一家新公司而享受 C 型资产重组的免税待遇。Helvering v. Elkhorn Coal Co. 一案中，联邦第四巡回法院即依上述要件做出判决。二是仅能以收购公司自己的或其母公司的有表决权股票为收购对价，但两者不能混合使用，其目的是确保目标企业股东在保持其对目标企业资产的投资利益份额条件下不能变现其部分投资。三是目标企业一般必须依并购重组计划清盘解散，并将其获得的收购对价与其未转让给收购企业的剩余资产一并分配给其股东。当然，有些税法规则还是给纳税人带来了一定的税收筹划空间，如美国财政部 1996 年发布的逐项检查规章，用选择

---

① European Union Merger Directive. art. 2 (as amended through 2006).

② I. R. C. §368 (a) (1) (C).

性实体分类规则代替传统分类标准。[①]

(3) 主观要件：具有合理商业目的。客观要件中确定性的数字比例界限有利于预见各种可能的情况并进行制度规范，从而尽量减少税务主管机关在税收征管实践中的自由裁量权。但由于企业跨国并购交易的复杂性，如果规定过于细致，实践中非但不能使税务主管机关做出准确判断，反而有时降低了规则的适用性，让一些经济实质非常相似但股权或资产收购的比例存在微小差异的并购交易可能分别受到不同的税收待遇。简单的比例限制规定有时可能违背税法的横向公平原则，使税法规则不能正确反映并购交易的经济实质。另外，简单的比例限制为纳税人在跨国并购中获得更多的税收利益提供了法律诱惑，并购交易主体可以利用财务设计来人为达到规定的比例要求，与征税国家进行税收博弈。

为弥补免税并购客观要件的缺陷，美国等国家的税法中另外规定有具有合理商业目的要件，作为判断构成免税并购的主观要件。合理商业目的要件的制度价值在于否定那些在形式上符合免税并购的条件要求，但实质上缺乏合理的商业目的的交易的免税待遇，体现了税收公平价值目标，是对实质重于形式原则的具体应用。

除了前述纳税人的主观避税动机之外，客观上，各国在全球化的驱动下趋于通过国际税收协调来减缓国际税收竞争所带来的负面效应，但各国经济发展水平的差异、税收与社会经济活动相联系的紧密程度的不同，以及立法技术水平的或高或低等现实条件决定了各国税制结构和具体课税规则终究存在着多样性与差异化，加之各国税法规则的不完备性以及国际税收协调效力和范围的有限性，让规避税收的空间在全球范围内始终客观地存在着。另外，作为私法的公司法关于并购交易形式的规定一般为任意性规则，对交易主体而言只是一种参考，交易只要不违反

---

① 逐项检查规章（check - the - box regulation）允许那些不可自动归类于公司或“适格实体”的非信托实体可以选择其在 I. R. C. 中的税收待遇。一般情况下，至少具有两个所有者的国内适格实体可以选择归类为公司或合伙，而单一所有者的国内适格实体可以选择归类为公司或不作为独立于其所有者的实体。此外，未做出选择的国内适格实体，如果它具有两个或两个以上的所有者，将被归类为合伙，如果它是单一所有者实体，它将不作为独立于其所有者的实体。未做出选择的外国适格实体，如果它有两个或两个以上所有者且至少有一个所有者承担无限责任，则它将被归类为合伙，如果其全部所有者都承担有限责任，它将被归类为公司，如果它是单一所有者实体且其所有者承担无限责任，它将不作为独立于其所有者的实体。Reg. 301. 7701 - 2 和 Reg. 301. 7701 - 3。

强制性规定，公司法一般尊重当事人的自主选择。[①] 以上主客观原因使得具有全球逐利理性选择的交易主体无可避免地会有利用全球税收规避空间的冲动，滥用其税负从轻权，通过改变所得性质、延期汇回股息所得等手段来规避在居民国或来源国的课税义务，最大化自己的并购交易所得的税后收益。当然，如何判断并购主体实施的并购活动在经济上是否具有"商业目的""商业合理性"，判断的标准为何，上述问题的回答本身也具有较强的主观性，很大程度上是税务机关基于各种客观因素综合判断的结果。这在实践中经常成为各国税务机关和跨国纳税人发生分歧的争点。

上述各项要件在界定跨国并购是否可以适用免税规则中具有重要意义，既保证征税国家的财政利益，也是实现跨国并购中性税收的重要保障。不过，为避免税务主管机关滥用税法赋予的自由裁量权，还应当建立一套严格的约束机制。

（三）目标企业及其股东的纳税义务

对于目标企业及其股东而言，免税跨国并购意味着在其转让资产或股权而换得并购企业支付的对价的交易中所实现的资本收益不予课税。一般而言，如果目标企业所在国税法或公司法允许并购重组的支付对价可以采用部分股票、部分现金以及其他财产形式，那么税法一般都会规定对该类并购交易实行部分免税制。也即目标企业及其股东转让资产或股票而取得的并购企业的有投票权股票的那部分对价所产生的收益可以享受税收递延的优惠待遇。至于现金、债券等其他非股权类对价所产生的收益则属于应税所得。

目标企业及其股东的税收待遇问题在许多方面是相互重叠的。首先是关于计算并购交易产生的应税收益和免税收益在数额上的方法选择。考察各国税法规定，大致可以归纳为如下两种计算方法：[②] 一是以目标企业在并购中实现的净利润为基数，再根据股票对价以及非股票类对价在目标企业收到的全部对价中各自所占的比例进行计算。例如，在一项兼并重组中，A 公司总共收到反映其净公允市场价值的 20 万元对价。

---

① 刘剑文、熊伟：《税法基础理论》，北京大学出版社 2006 年版，第 153 页。

② Frans Vanistendael, "Taxation of Corporate Reorganizations", Victor Thuronyi, ed. *Tax Law Design and Drafting*, International Monetary Fund, 2000, pp. 916 - 917.

其中，15 万元对价为股票，其余 5 万元对价为现金。A 公司在扣除全部负债之后的净资产价值为 6 万元。因此，A 公司在被兼并之后实现的全部净收益为 14 万元。其中，四分之一为应税所得，一般被税务机关视为资本收益或企业的正常利润。剩下的四分之三为免税所得。最后，A 公司实现的 14 万元净所得中有 3.5 万元属于应税所得，10.5 万元能够享受免税待遇。二是以目标企业在并购中实现的毛利润为基数，再根据股票对价以及非股票类对价在目标企业收到的全部对价中各自所占的比例进行计算。据此方法，上例中 A 公司实现的 20 万元总收益中有 5 万元属于应税所得，15 万元能够享受免税待遇。显然，按照第一种方法计算出来的免税所得额总是高于第二种方法的计算结果。

目标企业及其股东共同涉及的另一个问题是股息所得的双重征税问题。这一问题本质上涉及各国对于公司所得税和个人所得税是否合一所持的立场，也即对公司以及公司股东两个层面分别进行课税还是仅对股东层面课税的立法选择，典型的交易情形是跨国并购交易中目标企业在法律意义上解散但不进行清算，其分配给非居民股东的所得被来源国视为股息所得。这里涉及两个层次的问题，一是是否将上述问题视为双重征税。进一步说，在民商法上具有独立法人资格的公司，其所具有的独立的权利能力和行为能力是否足以作为公司在税法上的纳税主体的理论依据呢？假定对公司课税具有法律上的正当性，这是否就意味着对股东获得的来自公司税后利润的股息所得再一次课税也具有法律上的正当性呢？本书的观点是，对于来自税后利润分配的股息的再一次征税构成双重征税，税法应当予以解决，本书将在下面部分对此做详细论证。二是税法如何消除这一双重征税问题。有些国家税法规定，当目标企业将有投票权股票之外的对价所实现的收益分配给其股东时，在目标企业层面并不征税，而仅对目标企业股东予以征税，如荷兰、比利时。大部分国家的解决办法是允许本国股东取得的来自境外的股息所得以抵免或免税待遇，但实践中目标企业获得的股息抵免或免税数额与其股东获得的股息抵免或免税数额经常无法互相匹配，这让并购重组中企业和股东层面的双重征税问题远未得到圆满解决。

在目标企业股东的免税待遇问题中一个较为特殊的情形是当目标企业股东为企业的控股母公司。有些国家税法规定，如比利时、荷兰，如果在并购中基于并购企业支付有投票权股票而实现的资本收益是由目标企业的控股母公司取得，则该母公司取得的该笔所得可以享受完全免税待遇。即使并购交易属于整体应税交易或部分应税交易，并购企业或者目标企业的控股母公司股东实现的收益仍然属于免税所得。

免税跨国并购交易中目标企业股东层面的另一个税收待遇问题是对于并购完成之后股东利益持续性的要求。股东利益的持续是并购交易能否获得免税待遇的重要条件之一，这一问题本书前面已做详细阐述。如果并购交易符合股东利益持续的要件要求，则意味着被并购企业的原有股票的所有税收属性都将转移到受让企业的股票，仿佛并购交易从未发生过一样。

（四）并购企业的纳税义务

在免税跨国并购交易中，并购企业的税收待遇问题主要涉及如下两个方面：一是取得目标企业资产的纳税基础的确定；二是目标企业的其他税收属性的结转利用。

1. 被转让资产课税价值基础的确定

如果目标企业已经就所转让的资产缴纳税收，则并购企业（受让企业）将重新确定该受让资产的税收价值基础；如果资产转让交易被来源国税法认定为免税交易，并享受税收递延待遇，则并购企业将按照该项资产在转让前的税收价值基础上进行结转，也即被转让资产的税收价值基础在转让前后没有发生变化。[①] 不过，被转让资产的财务价值基础却并未因交易的免税待遇而保持不变。跨国并购中的居民国和来源国在会计记账准则上可能分别采用权益结合法和购买法。

根据购买法会计记账准则，免税并购交易中的资产或负债的转让被视为一项出售行为，按照资产及负债的公允价值重新计量。一般情况下，被并购企业的净资产的公允价值都要高于其账面价值，因此，并购完成后，并购企业的资产价值总和将被提高。购买法会计记账准则是建立在非持续经营假设的基础之上的，并购企业要按公允价值记录取得的目标企业的资产及负债，并购成本超过取得的净资产公允价值的差额被确认为商誉。在购买法下，并购企业的留存收益减少，相应地增大未来

---

① 参见比利时企业所得税法第 212 条；美国 I. R. C. 362（b）。法国还区分可折旧资产和不可折旧资产。对于像土地、证券等不可折旧资产，直接结转转让前的原税收价值基础，参见法国 CGI § §40；对于可折旧资产，之前曾经享受免税待遇的资本收益必须在并购重组完成后的 15 年内重新计入应税所得；参见 CGI § §210A（3）（d）。

税前利润补亏的可能性。目前，许多国家税法都已允许在规定的期限内对商誉进行摊销。商誉的摊销加大了并购企业未来的经营成本，减少了企业未来的应税所得。

根据权益结合法会计记账准则，并购企业的税收待遇与购买法下恰好相反。目标企业的资产、负债仍然按其账面价值进行计量，而账面价值一般会低于其公允价值。因此，并购交易完成后，并购企业账面上并没有明显增加额外的资产价值，当然也不能额外提高未来的折旧额，但是若目标企业已处于破产边缘，资产价值已严重贬值，其公允价值可能低于账面价值，则情况正好相反，即并购完成后也会增大资产的折旧额。权益结合法将目标企业在并购交易发生前的全部的账面损益纳入并购企业的合并损益表，只要并购交易不是发生在年初而被并购企业又有收益，则按照权益结合法处理的所得收益总是大于购买法。因此，并购企业的留存收益可能因并购而增加，这意味着降低了并购企业未来税前弥补利润亏损的可能性，从而提高了并购企业潜在的应税所得。但是，若并购发生时，目标企业已经发生亏损，则反而可能会降低并购企业未来的应税所得。总之，权益结合法是建立在持续经营假设的基础之上的，目标企业的价值基础不变，其资产、负债仍旧按账面价值计量，股票价值按发行面值计量，换出股票与被并购企业实收资本的差额调整资本公积，因而不存在确认商誉的问题，也就不会发生商誉摊销，相应地也不会增加并购企业的未来税前扣除额。

上述税务会计和财务会计的资产价值计量方法的不同必然导致被转让资产将按照不同的资产价值进行结转。

2. 对目标企业税收属性的结转利用

当目标企业在出售资产或转让股权交易中发生清算时，其税收属性的承继将成为并购企业极为关心的问题。在应税并购中，一般情况下当目标企业被兼并或分立重组而“消失”后，目标企业原来享有的税收抵免或免税净经营亏损结转等有利税收属性会随之消失。但许多国家税法一般允许在免税并购中，在满足规定条件时，上述税收属性可以由并购企业结转利用。[①] 概括而言，并购企业最为关注的当属目标企业的资本亏损结转、投资抵免、资产折旧方法、存货估价、会计方法等税收属

---

① 例如美国 I. R. C. §381。

性，其中，对并购企业的税收待遇影响最大的莫过于被并购企业的净经营亏损税收属性，正因如此，各国税法也着重对企业的净营业亏损的结转利用予以专门限制。

考察美国等发达国家的税收制度，一般都对免税并购交易中公司之间的净营业亏损的结转设定相应的限制条件，防止利用收购具有大量的净营业亏损等有利税收属性的目标企业来获取不当税收利益。有些国家采用判例法规则，主要是从免税并购的判断标准——实质重于形式或具有合理商业目的——衍化而来。只有当并购重组具有某种经济实质、足以证明利用并购一方企业的利润来弥补另一方企业的亏损具有合理性时，才允许进行亏损结转。[①] 不过，由于判例法规则主要依赖于税务机关的自由裁量，因此在实践中对纳税人来说存在很大的不确定性。有些国家适用严格的制定法规则，规定了具体且量化的判断规则。[②] 像前面所分析的股东利益持续的相关要求，以及目标企业的资产在并购后存续企业的全部资产中所占的价值比例要求，按照该比例进行税收亏损的结转。比如，A 目标企业被 B 企业兼并之后，B 企业取得的 A 企业的资产占其全部资产价值的 5%，则 B 企业也只能相应地结转 A 企业原有亏损的 5%。本书认为，从实现税收公平与效率价值目标出发，理论上一个设计完美的净营业亏损结转利用规则应当是恰好使亏损结转对并购企业的价值等于该亏损结转对目标企业的价值，一方面减少目标企业亏损结转的公平市场价值，使得目标企业不再以超过亏损结转现值的价格出售该亏损结转；另一方面让并购企业不再在意是否获得该亏损结转，阻止纳税人从事以利用亏损公司亏损结转为主要动机的避税型并购交易，当

---

① 美国国税局在确定并购交易是否具有有效营业目的时通常考虑的因素有：（1）收购方在收购时是否意识到且考虑到受异议的税收利益；（2）目标企业是否为空壳公司；（3）获得控制权或资产是否可满足收购公司营业经营的需要；（4）与企业固有经济利润相比较，所获取的税收利益的相对价值如何；（5）有关税收利益是否直接来自并购交易；（6）如果收购采取股票购买而非资产购买方式，这种方式是否为获得目标企业营业或资产的最可行方法；（7）通过收购性重组获得资产是否比应税收购资产更为可行。参见 Brown，Berkowitz，Lynch，Three Tests Must Be Met Before An Acquired Corporation's NOL Can Be Deducted，1983，p. 287。

② 德国《公司所得税法》第 8 条第 4 款以及《重组税收法案》Sec. 12（3）对并购重组后并购企业利用原公司的经营亏损设定了限制条件，一般规则是限制企业在兼并重组或分立重组过程中利用被并购企业的经营亏损，除非合并或分立后存续企业继续经营原企业发生亏损的经营业务并在相当规模上持续 5 年以上，其中“可比规模”由德国税务部门根据企业的资产总额、雇员人数、销售额和订单数等因素，并考虑整体经济环境来确定。

然立法实践中做得恰到好处绝非易事，甚至很难实现。

关于目标企业其他税收属性的结转利用原理与净营业亏损结转利用基本原理基本相同或相似。例如，税收抵免属性的结转也应当与适用抵免的特定资产、特定投资（如石油勘探开发）或特定经营活动（如研发）保持一致。如果上述适用抵免待遇的对象在并购之后不再继续经营，税收抵免属性当然随之一并消失。

另外需要指出的是，由于广义的并购交易还包括公司分立重组，有些国家在税法中对公司分立重组的优惠税收待遇专门予以规定，如英国、美国、西班牙、比利时等国，有些国家则在法律或一般税法原则的行政性解释基础上，通过单独的税务行政规章以及税务行政机关的执法实践来作出规定，如丹麦、法国、加拿大、德国。有些国家或地区则不给予公司分立以任何优惠税收待遇，如芬兰、日本、南非及我国香港地区，不过像我国香港地区没有资本收益税，对公司分立也不征收所得税或预提税，因此也就没有必要制定专门的公司分立课税规则。[①] 对公司分立享受税收递延待遇的相关规定也基本是从分立公司、分立后新成立公司及其股东三个层面来予以规定。

从分立公司的层面看，首先涉及的问题是何种类型的公司有权享受免税分立重组待遇。只要是正式注册的公司，各国税法一般不管公司属于何种类型都允许其获得免税分立待遇，只有个别国家仅赋予上市公司此项权利。其次是分立公司的资产或经营活动可以免税被分立转让给新成立的子公司。公司法一般允许分立公司有权利用资产的账面价值作为捐赠的价值基础，但税法对免税资产捐赠则一般另有专门规定——捐赠不能导致资本收益的实现。有些国家税法规定只有在将分立公司全部捐赠的情形下才能享受税收递延待遇。欧盟合并指令 2007 年修正案新增规定，允许企业的部分分立重组也可以享受免税待遇，合并指令第二条（b）款规定一家现存公司转让其一个或更多的经营分支给一家或更多独立的、新成立的公司或现存公司，并将取得的对方公司发行的股票交给其股东，只有将股票交给分立公司股东时才属于免税的法定公司分立，如果取得股票的主体是原分立公司，则交易就不属于法定分立交

---

① Albert Rädler, General Report, National and International Consequences of Demergers, 79b Cashiers de droit fiscal international, 1994, pp. 564 – 565.

易，而是资产转让，自然不能享受免税待遇。[1]

从分立后新成立或存续公司层面看，关键是相关持续性问题，包括经营活动的持续性、资产及负债账面价值的持续性、税收属性的持续性，等等。[2] 分立后的新成立公司或现存公司必须在规定时间内继续从事经营活动（但未必一定从事与原分立公司相同的经营业务），否则就相当于将分立公司的经营资产分裂为两部分，一部分继续用于经营，另一部分则被清算。这种情形属于公司部分清算分配资产行为，而非公司分立重组行为。资产及负债的账面价值的持续性既包括财务会计记载的价值，也包括折旧、税基等税务会计方面的标准。分立公司的诸如税收抵免等税收属性可能保持其连续性，不过分立公司的税收亏损这一税收属性是否能够被继承则比较特殊，关于税收亏损的继承问题在前面已做论述，在此不再赘言。

从分立公司股东层面看，公司股东可能是个人或公司。大多数国家仅将税收递延待遇给予公司股东，如法国、巴西。在股东层面主要涉及两个问题，一是股东持股比例的持续性；二是持股期限。前者是指是否要求分立公司股东的股权利益必须在分立后新成立公司或既存公司按各自持股比例得到持续，这一问题尤其决定了公司分立的灵活性。如果股东必须按照原有持股比例在全部分立后存续的公司中持有股份，这意味着分立重组根本没有任何灵活性可言。但实践中经常出现原分立公司的一部分股东（简称 A）愿意继续参与分立后的 A 公司的经营活动，而另一部分股东（简称 B）对分立后的 B 公司经营活动感兴趣。最符合效率价值目标的规定是 A 股东应当只取得 A 公司的股票，相应地，B 股东应当只取得 B 公司的股票。只要原分立公司的所有或大部分股东的股东利益在分立后某一个存续公司中实现持续，就应当认为分立重组具备了免税性质。另外，有些国家为股东持有分立后存续公司的股票设定最低期限，并将是否达到该持股期限作为给予免税待遇的一个条件，甚至有些国家还限定了股东持有原分立公司股票的最短期限。

---

① Ben J. M. Terra, Peter J. Wattel, "European Tax Law", *Kluwer Law International*, 2008, pp. 523 – 524.

② 有趣的是，德国行政裁决甚至要求代表分立公司员工利益的权利也必须得到持续，即在分立后公司中其权利不能受到削减。

二、应税跨国并购所得课税规则中的交易主体税收利益分析

无论是应税跨国资产收购还是应税跨国股权收购，在各国税法中的共同特点都是收购方用现金或非权益性证券作为支付手段购买目标企业的资产或有投票权的股票。在应税并购交易中，也可能会使用一部分股票作为支付手段，但所占比例受到各国税法的限制，如果超过所在国税法规定的比例限制，则交易的税收性质将转为免税交易。

（一）目标企业及其股东的纳税义务

1. 目标企业的纳税义务

在典型的应税跨国资产收购中，目标企业作为转让方，将其全部或主要资产转让给收购方或收购方的子公司，收购企业支付现金或非权益性证券，目标企业成为“空壳公司”，仅仅持有所获得的对价或一些未出售的资产，将所获得现金或票据分配给其股东，因此一般其独立法律形式也就不存在了。各国税法的所得税制度一般都将上述资产转让视为一般的资产和负债的转让，由此而产生的任何收益被视为应税所得，目标企业需就此承担纳税义务，并被允许在应纳税所得额中扣除转让交易中产生的亏损。至于收益和亏损数额按照相应的企业所得税课税规则进行计算。假定全部资产都按照相同的规则课税，同时依目标企业收到的全部对价与转让资产税收基础①之间的差额是正数还是负数来确定交易是产生了收益还是亏损，不过这将导致在资产转让交易发生前已被递延纳税的利润和收益都将成为应税所得。

目标企业在出售资产或转让股权中取得的收益所适用的税率一般参照公司所得税率或资本利得税率。目前，专门规定资本利得税的国家并不是很多，大多数国家的做法是将资本利得作为企业利润予以征税，一般适用与营业利润相同或比其更低的税率，有时也区分长期资本利得和短期资本利得，从而适用不同的税率。像比利时、法国、希腊、爱尔兰等国则对资本利得课税制定了专门的优惠政策，美国税法也重新对资本利得赋予优惠政策。如果目标企业所在国对企业的资本利得适用优惠税率，则对于目标企业来说，最大化其并购交易的税后收益的有效路径是

---

① 记载在公司账面上的资产的价值并非总是与该资产的税收基础保持一致。这主要看财务会计和税务会计之间的规定差别有多大，各国情况都不尽相同。

将全部对价分摊到每一项被转让资产中，并将较大比例的对价分摊到资本资产上，这样可以减少其应纳税额，而这将极有可能导致与转让企业的并购对价分摊方案的矛盾。

在应税资产收购中，通常收购企业向资产出售方支付双方约定的对价以取得被视为一个整体的资产，双方主体并不针对每一项单个资产进行讨价还价再计算出总价款。这要求双方主体必须明确被转让资产的确切数目，并基于税收目的将上述对价分摊到每一项资产中。[①] 将对价分摊到各项资产中对并购双方主体都具有重要意义，对于资产出售方而言，分摊对价能够确定其将各项资产转移给收购方时所实现的收益（或亏损）的数额及其收益（或亏损）的性质；对于资产收购方而言，分摊对价的意义则在于确定购得的各项资产的原值，以便于计算各项资产在正常情况下的所得或亏损、以后的折旧扣除额、分期摊销扣除额、其他减免款项，以及未来处置这些资产时能够计算出每项资产的资本收益（或亏损）。

如果并购交易主体事先就对价的分摊方案未达成一致意见，则双方根据各国税法规定并基于自身的税收利益考量，所做出的分摊方案经常是彼此矛盾的。无论是并购企业还是目标企业，其制订对价分摊方案的宗旨都是以最小化自身的税收义务来最大化其并购收益。在这一前提下，目标企业倾向于将更多的对价分摊到资本资产中，而受让方则更愿意将对价更多地分摊到可以随时扣除的资产项目中，如库存成本，这样就可以尽快将收购成本从直接成本中扣除。[②] 以美国为例，在1987年税法改革以前，长期资本利得可以适用优惠税率，因此，当时的资产出售公司最愿意将更多的资产销售价款分配到那些能产生长期资本收益的资产，而非只产生一般所得的资产项目下。此外，美国在1993年税法改革以前，I. R. C. 规定，企业的商誉、持续经营价值等无形资产是不可折旧的资本资产，同时，交易主体只有在能够证实一项特定无形资产具有可被合理精确确定其有限使用寿命时，纳税人才能在该无形资产有限使用寿命期限内通过原值的分期摊销回收该无形资产的投资成本。因

---

① Boris I. Bittker, James S. Eustice: *Federal Income Taxation of Corporations and Shareholders* (*Seventh Edition*), Warren, Gorham & Lamont, pp. 10 - 86.

② Frans Vanistendael, "Taxation of Corporate Reorganizations", Victor Thuronyi, ed. *Tax Law Design and Drafting*, International Monetary Fund, 2000, pp. 902 - 903.

此，当时，并购企业更愿意将对价分摊给存货、可折旧及可分期摊销的无形资产（如非竞争性合约①）。这样的规定除了导致并购交易主体之间就并购对价的分摊意见不一致之外，还经常引发纳税人与美国税务当局之间关于无形资产收购成本的税收待遇的争议，如某项无形资产是否可分期摊销；可分期摊销的无形资产投资成本的回收方法与期限等。现行的美国 I. R. C. 第 197 条很大程度上解决了上述争议，规定允许通过收购获得的诸如商誉或持续经营价值等无形资产实行 15 年期限的直线摊销法。② 这大大缓解了资产受让方和转让方之间关于收购对价分摊的矛盾，也缓和了并购主体与税务当局之间关于收购对价分摊的争议，使得在美国此类税务诉讼的数量大大减少。英国、加拿大等国税法亦允许对并购交易中包括商誉在内的无形资产的对价进行摊销。英国规定，按照收购方的会计账面记载的价值进行摊销，亦可对上述无形资产实行 25 年期限的直线摊销法。

实践中，并购交易主体经常会就上述资产对价的分摊问题达成一个能够优化双方税收地位的协议，在双方同时受控于同一集团公司情形中尤为如此，而代价则是牵涉国家由此而丧失其应当征收的税收利益。为此，各国家税法一般都规定了法定分摊方法，③ 如美国 I. R. C. 规定的剩余分摊法。I. R. C. 将受分摊的资产分为四类，受让方与转让方将收购对价按照受分摊资产的公平市场价值依次分摊给第一类资产、第二类资产、第三类资产和第四类资产。④ 当应分摊的收购对价少于该类资产的公平市场价值总额时，则按照每一项资产在收购日的公平市场价值比例进行分摊。如果收购对价超过被收购资产的公平市场价值，该溢价部分视为收购方为获得出售方商誉或持续经营价值而支付的价格。美国的剩余分摊法既很好地维护了并购交易主体之间的税收利益平衡，减少了

---

① 非竞争性合约（non - compete covenant）指潜在竞争者之间达成的限制其中一方从事与另一方经营活动具有竞争关系的营业的协议。I. R. C. § 197（d）.

② I. R. C. § 197（a）适用于下列无形资产：商誉与持续经营价值；称职的劳动力；顾客清单与其他基于顾客的无形资产；与供应商之间的有利契约及基于供应商的其他无形资产等十一类无形资产。此外，§ 197（c）规定了不适用第 197 条的七类无形资产。

③ 本书将在后面专章介绍我国关于跨国并购课税的具体规则，在此不再赘言。

④ 第一类资产是现金、银行存款或类似资产；第二类资产包括银行存单、美国政府债券及易于变现的股票或债券；第三类资产包括商誉及持续经营价值以外的其他全部资产；第四类资产是商誉与持续经营价值。Reg. § 1060 - 1（d）.

以往因分别确定出售公司的商誉及持续经营价值而引发的争议，也保护了国家征税权的正常行使，具有很强的合理性及实用性。英国税法不允许对购买土地和建筑物的对价进行摊销，但允许对列举的几类商业建筑物资产根据法定的折旧率进行折旧提成（capital allowances），[①] 当然，该折旧提成率必须限制在建筑物的原始成本范围之内。依据各国税法规定的法定资产分摊方法，来确定被出售的包括无形资产在内的各项资产的新的计税价格，从而确定各项资产的计税成本。[②]

另外，如果目标企业使用了加速折旧，由于过度折旧而形成的收益一般被各国税法作为普通收益而不是资本收益来缴纳所得税。

应当说，各国税法对资产出售对价的分摊规则予以明确规定，可以很好地降低因税法的不完备性而对交易主体经营决策造成的扭曲，有利于税收公平及税收效率的价值目标在跨国并购所得课税制度中的实现。

2. 目标企业股东的纳税义务

目标企业股东的税收利益主要受到如下几类交易情形的影响：当目标企业将其全部或主要资产转让给并购企业，之后在法律意义上解散，并将其从转让资产中获得的对价分配给其股东时，股东需要确认所得，并承担纳税义务；目标企业将资产和负债全部转移给收购企业，目标企业股东收取现金或非股权类证券等作为其转让股权的对价，这时，收购对价由收购企业直接支付给目标企业股东，这类交易情形中，目标企业在税法上被视为完全解散；在应税合并交易中，目标企业股东将其持有的目标企业股权交换为收购企业提供的本企业或其母公司的非股权对价，交易完成后，目标企业仍然可以作为收购企业的子公司，以独立法人的身份存在，其本身的资产负债并未发生任何变化，但其股东应当就其转让股权的所得部分缴纳所得税。目标企业股东可能为个人股东或公司股东，并分别适用不同的所得课税规则。

在一项应税并购交易中，目标企业股东是否被课税取决于所在国税

---

① 允许折旧摊销的建筑物中包括工业建筑物、旅馆，但不包括办公楼。参见 Geoffrey A. Kay/Jefferson P, VanderWolk: Studies on International Fiscal Law（Volume 90b）– Subject Ⅱ: Branch Report on Tax Treatment of International Acquisitions of Businesses, IFA Cahiers, Buenos Aires, 2005, pp. 664 – 665。

② Peter C. Canellos: General Report – Subject Ⅱ: General Report on Tax treatment of international acquisitions of businesses, IFA Cahiers, Buenos Aires, 2005, p. 28.

法对于资本利得的一般课税规则。基于实现资本利得的纳税主体的不同类别以及持有股票是出于经营目的还是纯粹的私人投资目的的不同，各国税法对资本利得的课税规则不尽相同。例如，有些国家，尤其是除英国及位于斯堪的纳维亚半岛上国家外的欧盟成员国，个人股东不必为其出售长期持有的私人投资股票产生的收益进行纳税，慈善机构等享受免税待遇的组织实现的资本利得也免予纳税；有些国家税法则规定当个人股东持有公司股票份额达到一定比例时，其获得的股息收益将属于应税所得，实践中，当个人股东出于经营目的而持有公司股票时，各国一般都会将其出售的股票收益视为应税所得。当然，也有国家不管资本利得是由谁实现或出于什么目的持有股票而一律予以课税。①

许多国家税法将公司持有另一企业的股票视为公司出于经营目的而拥有的一项资产，相应地，任何出售或交换该股票资产的收益都属于应税所得。当然在有些国家，如荷兰、比利时，② 如果目标企业的股东是其控股公司，则该控股公司出售其在子公司持有的股票而获得的收益，被视为已经由子公司实现并缴税的一项利润所得而不再予以征税，这主要是出于避免双重征税的考虑。③ 当目标企业股东的转让股权收益被所在国税法视为应税所得时，在计算应税所得额时一般适用计算处置资产收益的相关规则以及有关税率和资本亏损扣除等特殊规则。

目标企业股东在跨国并购交易中收到的并购企业的股票或除现金外的其他形式的对价的成本，按照基本税收规则进行确定，其价值在税法意义上等于并购成本。并购成本应当与目标企业转让的股票的价值相等，并购交易双方当事主体在所签订的并购协议中记载的股票价值应当真实反映股票的公允市场价值，否则，将可能受到所在国税务机关的调整。

（二）并购企业的税收待遇

应税跨国并购交易中，并购企业的税收利益主要体现在如下有关事项的税收规则中：

---

① 例如，英国税法规定有专门的资本利得税，其中就包括对私人投资股票所产生的收益予以课税。参见 GBR TCGA § §2，21。

② 比利时企业所得税法（BEL CIR）第 39 条以及荷兰 Vpb §13（1）规定控股公司最低持股比例为 5%。

③ 对于控股公司作为目标企业股东的免税待遇问题，下文还会涉及。

1. 被转让资产的成本价值及商誉的摊销

应税跨国并购交易完成后，并购企业取得的目标企业的资产的价值应当与后者在并购交易中转让资产时取得的应税收益的价值相同，该资产在随后产生的利润、折旧、资本利得以及资本亏损的数额不再按照并购之前的资产价值基础进行计算，而是基于并购中重新确定的价值基础进行计算。这意味着，从税法上判断，并购企业所有的资产中，有些资产——从被并购企业取得的资产——按照当前价格确定价值，有些资产——并购企业原有的资产——反映的则是历史上的已折旧价值，也即在没有税收递延规则适用的情形下，税法规则在资产并购中并未得到连贯一致的适用，而是出于税收上考虑，重新评估被转让资产的价值。

并购企业在应税并购中另一个特殊问题是关于商誉的并购成本分摊问题。一般而言，全部资产并购成本价值要高于每一项资产价值的相加之和，高出的价值部分被视为被并购企业的商誉价值。商誉作为无形资产是否允许摊销适用一般的资产折旧规则，如果所在国不允许商誉价值折旧，则并购企业会尽量将最小的并购成本分摊到商誉上；反之，如果允许商业价值折旧，并购企业会将尽可能多的并购成本分摊到商誉上。

2. 目标企业税收属性的继承

在公司法意义上，作为一个具有独立法人资格的企业，其法律属性不应当受其股东身份或股东成员变化的影响，也不应当受企业调整其经营活动的性质或进行再融资、调整资本结构等行为的影响，调整前后的企业在形式上具有公司法意义上的同一性。但从税法意义上判断却未必如此，[①] 目标企业的税收属性未必在并购前后一定保持不变，也即并购企业未必能够继承目标企业在并购交易前拥有的有利税收属性。在目标企业拥有的全部税收属性中，并购企业最为关心的莫过于能否继承被并购企业的净经营亏损。作为应税并购课税的一般规则，目标企业并购前的各类诸如税收抵免、免税/税收递延待遇等税收属性或者由目标企业继续保留或者随着其被兼并或分立而消失。

一般规则之下通常存在特殊规则适用的可能性。有些国家税法允许并购企业在某些条件下有权继承被并购企业的亏损结转等有利税收属性。根据美国等发达国家的立法及司法实践，影响并购企业能否继承被

① 黄茂荣：《税法各论》，台北植根杂志社有限公司 2007 年版，第 122 – 127 页。

并购企业税收属性因素大致可以概括为：（1）并购完成后，被并购企业原有的经营活动是否进行；（2）被转让的资产是否继续用于原来的经济活动之中；（3）并购完成后，是否继续保留被并购企业的股东利益；（4）并购交易活动是否以避税而非商业目的为主要动机。① 实际上，应税并购中被并购企业的税收属性能够被并购企业继承的要求与免税并购重组的要求非常相似。允许亏损结转的制度功能在于避免营业所得的年度波动及年度会计期间对应税所得的计算造成扭曲，从而实现公平课税的目的。不过，在各国实践中，这一制度功能有时会由于人为区别对待可供选择的并购交易形式，而并未真正实现税收公平与效率价值。

3. 相关会计方法的延续以及企业的过渡性问题

并购企业与目标企业在并购交易前可能分别适用不同的会计方法。例如，一方适用收付实现制，另一方则适用权责发生制；一方在成本流动上适用先进先出法（FIFO），另一方则适用后进先出法（LIFO）；或者各自遵循不同的会计年度。并购交易完成后，上述会计方法上的非一致性问题则需要得到解决。如果并购企业所在国税法规定，一旦公司最开始适用了某种会计方法，则该国企业被境外企业收购为子公司后，其无法变更为其他会计方法，则上述会计方法上的矛盾显然无法得到解决，因此，各国税法应当针对并购重组中可能出现的会计方法上的改变制定专门规则，以调和上述矛盾。有些国家采取如下比较简便、正式的方法，即允许与并购重组之后保留下来的企业所适用的会计方法保持一致，不过如果该保留下来的企业属于并购重组中新成立的公司，上述规定就会引出另一个问题，该新成立的公司有权利选择它喜欢的会计方法吗？对此，许多国家的税法则不置可否。

税法除了需要解决并购前后会计方法的延续性问题之外，还应当解决的一个会计方面的问题是关于企业的过渡性。过渡性问题在应税并购中并非难事。比如，在存货核算中，存续企业通常可以继续适用其原来的会计方法，并在税法上被视为购买了转让企业的存货，与企业正常经营中买卖存货没有区别。不过，如果在通货膨胀的经济形势下，后进先出式的会计方法会扩大库存的公允市场价值与其历史成本价值（在后进

① Boris I. Bittker, James S. Eustice: *Federal Income Taxation of Corporations and Shareholders* (Seventh Edition), Warren, Gorham & Lamont, pp. 14 - 16.

先出会计方法下，历史成本价值通常被人为地降低）之间的差额，从而增加纳税主体的应纳税所得额。[1][2]

事实上，并购交易的所谓税法上的应税或免税性质在实践中对于并购交易主体而言都是具有很大选择性的。如果并购交易主体认为税收递延待遇对其更为有利，就可以调整交易结构以符合免税规则的要求，如果认为在并购交易中进行当期课税对其更为有利，也能够调整交易结构使其不符合免税规则。因此，为顺应这一现实需求，目前有些国家直接在税法中规定，允许交易主体在某些特定情形下对并购交易的可税性进行选择。[3] 之所以允许并购交易主体有权选择交易在税收上的性质，是因为与其被动地

---

① Frans Vanistendael, "Taxation of Corporate Reorganizations", Victor Thuronyi, ed. *Tax Law Design and Drafting*, International Monetary Fund, 2000, p. 906.

② 除了应税跨国资产转让和应税跨国股权转让之外，尚有不发生资产或股权转让的跨国并购交易——变更企业注册地及法律形式。变更企业的注册地及法律形式属于比较简单的企业重组形式，仅仅涉及公司法律结构上的变更，而不发生企业经济结构上的变化。一般而言，只要公司的变更注册地是在同一个税收主权国家进行的，则不会产生任何应税事项。如果公司的注册地是从一个税收主权国家变为另一个税收主权国家，有些国家认为企业将注册地从本国迁往另一国家的行为意味着该企业将不再属于本国的居民纳税人，从而将该变更行为视为公司清算并分配其全部资产的完全应税行为。原则上说，公司法律形式的变更，如从有限责任公司变更为股份有限公司，不属于应税事项。变更前后公司的资产和负债仍然保留在同一个法律实体中，尽管该法律实体在形式上有所变化，股东的利益在变更前后也未发生任何改变。不过，有个别国家的公司法规定，变更公司类型之前，公司必须首先进行正式清算，以便于将原公司资产及负债在法律意义上转移给新公司，这一资产及负债的法律上的转移在税法上很可能属于应税事项。仅从税法上分析，只要公司的资产、资本、负债以及流通股票未发生改变，则单纯的公司法律形式的变更不应当属于应税事项。但可能出现下面的例外情形，当企业变更其法律类型的结果导致企业纳税主体身份从公司法人变为自然人纳税身份，或者自然人纳税身份变为法人纳税身份时，所适用的税收规则也应当随之而改变。这时，税法就可能将企业的法律形式的变更视为原企业清算并注册成立一家新企业，对原企业所有尚未征税的公积金（reserves）或暂时免税的利润都将予以课税。在美国，C 型企业（作为法人企业纳税）变更为 S 型企业（taxed on a flow - through basis）时，税务机关并非立即对其征税，只有当该 S 型企业在 10 年内实现原 C 型企业某些类别的固有利益时才对其实现的收益课税。参见美国 I. R. C. 第 1374 条。德国税法对企业从公司形式转为合伙形式赋予免税待遇。参见德国重组税收法案（Germany Release Draft Regulation on the Reorganization Tax Act）。

③ 例如，德国税法允许转让公司有权选择免税转让，或是应税转让。德国所得税法（UmwStG）第 11 条。当然选择的结果是并购双方主体协商做出的决定。再如，美国 I. R. C. 第 338 条规定，购买目标公司股票的公司有权选择将该股票收购交易视为资产收购，继而再将该资产捐赠给一家新成立的公司。我国财政部和国税总局联合发布的《关于企业重组业务所得税处理若干问题的通知》（财税〔2009〕59 号）第 11 条亦允许企业放弃并购重组的特殊性税务处理，而选择当期纳税。

等待由并购交易主体通过操作交易结构来实现其所希望得到的税收待遇，还不如直接通过立法的形式明确允许其进行选择，这样既可以节约税务部门为确定并购交易的税收性质、审查某些并购交易结构是否出于避税目的所要付出的征管成本，又有助于降低纳税主体的交易成本，税收效率价值寓于其中。

三、课税规则在不同形式跨国并购中的适用

前文详细分析了并购交易主体及其股东在应税并购与免税并购中所可能面临的不同税收待遇问题。无论是跨国并购还是纯粹的国内并购，交易主体及其股东的税收待遇的确定最终都有赖于来源国或居民国国内并购所得课税规则，虽然这些规则可能被冠以国际税收规则，但事实上并不存在真正超国家层面的国际税收规则，每一项规则都是主权国家自行制定的结果。下面结合不同的跨国并购交易类型来进一步分析相关所得课税规则如何影响并购交易主体的税法义务的承担。

（一）境外企业并购境内目标企业的全部经营

首先解释一下公司的清算和解散活动。根据荷兰国际财税文献局（IBFD）的解释，如果根据公司章程要求，规定了公司的存续期限，经公司股东大会表决通过，并符合相关法律的规定，公司可以解散。许多国家法律规定，公司解散必须到工商登记部门注销。如被解散的公司终止其经营活动，则需要清算。只有当公司的全部资产和负债转由另一家公司承受时，被解散的公司才不需要清算，这种情形相当于两家公司的兼并重组。关于清算，一般是进入解散程序的公司进行清算，在公司清偿其所有债务之后将剩余资产分配给其股东。清算可能基于公司股东之间以及与公司债权人达成的协议，亦可能基于法院的判决。由此决定了在境外企业并购境内目标企业的全部经营中的主要课税问题发生在目标企业及其股东层面。

在大多数国家中，这类跨国并购交易通常是通过股票收购或股票兼并方式实现的，而很少通过支付现金或非适格证券的方式来购买境内企业的全部经营。[1] 理由在于以股票作为主要的并购对价可以避免目标企

---

① Peter C. Canellos: General Report – Subject Ⅱ: Tax treatment of international acquisitions of businesses, International Fiscal Association 2015 Buenos Aires Congress, p. 40.

业及其股东在来源国被当期确认资本利得，并被适用资本利得，除非境内被并购企业具有大量净营业亏损结转或其资产具有大量内在亏损足以冲抵有关资本收益，或者被并购企业的净营业亏损结转额即将期满失效时，交易主体才可能选择现金或非适格证券为对价的应税并购形式。

该类并购交易中，境内目标企业（转让企业）将其有形资产、无形资产、已披露和未披露债务以及或有债务全部转让给境外并购方，并在法律意义上解散，但不进入清算程序，收购企业成为“消失”的企业法律上的继承主体，继续被并购企业原来的经营业务。并购方可能是境外并购企业自己，抑或境外企业在境内的子公司，或者境外企业为实施跨国并购而专门在境内成立的子公司，对于后两种情形，即属于三角兼并。三角兼并形式经常被境外企业用来规避有些国家国内法律禁止外国企业直接作为收购主体收购本国企业的规定。另外，通过境内子公司实施兼并，境外并购企业则可以避免承担境内目标企业的全部债权债务，而是由该子公司直接概括承担。

各国税法关于分配给股东的清算收益的税收待遇问题规定不尽一致，最常见的模式是将清算收益视为股息或者资本收益来进行课税。对于股东应纳税所得额的计算基于单纯的公司解散目的或者为合并目的解散而有所区分。在以单纯的公司解散为目的的情形中，公司终止存在并将全部累积所得分配给股东；在与另一企业合并而解散的情形中，公司丧失其独立的法律主体资格，但在物理意义上仍然存在，只是作为一项经营资产被另一家公司吸收，公司的全部或至少部分累积所得作为公司的资产转由兼并公司所有，而非被吸收公司股东的分配收益。[①] 境外并购企业并购境内目标企业的全部经营，目标企业终止其法律上的独立存在即属于后一种情形。

境外并购企业一般不会并购税基被提高的境内企业的资产，因为现在大多数国家允许企业摊销商誉等无形资产的价值，尽管在无形资产价值的计算方法和折旧方式上各国规定不尽相同，但如果提高境内被并购企业资产的价值，境外并购企业则需相应提高资产的账面价值，这意味着提高了潜在的税收成本。如果被转移的全部经营中包括境内企业未实现收益的已增值财产（如持有的国内公司股票或证券、外国公司股票或

① 荷兰国际财税文献局网站，http：//www. ibfd. org。

证券），境外并购企业随后处置该部分已增值财产的收益，这将可能完全规避被并购企业所在国的所得税法，对此，有些国家予以严格限制。以美国 I. R. C. 第 367 条（a）款规定为例，向美国境外转移财产的美国企业一般必须确认在转移已增值财产时所实现的收益。如果美国企业在收购性重组中向外国企业转移无形资产，依据第 367 条（d）款，必须按照特许权使用费方式确定转移无形资产时的普通所得。一般只有在资产并购中才提高被并购资产的价值基础，但由此产生的收益对于境内资产出售企业而言，在缺少有效税收亏损扣除的情形下将要承担额外的纳税义务。境外并购企业继承并利用境内被并购企业的亏损递延等有利税收属性的具体方式需受到本国税法关于股东利益持续、企业经营业务继续以及是否可能存在滥用被并购企业有利税收属性等相关规定的限制。如境外并购企业实施三角兼并，当其利用境内收购子公司在境内进行并购借贷融资时，该收购子公司要受到所在国税法关于公司债权股权比例、资本弱化等相关借贷融资的限制性规定的制约。

各国对于实质重于形式的税法原则的理解以及在具体规则中的运用上存在很大差别，有些强调交易的经济实质，有些则注重交易是否符合法律的形式要件要求。这给跨国并购主体在不同国家间同时获得免税或少缴税的税收利益提供了很大空间。实践中，并购交易主体经常利用混合债券，即目标企业所在国将境外企业支付的债券认定为具有股权性质的债权的同时，作为该债券发行人的并购企业的居民国法律却将之认定为具有债权性质的债券，以此来获得在居民国和来源国的双重税收优惠待遇；或者利用混合实体①，即并购交易主体利用各国对法人实体的认定标准的差异性规定，来获得双重免税待遇，实现税收套利目的。② 典型的如美国的“逐项检查规则（check the box）”，该规则允许纳税人自己选择某一“适格实体”作为企业的法律形式，或者合伙企业，或者

---

①　将 hybrid entities 翻译为“混合实体”未必十分准确，根据 IBFD 的解释，是指一个实体被一国税法视为合伙等非法人企业，在另一国税法则被视为公司等法人企业，可以分为一般混合实体（regular hybrid entity）和反向混合实体（reverse hybrid entity），区别是看从哪一国角度出发来做出判断。

②　双重免税（double dipping）是用来描述跨国纳税人利用各国不同的税收制度而在一个以上国家获得免税待遇的交易安排，跨国纳税人尤其经常利用的是各国关于所得性质或企业性质或确定公司居住地的不同规则。目前已经有国家开始对此避税方式制定限制性法律规则。。

公司企业，而不论该企业的所有者为何，但同时，禁止纳税人就所得税法中所列举的某些类企业适用该规则，如英国上市有限责任公司、法国股份公司。"逐项检查规则" 的适用除外规定旨在避免纳税人滥用这一自由选择规则来建立一个在双方国家都可以享受免税待遇的企业实体形式，以逃避美国及相关国家的企业所得课税义务。①

在境外企业并购境内企业的全部经营过程中，经常出现在实施并购前剥离被并购企业的一部分资产的情形。境外企业经常采取的资产剥离方式是将该部分资产分立重组给被并购企业的股东，或者在并购完成后将该部分资产分立重组给自身股东，包括境外企业原有股东以及在并购完成后成为其股东的原境内被并购企业的股东。当然许多国家禁止采用这种资产剥离方式，或对此设置了较为严格、复杂的限制条件，要求交易必须符合合理经营目的、股东利益和企业利益具有持续性的条件时，方可享受免税分立重组待遇。

（二）境外企业并购境内目标企业的部分经营

与第一个交易类型不同，在境外企业并购境内目标企业的部分经营的交易类型中，境外企业仅仅并购其需要的境内目标企业的某一部分经营，如其某一个或几个分支机构或子公司，或其某一条生产线，或其营销网络，等等，该并购交易并不影响目标企业继续其原来的经营活动，更不涉及目标企业的清算或解散等问题。因此并购交易中，直接受到课税影响的是境内目标企业和境外并购企业，至于目标企业的股东则只是间接受到税法影响。需要明确的是，这里的部分经营或某一经营资产并不包括诸如境内目标企业所有的一栋建筑物（房地产企业除外）等孤立的资产。

一般而言，如果境外并购方在并购境内目标企业的部分经营中以现金或适格证券或不超过目标企业所在国税法规定比例的股权性质的证券为对价，则并购属于应税交易，转让企业需就其因转让经营资产而取得的对价履行纳税义务。如果境外并购方以其原有股票或新发行股票作为对价直接支付给资产转让企业，或者通过其在境内的子公司或者在境内

① Sharon C. Mendelson & Lewis R. Steinberg, Branch Report – Subject Ⅱ: Tax treatment of international acquisitions of businesses, International Fiscal Association 2005 Buenos Aires Congress, p. 690.

专门成立的收购子公司支付给境内转让企业，则境内目标企业可以在本国享受税收递延待遇，直到其处置该股票对价、实现转让资产的资本收益。由于在资产转让过程中，转让企业的股东并未直接收到该笔对价，因而没有应税所得。与前面交易形式相同的是，在所转让的部分经营中也可能涉及尚未实现收益的已增值财产。

各国税法一般对本国企业的转让经营行为规定有基本的课税规则，这些规则自然也适用于本国企业转让部分经营的交易情形。以美国为例，对于美国纳税人在收购性重组中将财产转移给外国公司，美国 I. R. C. 规定的基本课税规则是美国纳税人必须当期确认财产转移时实现的收益。这一基本税收规则的主要目的仅仅在于防止因已增值财产被转移给外国公司使该财产在将来应税处置时实现的财产收益逃避美国联邦税收，也即防止美国丧失对未来实现的财产收益的税收管辖权，体现了美国税收立法者对于国家税收主权的毫无疑问的维护。当然，为了防止这一基本课税原则在实践中对某些跨国并购交易的非中性的影响，美国 I. R. C. 在前述基本课税原则之下又规定了适用除外情形，即当美国目标企业向外国并购企业转移已增值的有形财产的目的是用于该外国企业在美国境外积极从事的贸易或营业中，并且美国目标企业履行了联邦税务局规定的必要报告义务时，纳税人可以不必当期确认转让财产的资本收益而适用税收递延规则。欧盟合并指令规定的基本课税规则是，不应当对合并或分立获得中产生的资本收益课税，但规定以满足“常设机构条件”为前提，即只有被转让的资产与目标企业位于同一成员国的收购公司的常设机构有实际联系时，才可以享受税收递延待遇。[①]

无论是美国还是欧盟对于并购本国/成员国目标企业的交易所适用的课税规则，其制度价值都在于，一方面反映了美国通过税法来实现鼓励对于本国/成员国经济发展具有积极意义的跨国并购交易的宏观政策目标，强调税法应当有利于推动经济活动效率价值的实现，保证对跨国并购交易的中性影响，对跨国并购交易主体取得的合理、正当的经济利益的尊重；另一方面反映了赋予税收递延待遇是以能够保证国家税收管辖权在未来当被转让财产的增值收益获得实现时依然能够行使为前提，并且国家始终保留对该未来资本收益的征税权。

---

① European Union Merger Directive. art. 4 & art. 10（b）（as amended through 2006）.

实践中，为获得税收递延待遇，境内企业有时会以捐赠形式将其资产转让给由境外并购企业实际控制的境内合伙企业或某一法人实体，来交换对方的某一项利益，再由该合伙企业或法人实体将受赠的资产分配给其控股公司。因为有些国家的税法规定，捐赠资产给合伙企业以及合伙企业分配资产给其股东属于免税事项。这种以捐赠形式来达到出售资产目的的行为，可能受到所在国反避税规则调整的影响。①

（三）境内企业并购境外目标企业

在境内企业并购境外目标企业的交易中，可能是收购境外企业的部分经营或者全部经营，其中主要的税收问题集中在本国并购企业的融资问题以及收购完成后的股息分配和企业重组问题上。

收购企业在其所属居民国中选择的实施境外并购的对价对于整个跨国并购交易的税收意义十分重大。收购企业的税收待遇如何在很大程度上受到居民国关于本国企业将并购中支出的费用从其外国来源应纳税所得中扣除的规定（假定该国允许相关费用的税前扣除）以及对于外国税收抵免限额的规定（假定该居民国实行外国税收抵免制度）的影响。并购支出费用主要指并购企业在筹集并购对价中为债务资本筹资而支付的利息费用。许多国家税法一般都允许从应纳税所得中扣除并购企业支出的利息费用，但不允许扣除股息支出。当境外目标企业的全部经营被境内收购企业收购并成为后者的子公司时，该笔利息费用将可以从该子公司的未来所得中扣除，当并购企业只是收购境外目标企业的部分经营时，该笔利息费用将可以从并购企业的其他应纳税所得中扣除。实践中，除了跨国股权互换交易之外，这一能够给并购企业带来大量税收上的经济利益的规则经常遭到滥用，并购企业在融资中利用混合债券等方式来人为提高并购对价中的债务资本的比例，有时甚至能够达到在居民国和来源国同时获得利息费用扣除（double-dip）的效果。对此，有些国家税法对来自企业的债务资本的税前扣除比例予以限制，同时又通过民法来限制交易主体通过提供融资援助来进行与股票回购相关联的缩减股权比例的行为；有些国家只允许规定交易情形中的利息费用可以适用扣除规则。以加拿大为例，加拿大税法规定，外国子公司收到来自收购

---

① Peter C. Canellos: General Report – Subject Ⅱ: Tax treatment of international acquisitions of businesses, International Fiscal Association 2005 Buenos Aires Congress, p. 42.

方集团公司的另一外国子公司或关联公司的利息，利息接受方可以从来自其积极经营所得中或者汇自外国子公司的积极营业所得中予以税前扣除。如果利息接受方就该笔利息所得承担非常低的税负或者免予纳税，而同时，利息支付方可获得在应纳税所得中扣除该笔利息支出的待遇，那么，利息支付方所在的居民国有权对该笔利息征收预提税。如果利息接受方和利息支付方分别为签订有双边税收协定的缔约国的居民纳税人，利息接受方将该笔利息作为股息分配给加拿大公司股东，则加拿大公司股东可以享受免税待遇，并且不会降低加拿大公司股东所持有股权的价值基础。另外，加拿大税法也允许本国股东在帮助所在公司开展境外收购而进行借款筹资中所支付的利息可以从该加拿大公司股东的应纳税所得中扣除。① 另外，也有国家税法只允许在目标企业和收购企业之间或者目标企业和收购企业在目标企业所在公司的收购子公司之间的合并纳税或者收购完成后被并购企业和收购企业或其当地收购子公司合并情形中，进行利息扣除。有些国家税法对滥用杠杆收购予以限制，要求目标企业和收购企业合并后必须达到规定的最低存在时间限制。②

跨国并购交易完成后，境内并购企业的股息流动问题主要表现在两个方面：

一是在企业集团内部分配股息。关于境内企业将股息分配给境外股东，境内并购企业尤其关注的税收问题是，如何最小化所属居民国征收的股息预提税以及最小化就被并购企业汇回经营所得所需承担的纳税义务。实践中，境内企业经常采用的办法是利用居民国与来源国之间签订的双边税收协定或来源国国内的相关有利税法规则，在来源国（目标企业所在国）建立当地的居民或非居民控股公司，从而实现获得税收利益的目的。例如，加拿大税法规定，境外并购企业如果通过作为本国居民企业的收购子公司实施收购，则境外收购母公司可以不必为汇自加拿大收购子公司的股息所得缴纳股息预提税，免税额度为支付给本国目标企业的对价数额；但如果并购交易是由境外企业直接实施或通过作为加拿大非居民企业的子公司实施，则作为来源国的加拿大税法只允许在股息

---

① Leslie Morgan & Bruce R. Sinclair, Branch Report – Subject Ⅱ: Tax treatment of international acquisitions of businesses, International Fiscal Association 2005 Buenos Aires Congress, p. 198.

② Peter C. Canellos: General Report – Subject Ⅱ: Tax treatment of international acquisitions of businesses, International Fiscal Association 2005 Buenos Aires Congress, p. 34.

所得中扣除目标企业的历史成本。

在境内企业分配股息给境外股东的实践中，公司“三明治”问题表现尤为突出。所谓公司“三明治”问题，是指在跨国三角收购交易完成后，并购企业的国内收购子公司转变为境外目标企业的子公司。该子公司通过作为境外导管公司的目标企业将股息所得最终分配给并购企业，并购企业由此可以获得居民国的税收抵免待遇，从而降低其实际税负。如果并购企业直接持有该子公司则不会在来源国（目标企业的居住国）产生上述多余预提税和公司所得税。消除跨国并购交易中公司“三明治”问题需要依赖于目标企业居民国税法中关于处置子公司的具体课税规则，以及并购企业居民国税法中的受控外国公司规则。

二是将股息分配给目标企业的原有股东。对于目标企业原有股东而言，由目标企业分配的股息可以通过适用所在居民国税法的归集抵免制来消除股息的经济性双重征税。但由并购企业分配的股息却无法通过归集抵免来消除双重征税，因为极少有国家税法对跨国股息像对待国内股息一样消除其经济性双重征税。另外，并购企业将股息分配给境外股东时需要在本国缴纳股息预提税，而该股息预提税无法在股东居民国获得税收抵免。由此可见，目标企业原有股东从并购企业获得股息分配的税收待遇要逊于从目标企业获得股息分配的税收待遇。

四、跨国并购所得课税对法域主体税收利益影响分析

跨国并购既可以表现为跨国兼并也可以表现为跨国分立重组，而进一步的具体分类至少有 5 种之多，再加上与不同法域主体的不同课税规则相结合，将会产生 6000 多种交易情形，每一种交易情形适用的税法规则以及对居民国和来源国的税收影响都或多或少有些不同。[①] 本书选择在税法学界一直较少被研究，但实践中被广泛利用的企业分立重组中的派股重组为例来详细分析跨国并购所得课税对法域主体的税收利益可能带来的影响。

① Proceedings of a Seminar held in March in 2000 during the 54th Congress of the International Fiscal Association, pp. 61 - 65.

（一）对来源国的税收影响

1. 母公司转让位于来源国的不动产所有权

案例一（如图1所示）：居民国的一家公司进行派股重组，该公司在来源国拥有一项不动产，并将该不动产所有权转让给新成立的居民国子公司。来源国需要决定，发生在本国的不动产转让行为是否属于应税事项。

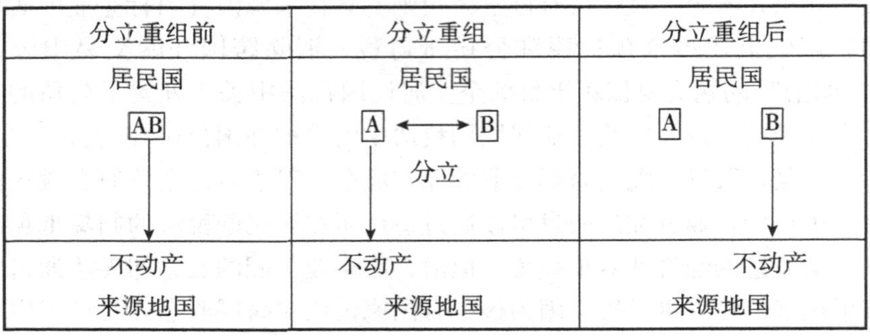

图1

来源国对于发生在本国的非居民企业的不动产转让交易予以当期课税还是进行税收递延，主要基于本国税收利益的实现和保持企业商业活动中的税收中性的考量。以德国为例，德国在判断是否能够实现本国税收利益上，其检验标准是本国的税收利益是否能够被保留，也即德国给予税收递延待遇的前提条件是德国税务当局确信那些暂时未被课税的收益，完全能够在未来某个阶段内被课税。这意味着，来源国要在能够确保对纳税人尚未被实现的资产的账面价值和实际价值之间的差额，即资产中的留存收益进行征税的前提下，才会给予税收递延待遇。另外，来源国给予非居民纳税人以税收递延待遇一般是出于商业利益上的考虑。如果外国公司在来源国领土上没有从事任何商业活动的话，出于保护本国税基的考虑，来源国未必会赋予该外国公司转让位于本国的资产的行为以税收递延待遇。案例一中，AB 公司在居民国进行派股重组并未在来源国从事任何积极的商业活动，换言之，来源国并未因 AB 公司的派股重组而获得任何直接或间接的经济利益。在这种情形下，来源国是否如居民国一样有义务维持本国税收对外国分立重组交易的中性影响则是一个值得深入思考的问题。

多数国家会给予本国居民企业在进行类似上述派股重组中转让不动产行为以税收递延待遇，但作为独立税收主权国家，各国也有权力对本国非居民企业转让位于本国的不动产行为进行征税，因为赋予税收递延的前期条件并未在本国实现。这实际上反映了在跨国并购中的纳税主体的税收平等待遇问题。在国际税法领域，对于纳税人的税收平等待遇的判断，从来都有两个标准，来源国标准和居民国标准。当两个标准不同时，纳税人则只能在其中一个国家实现税收公平待遇。在案例一中，如果其他条件都满足，当来源国赋予非居民企业与本国居民企业以相同的税收待遇时，无论是课税，还是给予税收递延待遇，都应当说是在来源国实现了国内外纳税人的税收平等待遇。当然，这完全有赖于来源国的国内法规定和来源国与居民国之间签订的税收协定。

案例一对来源国的另一个影响是，无论来源国是否给不动产转让以税收递延待遇，它都必须明确，是对不动产转让的哪一部分留存收益课税。这里先来区分可能存在的两类留存收益：一是真正的（genuine）留存收益，即转让不动产的实际价值和该不动产取得时支付的投资成本之间的差额；二是拟制的（artificial）隐藏价值，即转让不动产时记载在账面上的价值和该不动产取得时支付的投资成本之间的差额。前者来自不动产的价值增值，而后者则来自不动产的加速折旧。如果来源国给予被分立重组中转让不动产以税收递延待遇，那么，它对该不动产的第一类隐藏价值的征税权可以确定无疑地得到实现。在那些坚持对拟制隐藏价值收益进行征税的国家，如果该不动产在居民国以不高于其原账面价值的价格进行转让，则基本会在来源国享受到税收递延待遇。

2. 转让母公司位于来源国的常设机构

案例二（如图2所示）：居民国的一家公司进行派股重组，该公司在来源国拥有一家常设机构，并将该常设机构转让给新成立的居民国子公司。来源国需要决定，发生在本国的转让常设机构行为是否属于应税事项。

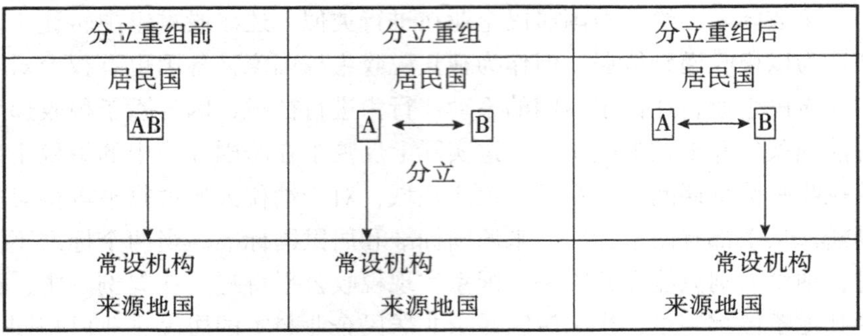

图 2

案例二与案例一中的并购重组的交易结构基本一致，唯一区别是AB 公司在来源国拥有的是一家常设机构，而非不动产。来源国同样需要决定是否对转让位于本国的常设机构进行征税。

与案例一中的不动产相比，位于来源国的常设机构属于能够独立生存的营业单位。尽管在 AB 公司派股重组范围之内，其资产和负债，包括其隐藏价值都被转让给新成立的居民国子公司 B，但它在母公司管理体系内仍保持其相对独立的经济功能，原来的投资者继续其从前的对该常设机构的投资及管理活动。换言之，在 AB 公司派股重组中，位于来源国的常设机构没有发生根本性变化，而是继续存在。案例二的情形远没有案例一复杂，从来源国角度看，位于本国的常设机构与 AB 公司进行派股重组前没有任何区别，自然有充分动力给予非居民企业转让位于本国的常设机构以税收递延待遇。因为这会继续鼓励常设机构在来源国的经营发展，从而为来源国带来税收、就业等利益。

从实现来源国税收利益角度分析，在案例二中，来源国给予转让常设机构以税收递延待遇的必要前提条件是常设机构在转让前后的账面记载价值相同，也即 AB 公司派股重组完成后，常设机构按照重组前的账面价值进行结转。新成立的居民国子公司 B 必须同意保证该常设机构的账面价值保持不变，因为只有这样，才能保证来源国的税收收益不会受到损害。否则，如果派股重组完成后，子公司 B 将位于来源国的常设机构的账面记载价值提高，这相当于常设机构实际上是以高于原账面价值被转让的，而来源国却对此增值收益没有征税，这显然破坏了来源国的税收基础，为来源国税法所不允许。

无论如何，总结各国做法无外乎两类：一是居民国的分立重组符合来源国关于免税重组的税收待遇，来源国对于常设机构的转让赋予与本国居民相同的税收递延待遇；二是来源国不管居民国是否将AB公司的分立重组视为免税交易，坚持对与该常设机构有实际联系的资本收益征税。来源国的第一种做法实际上维护了本国居民企业和非居民企业的税收平等待遇。第二种做法则可能导致国际性双重征税。如果居民国和来源国签订有双边税收协定或居民国税法规定有外国税收抵免的制度，则来源国对于常设机构所课征的税款将无法在居民国抵免。因为多数国家的税收抵免是限额抵免，即外国税收的抵免总额限于纳税人已经在本国缴纳的那部分税收，而在本案例分立重组中，B公司在居民国未缴纳任何税收，外国税收的抵免限额相当于零。当B公司在未来真正转让该常设机构时，将在居民国就该常设机构产生第二笔税收。这意味着，常设机构在不同的时间段内分别被来源国和居民国征了一次税收。这一因在来源国和居民国缴税时间的非同步性而导致的双重征税是否有办法予以缓解或消除呢？本书将在下一章详细分析其相关解决措施。

（二）对居民国的税收影响

在来源国进行的并购重组活动中，只要并购中涉及外国股东，并购就会具有跨国影响——对股东的居民国产生税收影响。上述影响主要涉及如下问题：一是居民国股东在来源国实现的所得的类型是资本收益还是股息收益，抑或被居民国视为股息收益？二是在来源国发生的并购重组根据居民国税法是否也被认定为相同的并购类型？或者说居民国是否会按照本国税法重新确定发生在来源国的并购交易的类型？三是股东就其已经实现或被视为已经实现的所得而在来源国缴纳的税收是否可以在居民国进行抵免以及如何抵免？四是在来源国进行的并购重组活动在居民国是否会取得与发生在居民国国内类似交易的相同的税收递延待遇？或者说，居民国税法会平等地对待分别发生在国内和国外的类似的并购重组活动吗？[①]

1. 在来源国进行的子公司反向三角兼并重组

案例三（如图3所示）：位于来源国的B公司将其新发行的股票交

① 在居民国和来源国签订的双边税收协定中可能会就上述问题提出解决方案，本书将在后面予以分析。

给同样在来源国的一家受控子公司 Sub（收购子公司）持有，并将其资产捐赠给 Sub 所有。Sub 与同样位于来源国的 A 公司（目标公司）合并，并被兼并入 A 公司，Sub 被清算而 A 公司继续存在。① 交易的结果是：Sub 的全部资产，包括其持有的母公司 B 新发行的股票都转由目标公司 A 继承，A 公司用获得的 B 公司的股票交换居民国股东 C 所持有的 A 公司的全部股票，并将收回的本公司所有股票交给收购企业 B 持有，B 公司成为 A 公司的唯一股东，A 公司成为收购企业 B 的全资受控子公司，A 公司的股东成为 B 公司的股东。

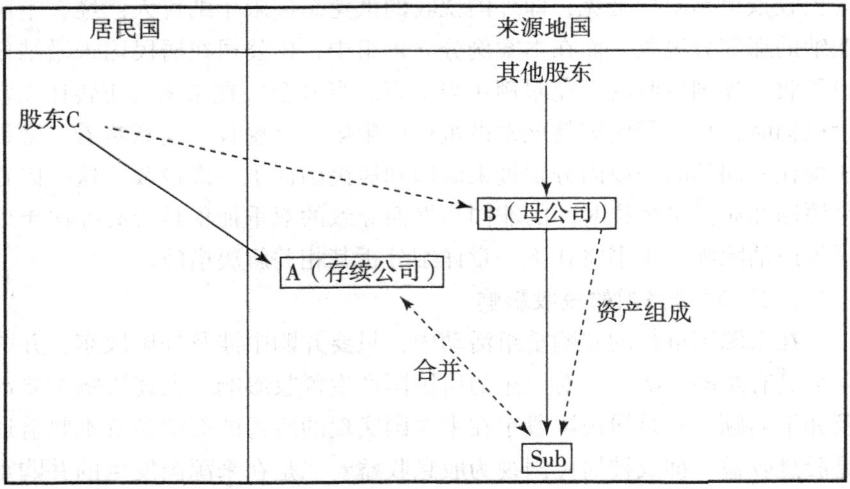

图 3

案例三中，居民国在确定对本国股东在该重组交易中是否负有纳税义务，或是否参照在本国发生的类似股票互换重组交易时给予股东税收递延待遇，也给予案例三中的股东 C 以相同的税收待遇时，是依赖于对并购重组的经济实质的分析，还是参照来源国的公司法做出判断，抑或再加入国内税法的相关规定？一般而言，作为独立的税收主权国家，无论是来源国还是居民国都会依照国内法律规定做出相应的税收决定，而不会受制于别国法律规定。至于是依照本国的民法、公司法等私法规则，还是税法规则，抑或两者的结合来对并购交易的性质做出判断，则

① 有些国家可能要求 A 公司的股票完全被 Sub 的股票所取代，如奥地利。

是一个各国税法概念相较于私法概念是否具有独立性判断的问题。

考察美国、加拿大、法国等西方国家的税收规则，作为来源国，无论是在公司层面——案例三中的A公司、B公司，还是在股东层面——居民国的股东C，一般都会给予免税待遇，主要理由是整个并购重组中并未出现现金或非股权性质的对价，相关交易主体及其股东均未在交易中实现收益或损失。作为居民国，只有当满足如下前提条件时才能确定是否给予免税待遇①：一是发生在来源国的并购重组必须符合本国公司法规定下的属于兼并重组的条件要求；二是符合本国税法关于免税重组的资格要求。例如，欧盟合并指令要求，转让公司的全部资产和负债，转让公司清算但不解散，被兼并公司的股票完全取代存续公司的股票，现金对价不超过全部对价比例的10%。关于兼并公司的股票完全取代存续公司的股票，在案例三中是指居民国股东C从A公司收到的是B公司的股票，而非A公司自己的股票，因为A公司的股票在A和Sub兼并中已经被Sub持有的B公司的股票取代了。

总之，类似案例三中的居民国股东并不能就其从来源国A公司取得的B公司股票在居民国自动享受税收递延待遇。如前文所述，尽管对于居民国和来源国而言，其在确定赋予本国股东税收递延待遇的前提条件是维护国家税收利益，防止股东某些潜在的收益未被课税，但出于保证税收在企业国际经济交易活动中的中性影响以及尽量维护纳税人在居民国和来源国受到平等的税收待遇，居民国为本国股东基于国外两家公司股票互换重组取得收益是否能够享受税收递延待遇所设定的前提条件至少不应当比来源国的前提条件更为严格。

2. 在来源国进行的公司分立重组

案例四（如图4所示）：居民国S为来源国公司A的股东，公司A在来源国进行分立重组，分立为A公司和B公司，两公司均仍为来源国居民企业，原A公司的股东S成为分立后的A公司和B公司的股东。

---

① 当然，居民国只能针对本国股东做出课税与否的决定，而无权干涉发生在来源国的并购重组交易的可税性问题。

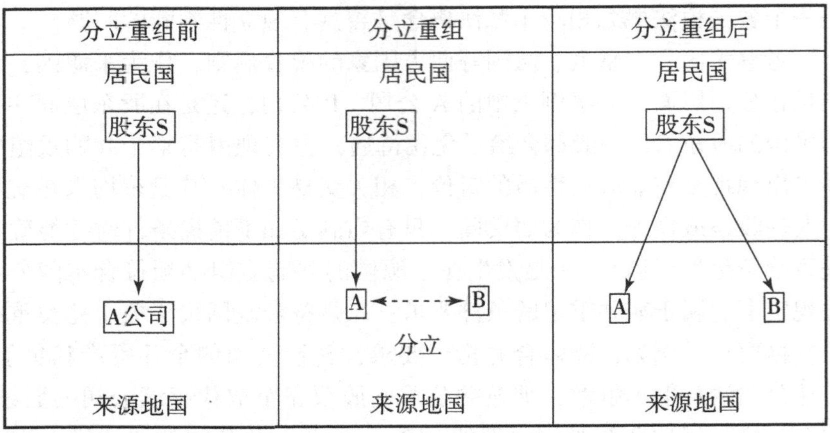

图 4

与案例三相同，案例四中同样是居民国的股东持有来源国公司的股份，同样从外国公司的并购重组中取得收益，区别是来源国公司 A 进行的是分立重组，而非兼并重组。

国外公司的分立重组活动给居民国造成的主要税收风险是，外国公司在分立过程中极容易间接地按照最大化居民国股东利益的方式——如利用居民国的股票转让适用税收递延的规则来隐藏被转让股票的升值价值等——在 A 公司和 B 公司之间分配股份，而居民国税务当局却很难查证发生在来源国的分立重组活动中的诸如股票分配比例、被分立公司股票的历史价值成本等问题，而上述问题直接关系到居民国股东是否有权利在居民国享受税收递延待遇。这也是为何居民国对本国股东就其国外持股公司并购重组享受税收递延待遇设定严格的前提条件的主要原因之一。

以法国为例，法国作为居民国时，对本国股东从外国公司分立重组中取得的收益视为股息所得——法国税法认为公司分立相当于清算——并根据股东的税法上的地位而适用不同的征税规则：公司控股股东可以享受参股免税待遇，公司个人股东就其被视为在分立重组中实现的股息收益适用约 60% 的个人所得税边际税率，除非该笔股息收益来自欧盟成员国公司之间的并购重组。

居民股东在外国兼并重组或在外国分立重组中除无法自动像在居民国的公司从事类似重组活动那样享受相同的税收递延待遇外，更为严重的是还可能遭受到双重征税的风险。如果来源国将本国企业的股权分立重组视为免税实现，而不对其外国（案例四中的居民国）股东征税，但在若干年之后，当分立出来的某一个公司或两个公司，即案例四中的A公司和B公司，将原A公司——被分立的公司——股票的留存收益价值分配给外国股东S时，来源国将对S取得的股息所得征收预提税。如果股东S的居民国在分立重组之时就已经对本国股东的收益征税，则上述股息分配就不再被居民国视为应税所得，这意味着股东S在来源国缴纳的预提税将很可能无法在居民国获得抵免，这也正是本书在案例二中分析的情形。本书将在下一章进一步深入讨论此问题。

第五章　跨国并购中税收利益冲突的协调

“现代跨国企业在从事经济活动中并未将作为其组成部分的子公司或分支机构视为单独的经济主体，相反，它们总是将各个组成部分作为一个整体进行全球投资决策”“但对于跨国企业的征税却是基于各国相互独立的计税方法和课税规则，将跨国企业所属的子公司或分公司视为单独的纳税主体予以课税”。[①] 正是由于各国间差异化的税收法律制度以及征管水平将本来属于一个完整的经济实体的跨国企业在税法上人为地分割为分属不同国家来行使税收管辖权。这也正是跨国并购与纯粹的国内并购交易在税收征管上的最大区别，引发多层面、复杂的国际双重征税或双重不征税问题，导致跨国投资人在并购融资中的种种避税行为。

一、跨国并购中税收利益冲突之一：法律性国际双重征税[②]

各国经济活动的持续全球开放性以及国际技术、贸易、投资、交通、通信的迅速发展，持续推动着经济的全球化和一体化，使得税收规则更深地打上国际性烙印。越来越多的国家参与到对跨国经济活动进行税收协调中来，不仅为了“税收利益的分配”，还在于通过税收协调促进本国经济的发展并进而促进国际经济的发展。尽管如此，各国政府作

---

① Michael Lang, eds., *Source versus Residence – Problems Arising from the Allocation of Taxing Rights in Tax Treaty Law and Possible Alternatives*, Taxmann Publication (P.) Ltd. 2008, p. 14.

② 经合组织（OECD）在“Report in the Draft Double Taxation Convention on Income and Capital of 1963”里，将双重征税定义为：“是指两个或多个国家，在同一时期对同一纳税人的同一课税客体，同时征收类似的税收。”这一概念将国际的双重征税仅仅囿于法律性双重征税的一种类型，而没有将不同国家对“不同纳税人”的同一经济来源重复课税的经济性双重征税涵盖进来，至于跨国并购中的因对所得定性不同以及纳税时间不匹配等而产生的特殊的双重征税则更没有涉及。

为独立的主权主体，几乎不会无条件地以本国税收利益为代价换取全球经济的发展，相反，作为最大的“理性经济人”，大部分国家是通过同时行使居民税收管辖权与来源地税收管辖权来实现其税收利益的。[①] 多国税收管辖权的并存，使得跨国经济活动面临着被多重（次）征税的情况，而国际双重征税的存在，违背了税收公平原则，加重了跨国纳税人的税收负担，挫伤了跨国投资者的积极性，更降低了税收在国际经济活动的中性价值，其结果不利于包括跨国并购在内的国际经济活动的正常开展，同当前的全球经济一体化的现实要求形成悖论。

为便于论述，本书通过下面的模拟案例来详细分析跨国并购交易中的法律性国际双重征税问题：

T公司为A国居民企业，P公司为B国居民企业，P公司用其有投票权股票以及部分现金作为对价收购T公司的全部资产，亦即T公司用其全部资产交换P公司的股票。被转让的资产包括：（1）位于D国的一项不动产；（2）位于C国的G企业的股票；（3）一项无形资产；（4）位于F国的一个加工厂。T公司被并入P公司。合并完成后，原T公司股东以其持有的原T公司股票换得P公司的股票，而P公司则拥有原T公司的上述全部资产。假定A国实行居民管辖权，并对本国居民出售股票的资本收益课税。

（一）交易主体层面的法律性双重征税

跨国并购交易主体层面的法律性双重征税可以细分为目标企业的法律性双重征税和并购企业的法律性双重征税。由于两者在实质内容上并无二致，这里将主要从目标企业角度来展开分析。

目标企业层面是否会发生法律性双重征税一般取决于如下两项前提条件：一是跨国并购交易在目标企业居住国（下文亦称为并购交易来源国）和并购企业居住国（下文亦称为并购交易居民国）均构成应税并购交易。道理很简单，当居民国依其国内税法认定纳税主体为其居民而对其全球所得行使税收管辖权，与此同时，来源国亦根据本国税法规定就来源自本国境内的所得行使来源国税收管辖权，这时会产生居民国与

---

① Dale Pinto, Exclusive Source or Residence - Based Taxation - Is a New and Simpler World Tax Order Possible? Bulletin For International Taxation, July 2007, IBFD.

来源国对同一笔所得课税的税收管辖权竞合，亦即导致法律性双重征税①；如果并购交易在其中一方国家不被认定为应税并购，目标企业按被转让资产的账面价值结转给并购企业，目标企业不必对所实现的财产收益当期纳税，自然不会产生法律性双重征税的问题。二是目标企业转让给并购企业的资产所在国与并购交易来源国为不同的国家。如果境外并购企业利用其在目标企业居住国的子公司实行并购交易，受让资产由该境内子公司持有，则不发生目标企业层面的法律性双重征税问题。

由此，目标公司层面的法律性双重征税只可能发生于跨国应税资产收购中，而不发生于应税跨国股票并购或免税跨国并购。基于转让资产种类的不同，对于资产转让所产生的跨国所得和收益的法律性双重征税的情形亦有所不同。

1. 目标企业转让位于D国的不动产

根据经合组织（以下简称OECD）税收协定范本第7条及该条注释和联合国范本，目标企业转让位于居民国以外的不动产时，该不动产所在国对目标公司转让该不动产取得的所得拥有优先税收管辖权。② 税收协定范本将征税权赋予不动产所得来源国的出发点是基于该所得与来源国之间紧密的经济联系。不过，当该不动产所得归属于某常设机构时，该所得仍将被视为该常设机构所属目标企业的所得，这时，目标企业居住国以及不动产所在国均可能依据本国税法对该笔转让收益行使税收管辖权，从而产生法律性双重征税。除非目标企业居住国国内税法对已经在来源国就该笔所得缴纳的税收赋予税收抵免待遇。③

---

① 税收管辖权竞合主要可以分为来源国管辖权间冲突、居民国管辖权间冲突以及居民国与来源国管辖权间冲突三种类型。其中最为常见的是居民国管辖权与来源国管辖权之间的冲突。参见刘剑文主编：《国际税法》，北京大学出版社2004年版，第147－149页。

② OECD范本注释中列出成员国对此项所得的保留权利，例如，美国保留在所签订的双边税收协定中可以补充规定，允许缔约国一方居民就其转让不动产所得有权选择由缔约国另一方基于所得净价值基础进行纳税的权利。参见OECD Income and Capital Convention and Commentary（2008）。http：www. ibfd. org/data/treaty/docs/html/tt_ o2_ 02_ eng_ 2008_ mo. html.

③ 由于OECD协定范本和UN范本中针对各种所得所产生的双重征税问题，主要规定了税收抵税和免税两种消除双重征税的方式，本书将集中在下文统一分析。

2. 目标企业转让构成常设机构营业财产部分的动产[①]

如案例中目标企业位于F国的加工厂构成其在F国的常设机构。常设机构在所在国负有有限纳税义务，由所在国优先行使来源国税收管辖权，同时目标企业居住国对来自该常设机构的跨国所得和收益也可以行使居民税收管辖权。构成常设机构营业财产的可以是机器设备、存货、原材料等有形财产和专利、商标等无形财产权利，并且上述营业财产并不仅仅存在于常设机构所在国境内。只要是可归属于常设机构的营业财产，即使位于目标企业居住国或任何第三国境内，目标企业转让这些营业财产的所得和收益仍可以由常设机构所在国行使税收管辖权。[②] 关于这一点，目前各国税法规定基本相同。但是，当两国就常设机构的认定标准以及可归属于常设机构的营业财产所得的认定标准未达成一致结论时，则可能造成法律性双重征税或双重不征税。[③] 例如，有些国家国内税法中规定了常设机构的一般“吸引力原则”，即将在常设机构所在国产生的股息、利息、特许权使用费均全额予以课税。当然，目前在各国所签订的税收协定中已经很少采用该原则，而是适用“单独检验原则”。但在缺少税收协定的情形中，则很可能会产生常设机构所在国和目标企业居住国分别就在转让常设机构中并不归属于后者营业所得的利息、特许权使用费等收益予以征税，从而产生法律性双重征税。

3. 目标企业转让位于居住国境外的无形资产

当目标企业将其持有的位于境外的无形资产转让给并购企业时，其所实现的跨国所得和收益亦可能产生法律性重复征税问题，在目标企业居住国和被转让无形资产所在国之间产生税收管辖权冲突。在前述案例中，目标企业转让其持有的位于C国的销售渠道即属于此种情形。对于A国而言，该跨国并购完成后，A国居民不再拥有该项无形资产，其将

---

① 目标企业转让常设机构的营业财产范围内的不动产的所得，则适用不动产所得的税收管辖权分配规则。

② 参见OECD Model Convention and Commentary on the Article 7.

③ 各国关于OECD范本第7条——可归因于常设机构的利润——的解释一直存在着很大差别，而未形成一个共同的解释。2008年，the Committee on Fiscal Affairs发布题为Attribution of Profits to Permanent Establishments的报告，该报告未受制于以往各国的解释和实践做法，而是提出一个相对最有利于现代跨国经济活动的对范本第7条关于可归因于常设机构利润的判定方法，并制定了在第7条中适用公平交易原则的具体指南。OECD随之对范本注释进行修改并采纳了该报告中与注释之前版本不发生冲突的许多结论。

很难或者说无法对上述位于境外的、由非本国居民企业所有的无形资产产生的所得及其升值收益予以征税。[①] 假如 A 国希望对上述所得和收益课税，[②] 实践中的做法有，例如，A 国可以和 B 国达成协议来分享基于某无形资产的未来利润所产生的税收，或者分享无形资产价值升值所带来的确定的收益。如果 A 国与 B 国未达成上述协调解决方案，A 国的税基将非常容易受到侵蚀。因此，A 国为维护本国税基，会倾向于另一种解决方法，即对目标企业转让的无形资产征收汇出税（exit tax）来实现其税收利益。不过，对于无形资产价值的评估，一直都是一个很难做出准确结论的问题，因此汇出税的课征也就成为一个难题。[③] 这极有可能增加相关企业的税收负担，乃至阻止该项无形资产的有效开发和利用。当然，也可能因课税过低而造成 A 国税收的损失。

4. 目标企业转让其持有的境外公司股票

当目标企业转让其持有的境外公司股票时，其所实现的跨国财产收益的法律性双重征税类似于前述目标企业股东层面的法律性双重征税，均表现为目标企业居住国行使居民税收管辖权与被转让的股票的其他公司居住国行使来源地税收管辖权之间的重复征税。

（二）交易主体股东层面的法律性双重征税

理论上讲，跨国并购交易主体层面的法律性双重征税可以细分为目标企业股东的法律性双重征税和并购企业股东的法律性双重征税。但实践中主要涉及目标企业股东的法律性双重征税，即使发生并购企业股东的法律性双重征税，在实质内容和表现形式上也与前者基本一致，因此，这里将主要从目标企业股东的角度展开分析。

无论是跨国股票收购还是资产收购，抑或跨国兼并重组，目标企业股东都是将其持有的目标企业股票交换为并购企业提供的并购对价。目标企业股东层面发生法律性双重征税的前提条件是并购交易根据上述两国国内税法规定均构成应税并购交易，也即目标企业股东必须就其转让股票的财产收益当期纳税。如果并购交易在其中一个国家被认定为免税交易，则目标企业股东一般可以享受税收递延待遇，从而不会再产生法

---

① 另一个可能的办法是利用受控外国公司制度。

② 如果 A 国实行完全的地域税收管辖权，则其无论如何不会对该资产的升值收益征税。

③ 例如，美国 I. R. C. 第 367 条（d）规定，对向美国境外转让无形资产实行不同于转让其他资产的专门税收制度。

律性双重征税。可见，免税并购的构成要件成为决定是否在目标企业股东层面发生法律性双重征税的关键要素。各国一般是通过收购企业支付的对价种类是否符合限定条件来判定某一具体并购交易是否属于免税并购交易。各国规定的具体股票对价比例要求差异不大，有些国家更对跨国并购中非居民企业股东向境外转让股权享受免税待遇做出进一步限制。① 这实际上是为了维护本国税收利益和鼓励积极的跨国并购交易、实现并购交易税法上的公平与效率这两个彼此经常发生冲突的价值目标而相互妥协的结果，在制度设计上体现为跨国并购应当在本国产生积极的经济效果，并确保对目标企业递延纳税的资本收益在未来纳税期间能够行使税收管辖权。因此，即使对于并购交易对价全部为并购方股票的免税并购交易，如果该交易可能使来源国丧失将来对目标企业股东递延纳税的资本收益的征税权时，该来源国仍可能对目标企业股东的资本收益实施当期课税，从而产生法律性双重征税。②

在前述案例中，假设T公司股东包括A国居民股东和非居民股东。对于居民股东而言，在并购之前，该股东持有本国居民企业的股票，并购完成后，持有的则是一家外国居民企业的股票。A国会对该股东的全球所得行使居民国税收管辖权，而B国作为该股东转让股票的资本收益

---

① 例如，我国《关于企业重组业务企业所得税处理若干问题的通知》（财税〔2009〕59号），对跨境收购交易中非居民企业股东向另一非居民企业转让其拥有的居民企业股权享受税收递延待遇规定了限定条件；《企业重组业务企业所得税管理办法》（国家税务局公告2010年第4号），为企业享受特殊待遇提供了程序方面的指引；《关于进一步优化企业兼并重组市场环境的意见》（国发〔2014〕14号），提出完善兼并重组所得税政策；《关于促进企业重组有关企业所得税处理问题的通知》（财税〔2014〕109号）和《关于非货币性资产投资企业所得税政策问题的通知》（财税〔2014〕116号），将适用特殊性税务处理的股权收购和资产收购中被收购股权或资产比例由不低于75%调整为不低于50%，明确了股权或资产划转特殊性税务处理政策，以及非货币性资产投资递延纳税政策。

② 如奥地利税法规定，在股票互换形式的兼并重组中，对于被转让股票的未实现的资本收益不予课税，但在跨国兼并重组中，当存续公司的股票被分配给外国股东，且奥地利可能因此丧失对由该被转让股票所产生的资本收益的征税权时，该跨国兼并重组被认定为应税股票交换，目标企业股东需就其所转让的股票未实现的资本收益缴税。除非该外国受让企业为欧盟成员国居民企业，并且其股东为欧盟成员国居民时，才可以适用税收递延待遇。参见Austrian Reorganization Tax Act。

来源国一般会行使来源国税收管辖权。[①] 在这样一个交易结构极其简单的跨国并购交易中，就可能产生对于原T公司的居民股东的法律性双重征税。对于T公司的非居民股东而言，目标企业居住国会作为来源国对其征收资本利得税，[②] 而股东居住国亦可能会作为居民国对其取得的资本收益行使税收管辖权，从而导致目标企业居住国与该非居民股东居住国之间对该笔转让股票所得的法律性双重征税。[③]

（三）消除法律性双重征税的国际税收协调

从税法角度看，不仅包括法律性国际双重征税，还包括下文分析的经济性国际双重征税和不匹配类型的国际双重征税，均使从事跨国并购投资的交易主体相对于单纯从事国内并购投资活动的纳税人，承受了更重的双重税收义务负担，不仅造成彼此间的税负不公平，而且使选择从事跨国并购投资经济活动的纳税人陷于不利的竞争地位，影响了税收中性原则的贯彻实现。从经济角度看，由于国际双重征税造成的税负不公平结果，使跨国并购投资主体陷于劣势竞争地位，很大程度上会挫伤其从事跨国并购投资活动的积极性，有些纳税人转而采取跨国逃避税安排来寻求解决途径。这不仅对需要吸收大量外国投资引进技术的广大发展中国家不利，对那些国内有大量剩余资本和技术需要在海外新兴市场获得价值回报的发达国家来说，也不愿听之任之，况且双方的税收利益都会因此而受到影响。

鉴于上述国际双重征税的危害性，各国政府都意识到应努力采取措施予以避免和消除。解决国际双重征税问题也就成为国际税法协调国际税收关系的核心问题之一。

1. 税收协定对资本收益税收管辖权冲突的协调

在目标企业居住国与被转移资产所在国依照其国内税法规则均对目标企业的跨国资本收益实施当期课税时，即发生跨国并购的法域主体间

---

① 例如，以色列所得税法令第88条和第164条。我国对非居民企业因出售股票取得的来源于我国的所得征收10%的预提税。参见《国务院关于外国企业来源于我国境内的利息等所得减征所得税问题的通知》（国发〔2000〕37号）。

② 例如，西班牙税法一般赋予本国居民企业的非居民股东在国内兼并重组中转让股票所取得的收益以税收递延免税待遇。但假如由此可能造成西班牙税收收入的损失，则在其所签订的相关税收协定中允许西班牙有权对非居民股东在转让超过规定比例的股权而取得的收益予以课税。参见 Article 13. 4 of the Tax Treaty between Spain and the U. S. 。

③ 此外，在T公司与其非居民股东之间会产生经济性国际双重征税，下文将对此予以详述。

基于税收管辖权重叠引发的利益冲突问题。对此，各国目前通行的做法是依照双方国家签订的双边税收协定来划定税收管辖权以消除上述法律性国际双重征税问题，维护跨国并购交易的税收中性和公平。截至2018年年底，全世界已经签订数目接近3000个避免双重征税的双边税收协定，并建立了相对完备的税收管辖权划分规则体系。如果双方未缔结双边税收协定，目标企业居住国通常依照国内税法中的外国税收抵免制度对目标企业向被转移资产所在国缴纳的外国税收给予相应的抵免。在后一种情形下，各国一般从本国国情、具体的经济政策以及经济发展水平等现实情况出发，做出对国际税收公平和效率价值的诠释，并通过不同的外国税收抵免制度予以实现。

无论是OECD税收协定范本还是UN范本都没有针对跨国并购资本收益制定专门征税规则，只有为数不多的国家签订的税收协定中规定有专门的跨国并购条款。尽管这为数不多的协定中所规定的条款本身尚存在各种各样的问题。但毕竟，已经有国家意识到既有税收协定范本的消除双重征税的一般性规则在解决由跨国并购所得课税问题上所表现出的乏力，并开始在税收协定中制定专门的跨国并购课税规则。

（1）关于居民企业转让股票收益的课税条款。

有些国家并未完全遵循OECD税收协定范本中未有关于并购重组的专门条款的现状，而是在其所签订的税收协定中加入专门的“关于居民企业在跨国并购中转让股票的资本收益”的课税条款，规定一般性的课税规则是由来源国赋予跨国并购中转让股票的资本收益以免税待遇，只要该收益在兼并企业所在居民国内也适用专门的免税规则。①

奥地利—法国税收协定第13条第3款（b）项对非居民股东处置居民企业的股票所取得的收益的课税规则为：

---

① 在如下税收协定中规定有上述条款：Canada – France（1975, art. 13.4 – terminated –）; Canada – France（1987 Protocol, art. 5 which modifies art. 13.4 of 1975 treaty – terminated –）; India – Netherlands（1988, art. 13.5）; France – Sweden（1991 – Supplementary Convention to 1990 treaty –, art. 1）; Nigeria – Netherlands（1991, art. 13.4）; Spain – Mexico（1992, art. 8 Protocol）; U.S. – Mexico（1992, art. 13.4）; Mexico – Netherlands（1993, art. 13.4）; U.S. – Israel（1993, art. X.3 Protocol）; Austria – France [1993, art. 13.3.b)]; Spain – France [1995, art. 13.2.b)]; France – Israel [1995, art. 13.2.c)]; Ireland – Mexico（1998, art. 13.3）; Luxembourg – Mexico（2001, art. 13.2）; Belgium – Azerbaijan（2004, art. 4 Protocol）and Saudi Arabia – Netherlands（2008, art. 13.4）。

> “对于一方缔约国居民自转让另一方缔约国居民企业的股票或其他相当比例的公司参与权而取得的收益，该一方缔约国根据国内适用于集团公司、兼并、分立、资产转让或股票互换的专门法律规则，赋予其税收递延待遇，该收益仅应当在该一方缔约国为应税所得。
>
> 只有在基于真实的经济理由而非主要是出于获得税收利益并已经行使递延纳税的权利的条件下，本条款才能适用。”

例如，一家奥地利公司兼并入另一家奥地利公司，在兼并过程中，处置所持有的一家法国公司股票，根据奥地利—法国税收协定，只有对奥地利上述股票转让所得赋予递延纳税待遇的前提下，法国才会对发生在本国的股票转让不予课税。

通过分析上述条款，实际上，缔约国旨在通过限制来源国的税收管辖权——类似于对产生于来源国的所得以免税待遇，来消除股东在跨国并购中转让股票的资本收益的双重征税问题，只要缔约国将对该资本收益的征税权排他性地赋予股东居民国，并作为解决两国间税收利益冲突的一项原则。当然，来源国是否应当免除本国的非居民纳税人在转让股票中取得的全部收益的纳税义务，抑或仅仅有义务对非居民纳税人的上述纳税义务予以递延，一直受到广泛的争论。① 从上述协定条款的文字表述看，似乎仅要求来源国承担后一种协定义务。

本书认为，在各国经济愈加相互融合的今天，每个国家都不可能成为单一的资本输出国或资本输入国，国际税收政策的价值选择是根据本国经济发展水平并充分考虑经济全球化的外部环境的需要而适时作出调整。没有哪个国家会忽略企业的跨国并购投资给本国经济发展带来的重大且深远的影响，并购中进行股权转让或纯粹的股权互换重组成为企业

---

① 根据西班牙—法国税收协定第 13 条第 2 款（b）项（条款文字在表述上与前述奥地利—法国税收协定几乎一致），西班牙财政部的税务总长认为，对于适用该条款的来源国应当仅限于递延本应当在来源国缴纳的税收，只要根据欧盟合并指令的规定解释该条款（欧盟法院 2005 年 6 月 1 日公布的裁决，ref. V0981 - 05）。不过，这一结论似乎并不十分准确，因为欧盟合并指令规定的原则只适用于分别属于两个或两个以上成员国的公司之间的兼并重组情形（See art. 2 of the EC Merger Directive），而该协定条款却是针对不同的交易情形。

根据印度—荷兰税收协定第 13 条第 4 款，印度预先裁定局（AAR）似乎已经明确表明立场，来源国应当赋予非居民股东以免税待遇（参见 2007 年 1 月 31 日裁决，ref. AAR/727/2006，appellant：Vanenburg Group），www. aar. gov. in。

实施跨国并购最为常见的交易模式，那么，在税收协定中直接就股权转让加入专门的并购重组条款不失为一个理性选择，可以避免在适用协定一般性的避免双重征税规则时可能产生的种种分歧。另外，税法作为“侵权”法，当规则不明时，应当做出有利于纳税人的解释，税收协定条款的解释自然不应例外，也即应当由来源国赋予非居民股东的股票转让所得免税待遇而非税收递延待遇。

（2）关于不动产公司处置股票收益的条款。

为避免房地产公司在转让不动产以及转让主要价值来自不动产的股票中取得的所得受到不同国家的双重征税，OECD 税收协定范本（2014）第 13 条第 4 款规定了房地产公司的收益的课税规则。该条款也可以被视为一项专门的反滥用规则，用于防止纳税人利用该条款来逃避因出售不动产取得的收益在来源国所缴纳的税收。[①] 同时，范本注释允许成员国在税收协定中对该条款做适用除外规定。[②] 有些国家在税收协定中也对因企业并购重组所发生的不动产转让取得在来源国的免税待遇作出专门规定，来排除适用范本第 13 条。[③] 本书认为，上述税收协定中的专门适用除外规则实质上体现了 OECD 认为并购重组过程中的不动产转让不应当被视为滥用协定关于不动产公司的一般来源地课税规则，不应当作为不动产出售来征税。荷兰—英国 2008 年税收协定第 13 条第 4 款规定：

> “一方缔约国居民自转让股票取得的收益，不包括转让在证券交易所上市交易的股票，或自转让其他相应利益所取得的收益，前述股票或相应利益直接或间接构成位于另一方缔约国

---

① Simmontacchi, S., Immovable Property Companies as Defined in Article 13 (4) of the OECD Model, Bulletin for International Fiscal Documentation, Vol. 60, No. 1, 2006, pp. 29 – 30.

② OECD Income and Capital Model Convention and Commentary (2017), Article 13, paragraph 28.7.

③ 如下税收协定中规定有上述适用除外条款：Netherlands – Vietnam (1995, art. 13.4); Belgium – Vietnam (1996, art. 13.4); Belgium – Kazakhstan (1998, art. 8 Protocol); Netherlands-Taiwan (2001, art. 13.2); Belgium – Hong Kong [2003, art. 13.4. b)]; Slovenia – Netherlands (2004, art. 13.4); Belgium – Ruanda [2007, art. 14.4. b)]; Hong Kong – Luxembourg [2007, art. 13.4. b)]; Netherlands – United Kingdom [2008, art. 13.4. b)]; Azerbaijan – Netherlands [2008, art. 13.2. b)]; Ghana – Belgium (2008, art. Art. Ⅻ Protocol) and Cyprus – Russia (2009, art. 7 Protocol)。

的不动产价值的至少75%，前述转让不包括转让公司或利益持有人在其中开展经营活动的不动产，上述收益可以由该另一方缔约国征税。不过，下述情形中，上述收益应当仅在该一方缔约国属于应税所得。

a）一方缔约国居民在前述不动产转让中持有股份或其他利益少于50%；

b）收益来源于公司重组、兼并、分立或类似交易中；或者

c）一方缔约国居民为一项养老金计划，只要所得不是来源于该养老金计划直接或间接从事的经营。”

本书认为，与前述居民企业转让股票的资本收益的课税规则一样，对于上述规则的正确适用应当是由来源国赋予非居民以免税待遇，而非仅仅是递延纳税待遇。

2. 税收协定对跨国股息所得税收管辖权冲突的协调

对于目标企业股东转让股权的资本收益的税收管辖权冲突的协调，也是应当首先依照双方国家签订的税收协定来解决。不过，目前各国所签订的税收协定在转让股票的跨国资本收益征税权划分上存在较大分歧。OECD税收协定范本及范本注释所列税收管辖权的分配方法是：一是如果该目标企业的财产直接或间接地主要由位于目标企业居住国的不动产所组成，不动产所在国作为来源国可以对股东转让股权的资本收益征税。[①] 二是如果目标企业股东转让的目标企业股票达到双边税收协定规定的特定股权比例，目标企业居住国作为所得来源国也可以对该资本收益征税。[②] 对于上述两种情形，目标企业居住国在对该资本收益行使居民国税收管辖权时，通常应当适用国内税法中的外国税收抵免制度，对作为本国居民的目标企业股东在来源国（不动产所在国）缴纳的税收给予抵免。三是除上述两种情形外的目标企业股东转让股票的资本收

---

① OECD Income and Capital Model Convention and Commentary (2017), Article 13, paragraph. 4.

② OECD Income and Capital Model Convention and Commentary (2017), Article 13, paragraph. 4.

益的税收管辖权由目标企业股东居住国单独行使。[1] 尽管 OECD 范本并未对转让股票的资本收益的税收管辖权划分作出明确规定，但可以依照范本第 13 条第 4 款的兜底条款得出在第三种情形下应当由目标企业股东居住国单独行使征税权，目标企业居住国则不征税。

因此，前述案例中，如股东居住国和 B 国之间签订有避免双重征税的税收协定，只有当两国税收协定赋予股东居住国对该笔股票转让所得拥有完全征税权，同时 B 国彻底放弃其对该资本收益的税收管辖权，才可能彻底消除前述对该笔转让股票所得的法律性双重征税。

当目标企业存在未分配税后利润时，目标企业股东在并购交易中实现的所得将包含股息所得。如果目标企业居住国与目标企业股东居住国都对该股息所得征税，由此产生的税收管辖权冲突也应按照双方国家缔结的税收协定关于跨国股息所得的税收管辖权划分原则进行协调解决。OECD 税收协定范本规定，目标企业居住国作为股息所得来源国有权优先依照税收协定中约定股息预提税率进行征税，目标企业股东居住国对本国纳税人的跨国股息所得可以按照国内税法规则课税，并对股东已经缴纳的外国股息预提税给予抵免。[2] 但是，如果目标企业股东的股息所得与目标企业股东在目标企业居住国设立的常设机构或从事个人独立劳务的固定基地有实际联系，即目标企业股东持有的目标企业的股票属于该常设机构或固定基地的资产或者与后者有实际经营管理关系，相应地，目标企业股东被分配的所得将被认定为常设机构营业利润或者个人劳务所得，而分别适用协定关于营业所得和独立劳务所得的课税规则，而不再适用前述来源国股息预提税的规定。

二、跨国并购中税收利益冲突之二：经济性国际双重征税[3]

跨国并购交易中的所得及收益既可能产生法律性双重征税也可能产

---

① OECD Income and Capital Model Convention and Commentary (2017), Article 13, paragraph. 5.

② OECD Income and Capital Model Convention and Commentary (2017), Article 10.

③ 经济性国际双重征税的定义为："两个或两个以上的国家对属于不同纳税人的来源于同一税源的课税对象在同一征税期内征税。" See Arnold A. Knechtle, Basic Problems in International Fiscal Law (translated from the German by W. E. Weisflog), Kluwer International, 1979, pp. 31–33.

生经济性双重征税。对于跨国并购交易中的法律性双重征税问题，主要发生在目标企业股东居住国与转让股权所得来源国（一般为并购企业所在国）之间、目标企业居住国与转让资产所得来源国之间，以及并购企业非居民股东的居住国与并购企业居住国之间；而经济性国际双重征税问题则一般发生在目标企业的非居民股东与目标企业之间，主要表现为对公司利润和股东股息的并行课税。与各国积极签订税收协定来消除法律性国际双重征税相比，对于是否有必要以及如何缓解并消除经济性国际双重征税则至今观点各异，分歧很大。经合组织认为，对于经济性国际双重征税如在国内不予缓解，那么在国际上也不必予以解决。[①] OECD 税收协定范本和 UN 税收协定范本中也基本不涉及缓解经济性国际双重征税问题，有些规则甚至起到了反作用。例如，协定范本赋予来源国对于汇出的股息课税权，这意味着允许对公司利润在公司层面和股东层面被分别课征两次税收。尽管相关国家在其缔结的税收协定中作出缓解或消除国际双重征税的特别约定，但一般回避解决公司和股东层面的双重征税问题，而是将这一问题留给各国国内法予以解决，而实际上，许多国家国内税法仅限于缓解或消除纯粹国内的经济性双重征税，对于跨国所得的经济性双重征税则听之任之。[②] 这使得经济性国际双重征税在更大程度上阻止了税收公平在国际与国内范围的同等实现、破坏了中性税收目标在跨国经济活动中的实现。

（一）跨国股息所得的经济性国际双重征税

1. 关于股息所得的解释

“从经济学意义上解释，‘股息’是对于一家公司的股权投资的回报。股息分配是公司将利润无偿分配给公司股东，未获得任何回报，或获得一定的，但并非一一对应的价值和利益回报的一项交易活动。股息分配之后，公司资产的价值降低，而公司所有者资产的价值则获得提

---

① OECD Income and Capital Model Convention and Commentary (2017), Article 10, paragraph. 41/42.

② Robert Couzin, Relief of Double Taxation, Bulletin - Tax Treaty Monitor, IBFD, June 2002.

高。”①公司股东可能为个人股东，亦可能为公司股东，在公司股东情形下，只有在公司选择以具有独立法人资格的子公司的组织形式投资，而非以非公司方式投资时，才有股息所得产生的可能。当股东从事投资活动限于国内范围，并且投资者和被投资公司均为本国居民时，公司所分配的股息为本国股息所得；当投资活动拓展至跨国范围时，则为跨国股息所得。跨国股息，顾名思义是指公司分配股息予其股东的过程中涉及两个以上的国家，主要分为两种情形：一是本国股东投资外国公司，取得来自外国公司分配的股息所得；二是外国股东投资本国公司，自本国公司所获分配的股息所得。本国股息和跨国股息在性质上相同，在所得分类上均属于消极所得的一种类型。

2. 关于跨国并购中股息所得的经济性双重征税的解释

“当根据一国国内税法规定将资产归属于法律上之所有人，而另一个国家将之归属于实际拥有或控制者时，将会产生经济性重复课税。经济性重复征税特别容易发生于公司分配利润的情形。”②正如本书前面所述，当目标企业存在未分配利润时，上述未分配利润可能被视为应得股息，目标企业的非居民股东将目标企业股票交换为并购企业支付的并购对价时所实现的收益中将包含着该笔应得股息所得，该应得股息所得的数额依照目标企业股东的持股比例确定。我们知道，非居民股东取得的跨国股息的经济源泉是公司利润，也即与目标企业的利润所得属于同一经济来源所得，两者是同一事物的两个不同侧面。因此，尽管从中支付股息的公司利润已经在目标企业居住国缴纳所得税，但目标企业股东居住国又对同一经济来源的股息形式所得缴纳所得税，这样，经济性国际双重征税不可避免地发生。另外，当目标企业股东为法人股东时，则存在公司间股息的经济性国际重复征税问题，实践中往往不是“双重”征税，甚至可能发生多重经济性重复征税的问题。

---

① Marjaana Helminen: The Dividend Concept in International Tax Law - Dividend Payments Between Corporate Entities, Kluwer Law International 1999, pp. 1 - 3. 国际税法中的股息概念的解释非常复杂，基于研究主题所限，本书将不讨论该论题。前述书中对跨国交易中发生的公司之间的股息分配的课税问题进行了系统、深入的分析，可资参考。

② Klaus Vogel, “Double Tax Treaties and Their Interpretation”, *Int'l Tax & Bus. Law*, Vol4: 1, 1986, p. 6. 股息的经济性双重征税可能发生于一国之内，即公司及股东均属于同一居民国纳税人；也可能发生于跨国之间，即公司及其股东分别被不同国家课税。

3. 关于本国股息所得与跨国股息所得的税法平等对待问题

关于如何消除跨国股息的经济性双重征税问题一直受到各国税法学界的广泛关注和讨论,[①] 本书将在后面进行分析。这里要指出一个实践中普遍存在的现象：各国国内税法规则对于股息的经济性双重征税有选择地进行消除。也即许多国家仅对以居民股东取得的来自居民企业支付的股息的经济性双重征税予以缓解或消除，以防止在本国公司间发生多层股息分配被重复课税。途径主要是从公司所得税环节上通过股息扣除制或分劈税率制来实现，或者从个人所得税环节上通过归集抵免制来实现。[②] 上述做法符合现代多层公司结构发展的要求。但是，相关规则并未被推及跨国股息所得，使得对于同一居民纳税人只因股息所得的来源不同而受到差别的税收待遇。之所以存在上述差别税收待遇，各国主要是基于如下顾虑:[③] 一是单边缓解双重征税成本高昂，如将免税待遇适用于跨国股息所得，意味着放弃该税收收入。二是即使来源国放弃对股息预提税的征收,[④] 以便于缓解对作为股息分配的公司利润的经济性双重征税，公司居住国或者股东居住国，也必须有一个放弃该税收。[⑤] 而且由哪国来放弃，也很难达成一致意见。三是从实践考虑，一国在国内情形下，依据本国公司和个人所得税率以及所预期达到的两税统一的程度来确定免税额。但在跨国情形下，各国各自确定对股东层面和公司层面的征税额，这使得某一国的消除经济性国际双重征税的规则无法与多国的所得税制度相协调。来源国和居住国之间税收制度的差异可能导致

---

① ALI, Federal Income Tax Project, Integration of the Individual and Corporate Income Taxes, Reporter's Study of Corporate Tax Integration 1 - 2 (1993).

② OECD Income and Capital Model Convention and Commentary (2017), Article 10, paragraph 42 - 55.

③ Walter Hellerstein, Georg W. Kofler and Ruth Mason, Constitutional Restraints on Corporate Tax Integration, Tax Law Review, Fall 2008, pp. 9 - 10.

④ 事实上，的确有些国家在双边税收协定中同意放弃对公司间的股息征收预提税。See. e. g. , Convention for the Avoidance of Double Taxation and the Prevention of Fiscal Evasion with Respect to Taxes on Income, U. S. - Japan, Article. 10, Nov. 6, 2003.

⑤ 作为另一种选择，股息来源国和股东居住国可以同意只对公司所得课税，并按一定比例分享税收。这样，尽管股息来源国对公司利润课征的税收将减少，但由于两国都对该所得征税，征税总额将与在完全国内情形下课征的税额基本一致。

过度缓解经济性双重征税或缓解不足。①

此外，本书认为，各国对于经济性国际双重征税的消极态度的另一个重要原因在于 OECD 税收协定范本以及 UN 范本中关于对跨国股息的征税规则，均同时授予来源国（公司所在国）和居住国（股东所在国）对跨国股息的征税权。协定范本中允许来源国对跨国股息征税的指导性规则实际上反映了 OECD 和 UN 赞同从公司和股东两个层面分别对公司利润予以课税的观点，而不主张消除跨国股息的经济性国际双重征税。OECD 协定范本及注释（2014）坚持这一观点，而没有考虑近几十年中越来越多的国家开始实行公司所得税和股东个人所得税两税合一制度的现实情况。这进一步促使许多国家更倾向于只解决国内股息的经济性双重征税问题，而拒绝将类似规则推及跨国股息领域。②

我们知道，国际税收是开放经济的产物，同时也把一国税收中的公平、中性问题拓展到世界范围。所得税方面的税收国际公平原则要求，一国居民，不论其收入来源于本国还是外国，经征税以后的收入仍然符合横向公平和纵向公平的要求；尽管完全的中性税收在实践中仍无法实现，但只要各国不利用自己的征税权来试图改变发生在另一国的交易价格，也即不增加跨国所得的“额外”的税收成本，国际税收中性还是能够在很大程度上实现。各国为消除国内股息所得的经济性双重征税问题所采取的各种制度改进措施，在面对跨国股利所得的经济性双重征税问题时，必然应当从国际观点考虑如何继续维持税收的公平和效率价值，如何尽可能减少因税收制度介入市场经济而形成对跨国投资活动的障碍。

---

① ALI Integration Study, note 2, at 170 – 71 (discussing division of jurisdiction and attempts to coordinate the tax result through bilateral treaties).

② 极少数国家将消除国内股息的经济性双重征税的税收规则写入其所签订的双边税收协定中，法国就是如此。法国是世界上第一个单方将居民股东所适用的归集抵免规则适用于对法国公司进行组合投资的非居民纳税人的国家。Hugh J. Ault, Corporate Integration, Tax Treaties and the Division of the International Tax Base, 47 Tax Law Review. at 579.

美国最近的大量税收条约，包括与英国和澳大利亚签订的条约，均对上缴给母公司的股息适用零税率；但对证券投资股息，没有任何一个美国税收条约对其适用零税率。Reuven S. Avi – Yonah, *International Tax as International Law – An Analysis of the International Tax Regime*, Cambridge University Press, 2007, p. 75.

（二）消除经济性国际双重征税的政策基础分析

国际双重征税的消除需要各国限制或放弃一定的税收管辖权。但由谁采取何种方式来限制或放弃税收管辖权则是个极其复杂、经常引发争议的问题。从各国税收立法实践来看，各国采用的消除国际双重征税的方法通常与该国所坚持的税收中性原则相关。如前文所述，税收中性原则主要表现为资本输出中性和资本输入中性，抵免法对应着资本输出中性，免税法对应着资本输入中性。[①] 简单说来，资本输出中性（抵免法）的出发点是，对投资于国内的居民纳税人与投资于国外的居民纳税人实行同等待遇；而资本输入中性（免税法）则要求在相同的市场上同等对待本国投资者与外国投资者，因此，当资本输出国坚持资本输出中性而资本输入国坚持资本输入中性时，资本输出国所采用抵免法中抵免限额的规定则妨碍了资本输入国的资本输入中性的实现，反之亦然。因此，各国在税收实践中往往兼采两种原则，在侧重运用某一原则的同时兼顾另一原则，或者尽可能地寻求二者之间的一种适度平衡，相应地，各国在确定消除国际双重征税的方法时，也并非固定选择某一种，而往往根据各国国情和具体的经济政策、经济发展水平等实际情况，分别采用不同的方法。例如，希腊、芬兰在与别国没有签订税收协定时，采用抵免法，但在与别国签订有税收协定时，则采用免税法。而采用免税法的国家也并非对所有外国所得都给予免税，而是限于对积极所得的免税，对股息、利息等消极所得也只是允许抵免，以防止跨国纳税人在国外的消极投资过度，防止其利用该方法上的漏洞达到国际避税目的。又如，美国一方面积极推行抵免法，规定本国居民来源于外国的所得在向美国纳税时，其境外已纳税款按不得超过本国抵免限额规定的数额，从其应向美国缴纳的全部税收中扣除；同时对在本国从事经营活动的外

---

① Robert Couzin, *Relief of Double Taxation*, *Bulletin - Tax treaty Monitor*, IBFD, June 2002, p. 266.

除抵免法和免税法外，尚有扣除法，采用扣除法的国家对本国居民的全球范围所得征税，但在计算本国应纳税所得额时允许列支外国已纳税额，实际上是将已缴纳的外国所得税和其他税收视作纳税人在外国从事经营并取得所得的当期费用予以扣除。许多国家在初建所得税制时采用该方法。那时各国税率较低，扣除法还可以接受。“二战”后各国所得税税率相继提高，多数国家采用了免税法或抵免法作为消除双重征税的基本方法。OECD 范本和 UN 范本只认可免税法和抵免法。参见［美］布莱恩 · J. 阿诺德、迈克尔 · J. 麦金太尔：《国际税收基础》（第 2 版），张志勇等译，中国税务出版社 2005 年版，第 52 页。

国人，给予与本国从事经营活动的美国居民一样的税收待遇，这说明美国税收制度同时具有资本输出中性和资本输入中性的特征。概括来看，发达国家大多在坚持资本输出中性的同时兼顾资本输入中性，而发展中国家大多在坚持资本输入中性的同时兼顾资本输出中性。

从某种意义上说，双边税收协定实际上构成了目前的世界税收制度。这一制度体系相当“模式化”，基本遵循 OECD 税收协定范本或 UN 范本。税收协定范本的主要目标是解决缔约国征税权问题，从而解决国家之间的收入分配问题，实现缔约国间的利益均衡。所采取的主要模式是在缔约国之间分配税收管辖权，赋予居民国一方消除双重征税的义务。为此，OECD 税收协定范本和 UN 范本以及各国的专门协定已经建立了相当完善的规则体系来解决缔约国间的双重征税问题，但是，这些规则基本都是用于消除法律性双重征税问题，而极少涉及消除经济性国际双重征税的规则。实际上，直到目前，各国在是否消除经济性国际双重征税的范围上都还未达成一致意见。两个协定范本中未涉及任何解决经济性国际双重征税的规则，甚至其中针对股息等所得的税收管辖权分配规则反而在一定程度上加剧了经济性国际双重征税的发生。[①] 实践中，尽管目前已经有专门税收协定开始重视这一双重征税问题，但一般都未明确对公司及股东层面的经济性双重征税问题给予具体解决措施，而是参照缔约国国内相关税法规定，如果国内税法没有规定相关规则，则只能任这一双重征税发生。

（三）消除经济性国际双重征税的制度选择：“两税合一”制度

跨国并购中对股息所得的经济性国际双重征税产生的一个主要原因是国内税法对股东所得和公司所得分别征税，因此消除这一经济性国际双重征税的思路主要是从公司税或个人所得税层面上采取措施，从理论上分析，不外乎如下三种路径：或者取消公司税，只征收个人所得税；或者取消个人所得税，只征收公司税；或者在保持公司税和个人所得税的前提下，从公司税环节上对分配股息的利润予以税收优惠，或在个人所得税环节上对收取的股息给予税收优惠。在国家税收立法上则体现为

---

① OECD 范本中仅规定了转让定价调整产生的经济性国际双重征税的协商机制。

对两税合一制度的选择与适用。[①] 各国税收制度适用何种两税合一的方式将影响到消除双重征税的程度。

跨国并购交易日益频繁的今天，国际税法学界愈加关注跨国并购与纯粹的国内并购在税收上的一致性待遇问题，尤其是关注并购中本国股息与跨国股息在税收上的平等对待问题。这意味着，作为解决国内股息经济性双重征税的两税合一制度更应当将跨国股息作为考虑对象。两税合一制度是相对于古典的独立课税制度而言的，它根据个人所得税与公司所得税整合的程度进一步区分为完全两税合一制度及部分两税合一制度。在完全两税合一制度下，公司虽然具有独立的法人资格，但事实上扮演着导管的角色，其所缴纳的公司所得税仅具有预缴性质，公司经营所获取的所得将完全计入股东所得适用个人所得税的边际税率。无论是未分配还是已分配给股东的利润，均计入股东的个人所得课税，因此，在所得是决定一个人赋税能力的最佳指标的前提下，不应区分是营利所得还是投资所得，一律纳入个人综合所得课税，可以最充分地体现量能课税原则。这样看来，经济学家 Sijbren Cnossen 将完全两税合一制度视为在不完美的世界中寻找一个完美的解决方式也就不足为奇了。但实际上，在实践中公司利润并不是全部作为股息分配给股东的，至少一半的税后利润要留在公司，因此无法推算给股东带来的留存收益是多少，另

---

① 在传统的企业所得税和个人所得税并存的国家，往往会引起所得税法对股息所得的重复征税问题，为解决股息所得的经济性重复征税，各国纷纷从公司所得税法和个人所得税法两方面对股息所得的重复征税进行法律规制，即实现“两税一体化”。但各国在实现“两税一体化”的法律规制模式上存在较大差别。在经济全球化的背景下，跨国企业主要依靠的是国际资本市场的外国资本，融资成本往往是由国外因素确定的，其中就包括各国的公司所得税与个人所得税一体化程度的高低。是否采取两税合一制度是实行所得税国家所共同面临的改革议题之一，在各国理论界一直争论不休。该制度的基本思想主要包括：一是对于公司（或法人）课税是否具有正当性？在民商法上具有独立法人格的公司，具有独立的权利能力，在税法上是否即成为当然的纳税主体？二是相对于法律性双重征税而言，股息所得的经济性双重征税是否有必要完全加以消除？抑或允许某种程度上的存在？各国采取的立场基本可以分为坚持“法人实在说”的肯定观点与坚持“法人拟制说”的否定观点。相关论述可参见葛克昌：《两税合一之宪法观点》，载《收入所得税与宪法》，台北翰芦出版公司2003年版，第132－151页。本书认为，上述两观点均基于民商法理论来讨论法人是否为法律上的独立主体，是否具有权利能力。而民商法通说采取的是法人实在说，肯定法人为独立的法律主体，具有独立的权利能力。但公司在税法上是否具有课税的正当性，与上述两说并没有关系，判断是否成为税法上的纳税主体的依据是经济上的负担能力而非是否具有民商法上的权利能力，这概因于税法是具有独立的法律品格的学科，拥有区别于其他法的相对独立的概念体系。相关内容可参见本书第二章相关内容。

外，完全两税合一制度的实施过于复杂，且须耗费征纳双方的大量成本，因而虽然加拿大、美国、澳大利亚曾经提出利用这一制度来解决股息所得的双重征税问题，但从未真正付诸实施。因此，理论界及各国立法实践中主要是集中于部分两税合一制度来展开讨论。而具体到消除跨国并购中的股息的经济性国际双重征税问题，并购交易企业的股东可能为个人，也可能为公司股东，这样，跨国并购交易中的股息所得的经济性双重征税自然可能在公司与个人股东或公司与公司股东之间发生。个人股东多表现为间接投资，公司股东多以直接投资为典型，涉及公司间的股息应如何解决。①

1. 作为国内法措施的免税制与归集抵免制：② 公司与个人股东之间

有些国家国内税法针对个人股东的股息所得的经济性双重征税在个

---

① 所谓间接投资（portfolio investment）一般是通过取得证券形式来进行投资，通常不参与公司的任何经营管理，股息所得属于被动的消极所得；直接投资（direct investment）本质上是积极的，且与公司的运营管理相关联。两者的区别通常是一定比例持股的门槛，如10%。参见 Alex Easson：Taxation of Foreign Direct Investment，Kluwer Law International，1999，p. 2。

② 归集抵免制是对公司所得税最复杂的整合制度。该制度将公司层次征收的公司税全部或部分地归集起来，减少股东个人就股息应交纳的所得税。股东可用分得股息所应交纳的个人所得税，全部或部分抵免公司分配给其股息的利润所承担的公司所得税。实际上，在归集制中，公司税犹如可以抵免个人所得税的预提税，允许的抵免额为"归集抵免额"。归集抵免额可能是股东取得净股息的一定比例，芬兰、法国、西班牙、英国、爱尔兰等国采用这种抵免额，如法国规定给予股东净股息一半的归集抵免额。根据各国所选的比例，这可能是部分归集，也可能是全部归集。归集抵免额也可能是公司所得税的一定比例，如葡萄牙以已分配股息所应分摊公司税的20%，作为股东的归集抵免额，这是部分归集制。归集抵免额还可能是公司所得税全额，如德国规定股东个人可以取得其分得股息所承担的全部公司税的抵免，这是全部归集制。德国将公司层次的分率制与股东层次的归集抵免制相结合，较好地解决了经济性双重征税的问题。

归集抵免制主要是从个人所得税环节上消除经济性双重征税，此外，在公司环节上的措施还有股息扣除制和分劈税率制。股息扣除制将股息和利息等同地作为费用扣除，以实现对负债和股权的公平对待。但股息所得和利息在本质上并不相同，利息费用在所得税法上的处理以应计基础从应税所得额中扣除，而股息所得则必须等到实际分配才能确定数额，要求公司在盈余分配前即提前估计股息分配的具体数额将难以操作，而股息利率也难以确定。同时，当个人所得税率高于公司所得税率时，股息扣除制将无法控制企业继续保留盈余的动机。大部分北欧国家在采用归集抵免制之前，一般采用这一制度。此制度目前已经鲜有国家采用。

分劈税率制是将公司的盈余区分为未分配盈余和已分配盈余两类，分别适用不同的税率，对于已分配税率通常适用较低的税率。这一制度看似操作简便，但如何就未分配及已分配盈余制定出合理的税率并非易事，况且如何认定未分配和已分配盈余也是相当困难的事情。曾采用这一制度的国家和地区有澳大利亚、日本、波兰及德国（2002年以前），我国台湾地区亦是在公司阶段采用这一制度。目前已经鲜有国家采用。See Sijbren Cnossen，International：What Kind of Corporation Tax？Internatioanl Bureau of Fiscal Documentation，Jan. 1993，p. 398.

人所得税环节上采取股息免税法来予以解决。该制度要求，公司制企业首先按照公司所得税法的规定对其全部利润（无论是否用于分配）依照法定税率缴纳公司所得税，其次对分配给股东个人的股息所得，按照如下的某一具体形式征收个人所得税：或者免除税基——将股息所得全部或部分从个人股东应税所得额中加以扣除，如希腊、斯洛伐克；或者降低税率——降低股息所得适用的个人所得税率，如美国、波兰；或者股息所得只按一定比例计入应税所得额缴纳个人所得税，如德国、意大利、葡萄牙。[①] 这一制度的最大优点是计征方法简便易行，并且一般不分本国股息所得或跨国股息所得，均予以全部或部分免税，不仅减缓了居民股东在国内并购交易中股票转让所得的经济双重征税，而且同样减轻了在跨国并购中取得的转让股票所得的经济性双重征税，可以实现对本国股息和跨国股息的平等对待。但国家为此放弃的税收利益较多，对财政收支会造成一定的影响。

归集抵免制亦是在个人股东环节上实施的部分两税合一制度，该制度将在公司阶段缴纳的所得税额全部或部分地归集起来，依据个人所得税法规定全部或部分从股东个人取得的股息应当缴纳的个人所得税额中抵扣，以减少个人股东就股息所得应当缴纳的个人所得税。这其中，公司实际上相当于扮演了股东个人所得税的扣缴义务人的角色。[②] 如果公司已经缴纳的公司所得税超过了个人股东收到的股息所得应当缴纳的个人所得税额，其尚未抵扣的部分，可以留待下期继续抵扣或者退还给股东个人，以实现消除经济性双重征税的目的。不过，只有从公司全部已纳税的利润中支付的股息才能享受这种抵免优惠待遇。对于公司所得税归集抵免的幅度，各国的个人所得税法的规定不尽一致，由此可以进一步区分为完全归集抵免制，如澳大利亚、法国；部分归集抵免制，如加拿大、芬兰（2005 年以前）。若采用完全归集抵免制度，则可以完全消除股息所得的经济性双重征税，[③] 尤其以个人所得税采用综合所得税制为前提，充分体现了量能课税原则。另外，归集抵免由于不受公司利润

① 荣建华：《论股息所得“两税一体化”的法律规制》，载《现代财经》2008 年第3 期。

② Terra B. J. M. and Peter Wattel, European Tax Law, Kluwer Law International, 1997, p. 116.

③ E. g. The Corporate Income Tax Act of German (KStG) § §20 (1) and the Income Tax Act of German (EStG) § §36 (1).

分配决策的影响，并可以堵塞外国投资者汇出股息时无法证实公司所得税的漏洞，而成为消除双重征税的一种重要制度模式，为许多国家广泛采用。但该制度除了稽征程序相当烦琐之外，其最致命的缺陷是造成对外国股东及跨国股息的歧视待遇。首先，目前很少有国家给予非居民股东以任何股息的归集抵免优惠，除非在税收协定中规定相关规则，① 不利于资本输入国为吸引外国企业实施境内并购所给予的税收优惠政策目标的实现。其次，当居民股东在跨国并购中取得外国来源股息时，该笔跨国股息所得尽管在来源国已经缴纳了公司所得税，但仍然不得在居住国主张任何抵免额，不利于资本输出国企业实施境外并购。此种情形，在居住国与来源国之间，当一国实行归集抵免制、一国实行独立课税制时尤其表现明显。而欧盟作为实行归集抵免制最为彻底的国家，欧盟法院 2004 年对归集抵免案例 315/02 的裁决，更引发了欧盟成员国纷纷废止归集抵免制，重新引入改进的古典税制。②

总之，上述“双重歧视”很大程度上造成个人投资者宁愿在国内投资也不愿在海外投资，公司投资者宁愿在国内获取利润也不愿在全球获利，这显然与全球化下投资者趋向于实现跨国经营的意志背道而驰，减损股东在跨国并购中欲实现的效益价值。

也许有人会质疑，难道各国只能对上述的“双重歧视”表现出无作为态度吗？当然不尽然，理论上看，可以通过在居住国和来源国的税收协定中所签订的相互协商机制的前提下建立两国间的管辖权分配规则，或者通过降低非居民股东取得股息所适用的税率来消除。但经过相互协商程序达成的协议在许多国家属于行政裁决，仅具有行政效力，而缺乏法律拘束力；③ 而后一种办法在没有任何其他互惠政策下无异于让来源国单方面放弃本国税收利益，自然不会为绝大多数税收主权国家所接受。

---

① 或者分配给非居民股东的股息与常设机构具有实际联系时，则允许适用归集抵免制度。

② 魏志梅：《对欧盟成员国股息归集抵免制的前景分析》，载《涉外税务》2006 年第 3 期。本书在下面将详细讨论欧盟在消除经济性双重征税问题上所采取的具体做法及存在的问题。

③ 下文还将就跨国并购课税中的相互协商程序予以研究。

2. 作为国际法措施的间接抵免法与参与免税法：并购交易主体与其法人股东之间

OECD 协定范本为缔约国推荐了免税法和抵免法作为消除法律性国际双重征税的方法。概括而言，两个方法的根本区别在于前者关注的是所得额，后者关注的是在来源国缴纳的税额。具体说来，免税法下，所得税的计算征收，是以全部净所得为基础，即以在来源国取得的总所得减去该项免税所得有关的允许扣除额；抵免法下，所得税的计算是以在居住国的应纳税额中扣除在来源国所缴纳的所得税额。① 当然，税收协定仅仅是明确了缔约国选择免税法或抵免法，至于适用范围、条件和程序，以及计算公式和规则等具体事项则取决于缔约国国内法中有关此种方法的具体规定，或通过双边协商程序予以解决。②

如前文所述，OECD 协定范本提供的消除双重征税的方法基本不涉及经济性国际双重征税，但这并不妨碍相关国家在其缔结的税收协定中对此做出特别约定。自 20 世纪 90 年代以来，有些国家在税收协定中开始允许从事并购交易的纳税人享有递延纳税待遇，如比利时和法国 1964 年签订的税收协定中明确规定，对于收购公司的股票分配完全遵循国内合并（两家法国公司合并，或者两家比利时公司合并）的相关规定，股东居住国对股东收到的收益不视其为所得，旨在赋予另一方缔约国股东和本国股东以平等的税法地位，阻止经济性国际双重征税的发生。与个人股东所取得之股息所得的课税规则不同，各国税法几乎均肯定对公司间跨国股息分配的经济性国际双重征税的消除，并在相互之间签订的税收协定中予以规定，差别仅在于消除的程度问题。目前，各国所采用的国际法措施主要有间接抵免法和参与免税法。③ 间接抵免法实际上借助协定范本中的直接抵免模式衍化而生，系指本国公司可在取得其外国子公司所分配的股息时，抵扣该外国子公司在所在国所缴纳之该

① OECD 协定范本第 23A 条和第 23B 条的注释规定了一项特殊的抵免制度——税收饶让抵免。税收饶让抵免实际上并不影响居住国政府行使其居民税收管辖权，因为基于来源国税收优惠政策而免缴的税款原本就在来源国政府的征税权调整范围之内。

② OECD Income and Capital Model Convention and Commentary（2017），Article 23A and 23B，paragraph 32.

③ 公司间股息所得的经济性国际双重征税的消除仅适用于跨国直接投资的情形。公司转投资未达一定控股权比例的间接投资（portfolio investment），一般不消除其跨国股息所得之经济性双重征税，而仅能适用直接抵免法来解决法律性双重征税问题。

国公司所得税。毋庸置疑，该制度之价值在于避免了跨国股息所得承受一连串的公司阶段的所得税，同时减轻了公司利润来源国与公司股东居住国之间潜在的国际双重征税问题。[①] 但问题在于，各国税收协定中几乎无一例外地均对此制度的适用规定了限制性条件：

一是享受间接抵免的股东必须是法人，而不能是自然人。也即个人股东从外国公司获得股息所承担的该外国公司所得税一般不能用于抵扣其在本国所应缴纳的个人所得税。也就是说，跨国并购交易企业如果是不具有法人资格的公司，则无资格适用外国股息所得间接抵免制。二是最低控股权的要求。只有当本国公司拥有外国公司一定比例以上的股权时，本国公司与外国公司之间的股息分配才可以进行间接抵免。如，《中美税收协定》第22条第1款规定，如果中国居民公司拥有支付股息的美国公司股份不少于10%，或者美国公司拥有中国居民公司的选举权不少于10%，中美任何一方给予本国居民公司的外国税收抵免应当考虑支付该股息的公司对于从中支付股息的利润向对方国家缴纳的所得税。三是抵扣层次的限制。跨国企业在全球的投资结构往往不只是母子公司的单一层次，而是经常存在转投资的多层股权架构。因此，当本国公司从其外国子公司所获得的股息乃系来自该外国子公司转投资与另一外国公司（母公司之孙公司）的股息时（以此类推），母公司获得的该笔股息所得除承受子公司所在国的公司所得税外，亦同时负担了子公司转投资之公司所在国的公司所得税。此时，间接抵免适用于上述来自多层附属公司的股息所得吗？也即间接抵免究竟有无抵扣层次的限制呢？对于这一问题，只能依各国税收法律制度的选择而定。例如，日本税法允许抵扣2个层次，但前提条件是每一层次的控股权均须达到25%；美国税法则允许抵扣3个层次，但要求每一层次均至少持有具有表决权的10%的控股权，且最终的本国母公司须至少对于每一层次的次级子公司间接拥有5%的控股权；而英国和加拿大则没有限制抵扣层次，仅规定最终的本国母公司须直接或间接持有10%的控股权。[②] 只有当间接

---

① Hugh J. Ault, Brian J. Arnold, *Comparative Income Taxation*, 2nd ed., Kluwer Law International, 2004, p. 369.

② Hugh J. Ault & Brian J. Arnold: *Comparative Income Taxation*, 2nd ed., Kluwer Law International, 2004, p. 370. Juhani Kesti: European Tax Handbook 2007, IBFD, p. 822.

抵免不受抵扣层次限制时，才可能完全消除公司间跨国股息所得的经济性国际双重征税问题。但此方法由于在实际运算抵扣额——尤其是越来越多的企业实行全球投资战略，更多的企业建立了跨越多国的多层股权投资结构、纳税时间的确认以及支付股息前的估算盈余数额等方面极为复杂，各国的税务会计原则也可能大相径庭，有些国家采用分项抵免，有些则实行分国抵免，各国抵免额的结转年限长短不一。总之，诸多障碍使得规定有间接抵免制度的国家仍然限定一定的抵扣层次，很大程度上减损了该制度在消除经济性国际双重征税上的功效。此外，间接抵免的适用主体仅限于本国居民股东。① 这意味着，对于目标企业股东来自目标企业的跨国股息的经济性国际双重征税，由于上述条件的限制，只有当目标企业股东为一家法人企业并且其对目标公司拥有的股票达到法定份额时，才可以通过间接抵免来予以消除。此外，间接抵免方法的适用客体仅限于跨国股息所得，至于资产收购中目标企业股东取得的财产收益则不适用。实践中，纳税人只能对该类所得的经济性双重征税抱以任其发生而无他法的态度。

尽管间接抵免法的基本计算原理与直接抵免法基本相同，但是，由于目标公司从其外国子公司分配取得的股息，只是外国子公司的公司税后利润分配的一部分，应该并入目标公司所得中的与股息相应的那部分外国子公司所得额究竟是多少，以及这部分外国子公司所得额实际负担的外国公司所得税额是多少，都需要通过目标公司收取的股息数额间接地计算确定。因此，较之适用于同一纳税人的直接抵免方法，在计算过程中更为复杂些。其复杂性主要在于应先从母公司收取的外国子公司支付的股息计算出与这部分股息相应的外国子公司税前所得额及其已承担的外国所得税税额。由于股息本身是子公司缴纳的所在国的公司所得税后的净利润分配，子公司从税后利润中分配支付给母公司的股息并不完全等同于母公司来自子公司的所得，后者需要通过股息间接地计算出来。只有将属于母公司的这部分子公司所得额确定下来，才能够按照有关抵免限额的计算公式确定母公司就其来源于外国子公司的这部分所得

---

① 如美国 I. R. C. 第 245 条规定，间接抵免法仅限于具有美国居民身份的母公司，该母公司必须直接拥有分配股息的第一层外国子公司不低于 10% 的有表决权股票或间接拥有分配股息的外国孙公司不低于 5% 的有表决权股票。

额可获得的居住国抵免限额，并根据抵免限额与母公司实际应承担的外国子公司已缴税额的比例关系，确定母公司居住国实际允许抵免的外国子公司税额。

参与免税法与间接抵免法之间，除上文所述根本区别外，前者亦有关于母公司需对境外子公司持有一定比例控股权的要件要求，此所谓“参与”之意。不难发现，各国在考虑是否消除外国来源股息所得的经济性双重征税问题上主要是考虑本国母公司与境外子公司（或孙公司）之间在经济实质上是否达到较高程度的同一性，这自然属于税收主权国家的理性选择。但问题是“跨国公司并不是一个单一社会的组成部分，就收益分配而言，其所得不属于任何一个特定的社会”。[①]

三、跨国并购中税收利益冲突之三：不匹配类型的国际性双重征税

（一）所得定性不匹配引发的国际性双重征税

在跨国并购中，也可能产生由于股东取得的所得在来源国和居住国定性不一致而导致的双重征税问题。

有些国家税法将本国居民转让其持有的外国公司股票所取得的所得定性为应得股息（deemed dividend）。[②] 这一规则的理论基础是在并购发生之后公司即停止存在，进而股东和公司之间的联系随之消失，转让公司被视为进行了清算，并且其原有的投资未由另一个法人实体继续进行。基于上述假设，根据OECD税收协定范本第10条第（3）项关于股息的定义，股东在并购交易中转让其持有的转让公司股票而取得的收益将被视为股息所得。

有观点认为，来源国对所得做出的定性也应当对股东居住国具有约

---

① 鲁文·S. 阿维－约纳：《国际法视角下的跨国征税——国际税收体系分析》，熊伟译，法律出版社2008年版，第11页。

② 参见commentary on article 13.5（para. 31）of the OECD Model Tax Convention，Helminen，The Dividend Concept in International Tax Law，Kluwer Law International，London，pp. 359－366。如《奥地利重组税法》，根据该法规定，如果收购方P公司为其他欧盟成员国居民企业，则奥地利对被转让资产中的未实现收益适用税收递延待遇，T公司的非居民公司股东（P公司的股票接受主体）对于所取得的股息收益，免缴预提税。http：//www. ibfd. org/collections/ma/html/ma_ de. html.

束力，“这实际上相当于将来源国的相关国内法律规则变为税收协定规则”。[①] 但税收主权，即使在经济日益全球化的今天，也未被任何一个国家或地区所忽视，更不要说放弃。实际上，只要股东居住国未接受来源国所做出的所得性质的认定，并进而不允许纳税人（股东）抵免或扣除在来源国就该笔所得已经缴纳的税收，则必然引发潜在的双重征税问题。另外，即使两国对股东的转让股票所得定性相同，仍然存在由谁来课税的问题。我们知道，赋予税收递延待遇的一个主要原因是股东在并购之前从事的投资活动在并购中并未发生实质性改变，股东原有的投资只是在形式上从转让企业转移至并购企业，由后者来继续进行。在这期间，股东除了收到股票之外再无任何其他，这实际上相当于实物交换。因此，无须对股东实施当期课税。但是，实践中，股东居住国不会根据发生在国外的并购交易情形来决定适用本国的税收递延规则，因而也不会区分股东利益在并购交易中是否由另一家公司承继（a purely paper transaction），还是股东仅是将其持有的股票出售而已。况且，发生在国外的所谓的并购交易未必满足股东居住国国内法律关于并购的种种要求。

从经济学意义上看，税法应当按相同方式对所有类型的股权投资回报予以课税，但公司法则要求对所得类型予以区分，税法对公司所有者取得的不同的利润分配形式的课税规则更是不尽一致，尤其在涉及两个以上国家的跨境交易中，更需要区分适用不同的课税规则。因此，税法规则要求区分在公司转移给公司股东的利润中，哪些构成股息分配，哪些构成其他类型的所得。不过，由于国际税法包括了一个以上国家法律制度之间的相互作用，因此，在税收协定、欧盟税法以及各国国内税法下的税法术语可能不同，而且即使相同的术语也可能具有不同的税法解释。一项所得可能在来源国被作为股息予以课税，但在取得该所得的所有人的居住国则是被作为股息之外的另一种所得予以课税，或者上述情形恰好相反。通常情况下，股息不仅在股息受益人所在居住国被课税，也会在来源国被课税，当来源国将跨国并购中目标企业股东的转让股票所得归为股息所得，而股东居住国将该笔所得归为其他类型所得，则上

---

① Vogel, K., *On Double Taxation Conventions*, 3rd ed., Kluwer Law International, London, p. 649.

述来源国与居住国对同一笔所得所给予的“不一致性的应税地位”则可能导致国际性双重征税问题。[①]。不过，因各国国内税法规则不同而产生的所得分类上的不一致，并不构成法律规则冲突，因而，由此导致的国际性双重征税问题自然不应当属于法律性国际双重征税问题。无论在税收协定范本还是两国间协商签订的专门税收协定中，自然很少关注上述问题的解决，许多国家国内税法对此一般也不赋予本国居民以抵免待遇来缓解或消除上述双重征税。

还有一种情形是，当并购企业居住国对于并购企业的跨国并购融资安排，依据其国内税法规定认定境外贷款过多，存在资本弱化情况时，将根据其国内税法上的资本弱化规则，不允许并购企业从其应税所得中扣除支付给境外贷款方的“利息”。弱化资本规制到此并未结束，许多国家税法的资本弱化规则还进行所谓的“二次调整”，即将境内并购企业支付给境外关联贷款方的“利息”重新界定为股息或者“利润分配”，对取得该笔收入的境外关联贷款方按“股息”或“利润分配”相应地课征股息预提税，而非扣缴利息预提税。并购企业居住国根据其国内资本弱化规则来单方面改变对有关跨国所得的定性，这难免破坏与境外关联贷款方居住国就有关所得的定性以及相关税收权益分配所达成的合意。原来的“利息”所得被重新定性为“股息”所得，关联贷款人居住国应如何消除双重征税呢？是按照对待利息的方式给予抵免，还是依跨国股息分配方式给予抵免呢？

（二）因纳税期间不匹配引发的国际性双重征税

在跨国并购中，资产转让主体的居住国和转让所得来源国对该转让所得的课税期间可能恰好相同，也可能不一致。上文所讨论的国际性双重征税问题都是发生在同一纳税期间。但是，由于不同国家对免税收购交易的适格要件规定不同，如果某一并购交易在被转移财产所在国属于应税并购交易而不能获得税收递延待遇，而在转让方居住国属于免税并购交易而能获得税收递延待遇时，那么，尽管在转移财产之时不产生当期国际双重征税问题，但是，在随后发生应税处置时，被递延课税的财产收益应当被课税，由此，产生了因在不同国家纳税期间不匹配而不能

---

① Marjaana Helminen, *The Dividend Concept in International Tax Law – Dividend Payments Between Corporate Entities*, Kluwer Law International 1999, p. 53.

获得税收抵免待遇的一类特殊的国际双重课税问题。[①]

具体说来，在免税跨国并购交易中，目标企业股东将已增值的目标企业股票交换为并购企业的股票对价时所实现的收益保存在该股票对价的替代原值中，目标企业将已增值的资产转让给并购企业时，并购企业所实现的收益保存就在该被转让资产的结转原值中。只有当目标企业股东随后处置所取得的已增值并购对价时，或者并购企业随后处置已增值目标企业资产时，原先已实现的增值才能在税收上得到确认。在免税跨国并购中，各国通常对来源于本国的上述收益赋予税收递延待遇，也即只有当目标企业股东或并购企业随后处置所取得的已增值资产时，来源国才予以征税。但正如本文前面所述，股东和并购企业居住国未必会完全遵循来源国的税收递延待遇，有时甚至在来源国被认定为免税的并购交易却被居住国认定为应税并购，而必须在居住国税法上立即确认上述收益，从而发生针对相同收益在不同纳税期间征税而产生的国际性双重征税问题。

在跨国并购中目标企业转让其法律身份给并购企业，来源国可能将之视为出售企业，而居民国则可能视其为目标企业的整体资产转让。如果该公司在来源国拥有不动产，该来源国不认为目标企业转让其法律身份为应税事项，对于该公司将不会立即产生双重征税。不过，如果来源国在税收协定下保留其对转让不动产收益的征税权，则该公司被原居民国征收的唯一税收会不可避免地导致将来的双重征税。一旦该公司在未来实际转让该资产，则需要在来源国（极有可能是公司现在的居住国）缴纳资本收益税，但公司在离开原居民国之时缴纳的最初那笔税收将无法抵免现在的资本收益税。OECD 范本明确对原居民国本应当已经对该来源国税收进行抵免或免税，但范本中没有规定来解决上述时间上的不匹配——来源国在什么时候认为已经发生的事项不是应税事项。

下面通过一个关于转让企业法律身份的例子来具体阐释（见图 5 所示）：

甲国的 A 居民企业转让其法律身份给乙国的 B 公司，这样，A 公司从作为甲国的居民纳税人转为乙国的居民纳税人。A 公司在来源国

---

① 林德木：《跨国并购中国际重复征税问题研究》，载《财税法论丛》（第 6 卷），刘剑文主编，法律出版社 2005 年版，第 249 页。

（丙国）拥有一项不动产。根据甲国国内法规定，A公司的上述转让法律身份的行为应视为应税出售行为，但来源国（丙国）国内法不认为A公司转让行为（包括转让位于本国的不动产）是应税事项。这意味着，当A公司的原居住国（甲国）和来源国（丙国）不在同一个纳税期间课税时，将会产生纳税期间上的冲突问题。因为OECD范本第13条对转让不动产所得赋予来源国征税权，同时居民国负有抵免或免税义务以消除双重征税问题。在本案例中，基于来源国和居民国（甲国）各自国内关于公司转让法律身份不同的税法规定，自然不会立即产生双重征税问题。因此，自然也无法适用税收协定中的消除双重征税的措施。但当该不动产最终被出售时，将毫无疑问地产生双重征税问题。因为，当A公司最终出售该不动产时，丙国作为来源国自然会行使税收管辖权，但这时A公司已经成为乙国的居民纳税人，原居民国（甲国）与来源国（丙国）之间签订的双边税收协定中的抵免法或免税法将无法适用。

并购重组发生前	并购重组发生后
甲国（第一居民国） A公司	乙国（第二居民国） A公司
不动产 丙国（来源国）	不动产 丙国（来源国）

图5

另一种可能发生的情形是，跨国并购中，同一笔收益因纳税人分别为两个国家的居民纳税人，而在不同纳税期间被分别征税。举例来说，两个国家一方企业的股东或员工A，为R1国居民纳税人，在并购交易中取得另一方企业的股票期权，并从中获得应税收益，R1国在本国居民A被授予股票期权时，即对该笔收益征税。随后，A又成为R2国居民纳税人，R2国对A行使该股票期权时对上述应税收益又一次征税。这样，A在其分别作为R1国和R2国居民纳税人时就其取得的同一笔收益分别征税，也即A并非同时为R1国和R2国的居民，因此，无法适用税收协定范本第4条的相关规定予以解决。[①]

跨国并购实践中，因纳税期间不匹配而产生的国际性双重征税问题之所以反复发生，主要是由于各国税法通常采用的用来消除对本国居民的双重征税的抵免制度或免税制度在这里无法适用。考察各国税法规则，凡是规定有外国税收抵免制度或免税制度的国家都将两项制度的适用范围限定于跨国纳税人必须在同一纳税期间内在居住国与外国都发生一个应税事项。具体说来，在居住国实行外国税收抵免制度的情形下，当跨国纳税主体（目标企业或目标企业股东）在来源国就其并购转让所得当期纳税，如果依照纳税主体的居住国税法规则不存在当期纳税事项，则在来源国已经缴纳的税收在同一纳税年度内将无法在居住国得到实际抵免。尽管各国一般对超过抵免限额的外国税款或当年未获得利用的抵免限额的结转制度规定有最高向前或向后的结转年限，但如果跨国纳税主体在居住国所获得的抵免额的最高结转年限期满后，才依照居住国税法规定处置并购中取得的已增值资产居住国对其应税处置行为课税，则上述已纳的来源国税收将无法在居住国得到抵免，从而产生目标企业或其股东的跨国收益因纳税期间不匹配而造成的国际性双重征税问题。在居住国实行免税制度的情形下，当跨国纳税主体在来源国享受税收递延待遇，未就其转让行为缴纳任何税收，尽管来源国会对纳税主体随后的处置行为征税，但纳税主体的居住国还是对本国居民的境外股票转让所得当期征税，而不是赋予其免税待遇。

（三）消除跨国并购中所得定性不匹配的双重征税

对于因所得定性不匹配造成的特殊类型的双重征税问题，无论两个税收协定范本还是各国间协商签订的专门税收协定都一直给予很少的关注。跨国并购交易中因转让财产而产生的资本收益的课税主要适用OECD范本第13条规定。该条试图通过对资本收益的征税权排他地赋予居民国最小化双重征税的概率，除了财产是位于来源国的不动产或位于来源国的常设机构的营业财产。而第13条注释进一步对“转让财产”做出解释，不仅包括实际转让，还包括视为资产处置，以及可能在某些税收制度下会导致收益的重新估价。但正如前文所述，尽管作为范

① OECD Income and Capital Model Convention and Commentary (2008), Article 23A and 23B, paragraph 4.1.

本唯一采用的宽泛的术语，却无法解决因来源国与居民国对转让所得的性质确定不一致而导致的双重征税问题。

本文认为，因所得定性不匹配而产生的双重征税问题不妨在外国税收抵免中利用“来源地规则”来予以消除。

在各类并购重组中会经常发生类似的所得定性冲突问题。例如，分立重组或派股重组，公司所在国可能将其视为资本交易，但公司股东居民国将之视为股息分配；在公司之间的兼并重组中，来源国对股东获得的被视为股息的分配进行课税，但在股东居民国却被视为资本收益；在企业法律身份的转换重组中，即法人制企业转换为合伙企业，来源国将之视为资本交易，但企业股东的居民国将之视为公司清算并进行全部资产分配。上述定性上的冲突会导致一国对并购相关主体适用 OECD 协定范本第 10 条的股息所得条款来征税，另一国则适用第 13 条资本收益条款来征税。而两国征税所适用的协定条款的冲突和不一致更进一步地导致无法正常适用协定中规定的消除双重征税的方法。

尽管税收协定中规定了赋予居民国对于本国居民外国税收的抵免或免税的义务，但对于协定中所规定的免税法或抵免法（并非国内法的规定）的具体解释在学术界和实务界一直围绕下述问题展开广泛争论：居民国是否受制于来源国对所得或收益性质的认定。对此，法国的解释为，如果根据法国国内法的定义，将会导出某些种类所得在来源国被免予课税，则它作为居民国，就不再给予已经被来源国课征的税收以抵免待遇。实践中，来源国在征税中会适用本国国内法的定义（而非法国国内法的定义）。法国的解释造成无法实现税收协定的消除双重征税的目的。本文认为，可以在税收协定中规定“来源地规则”来最小化上述矛盾引发的影响。具体说来，居民国在适用税收协定所规定的抵免或免税法前所需提出的唯一一个问题是，来源国是否已经按照税收协定进行征税，可以肯定的是，来源国或者依照本国法律的相关规则或者依照出于与居民国之间的具体税收协定之目的进行相互协商而得出的专门规则进行课税。在这其中，应当不涉及居民国的国内法定义。此所谓“来源地规则”。

加拿大所签订的许多税收协定已经采用了“来源地规则”。税收协定中规定，作为居民国的加拿大对可能在来源国被课税的所得或收益采用协定抵免规则，尽管加拿大签订的税收协定中一般规定适用本国国内法规定的抵免规则，但“来源地规则”要求作为居民国的加拿大给予已经在来源国缴纳的税收以抵免待遇，即使根据加拿大国内法不会导出适用外国税收抵免规则。实际上，是否在税收协定中规定“来源地规则”是两国间相互博弈并最终妥协的结果，因为每个国家都可能在跨国课税中成为居民国或来源国，都可能因适用“来源地规则”而损失一定的税收利益或取得一定的税收利益。对此，OECD 范本或注释并未给予充分、明确的表达。目前，仍然有许多国家在适用外国税收抵免法时排他性地倾向于遵循国内税法规则。在 1981 年的美国税收协定范本（U. S. 范本）中规定了“来源地规则”，但 1996 年的 U. S. 范本又取消了该项规则，对此，本文认为这是一种倒退的选择，形式上似乎“捍卫”了本国法律的独立性，但由此将产生大量的无法消除的双重征税问题，及其背后的国际税收不平等和税收非中性的滥觞。

本文认为，以避免和消除双重征税问题为缔约宗旨的税收协定，通过赋予纳税主体的外国税收或所得的抵免或免税待遇来具体实践这一宗旨，各国在适用税收协定中，应尽可能考虑跨国并购重组在国际投资中的重要性，尤其是其特殊性，涉及两国甚至多国的复杂的并购交易结构使得在来源国和居民国中对于交易性质的确定、并购交易的所得或收益的定性、各国行使征税权的时间等诸多方面在很大程度上存在不一致的可能性。居民国和来源国在签订或修改双边税收协定时对上述诸多方面的不一致性做出相应的协调或解决，在消除双重征税的条款之下，明确产生自跨国并购重组的所得或收益适用“来源地规则”，以尽可能促成居民国和来源国就同一笔所得或收益适用同一项协定的课税规则。当然，这尚需通过大量的国际税收协调等工作的开展来逐步得以实现。

（四）消除跨国并购所得课税中纳税期间不匹配的双重征税

有少数国家在协商签订税收协定中开始关注解决因纳税期间不匹配造成的双重征税问题。

1. 专门协商递延规则的适用

解决并购重组中的纳税期间国际性双重征税的类型不匹配的一个有效措施是启动协商程序。有些国家在税收协定中规定允许来源国的非居民纳税人向税务主管当局申请启动协商程序，旨在签订递延并购重组收益的纳税时间的协议。在加拿大和美国彼此之间以及各自与别国签订的双边税收协定中规定有启动协商出现的规则，规则的具体内容可能有所差别，尤其以美加税收协定及美荷税收协定中的规定最为先进。

加拿大和美国于1980年签订并于1984年8月16日生效的税收协定第XIII条第8款授予来源国主管当局就税收递延问题进行协商的权力，该问题产生于可能被居民国的相关重组规则视为免税的公司重组之中。根据两国1995年实施的第三个修改议定书，具体规则内容如下：[①]

> "缔约国一方居民在公司或其他组织形式的重组、合并、分立或类似交易过程中转让财产，该缔约国对该转让取得的利润、收益或所得未予确认课税，如果财产收购方要求对上述利润、收益或所得在税收上予以确认，另一缔约国税收主管当局，为避免双重征税，并在符合该另一缔约国税收主管当局规定的规则条件下，可以同意赋予上述因转让财产而取得的利润、收益或所得以递延纳税待遇，直到符合本协定所规定的课税时间及方式。"

可以通过下面案例来阐明上述规则的具体适用：美国A公司和美国B公司在美国法律下合并，按照相关公司法规定，A公司被视为"存续公司"。B公司全资持有一家加拿大子公司，该加拿大子公司的主要收益来源是位于加拿大的不动产。根据美国国内税法规定，上述合并交易属于免税重组，也即A公司在合并中取得的该加拿大子公司的股票具有税收结转属性。但根据加拿大国内税法规定，B公司处置其加拿大子公司的股票行为属于应税交易，因为加拿大公司法将上述股票转让视为B公司的资产处置行为。根据两国税收协定第XIII条第1款和第2款，加拿大作为来源国有权对上述交易所得征收资本收益税。这意味着，A

---

① 下列税收协定中亦规定由并购重组的当事人申请启动协商程序：Canada – Netherlands (1986, art. 13.6); Canada – Mexico (1991, art. 13.5); Canada – Zimbabwe (1992, art. 14.6); U.S. – Netherlands (1994, art. 14.8); Canada – Latvia (1995, art. 13.5); Canada – Estonia (1995, art. 13.5); Canada – Tanzania (1995, art. 13.6); Canada – Lithuania (1996, art. 13.5); U.S. – Switzerland (1996, art. 13.6); Canada – Iceland (1997, art. 13.5); Canada-Luxembourg (1999, art. 13.6); Denmark – U.S. (1999, art. 13.8); Germany – Canada (2001, art. 13.5); Canada—Peru (2001, art. 13.5); Canada – Venezuela (2001, art. 13.8); Canada – Italia (2002, art. 13.5); Canada – Mongolia (2002, art. 13.5); Canada – Norway (2002, art. 13.9); Canada – Korea (2006, art. 13.9); Canada – Finland (2006, art. 13.6)。

公司和B公司在美国的合并产生了本书前面所讨论的典型的不匹配问题：一项公司合并重组中一方主体在处置其加拿大子公司股票的行为，符合居民国美国税法关于适用税收递延的规定，但按照来源国加拿大的税法规定却被视为应税处置行为。根据两国一般协定规则，加拿大作为来源国保留对转让加拿大子公司股票课税的权力，并且协定亦未否定加拿大作为来源国有权将在两家美国公司的合并中，处置加拿大子公司股票的行为视为应税转让。①

上述问题的解决则要依赖于两国税收协定第XIII条第8款的规定，即为加拿大主管当局就美国A公司和B公司递延应在加拿大缴纳税收提供一个专门的协商程序：

两家美国公司直接向加拿大税收主管当局提出申请（而非通过美国税收主管当局的干预）；与加拿大税收主管当局达成有效协商协议的先决条件是，美国税收主管当局确认该合并重组符合本国税收递延规则的要求。相应地，美国税收主管当局表示，这一协商程序的启动最好由美国公司直接要求I. R. S. 给出一封私人裁定信件来实现。即使美国公司没有主动提出上述要求，I. R. S. 也可能要求他们这样做。协商程序可以在合并重组完成之前或之后启动。在双边税收协定中或双方国家税收主管当局出台的相关指南中没有关于对某些交易类型不得申请救济的限制。当加拿大税收主管当局做出同意递延纳税的决定时，要与申请人签订正式协议，加拿大税收主管当局一般会要求参与合并重组的双方企业都作为协议一方，并在协议中阐明给予税收递延的具体条件，如可能包括要求受让方保证持有该财产的最短期限、关于适用于受让方的递延纳税基础的协议。加拿大税收主管当局最初非常担心其是否有能力执行与纳税人签订的协定，不过，加拿大1992年的所得税法修正案缓解了上述担忧。该修正案认为，与相关纳税人协商并“按照协议的条款及条件做出的所有决定”都符合加拿大所得税法。另外，税收协定规定只有当交易产生净收益时才可以寻求上述救济。

---

① Brown C., Manolakas C., *Organizations, Reorganizations, Amalgamaitons, Divisions and Dissolutions: Cross - Border Assets, Double Taxation and Potential Treaty relief under the U. S. - Canada Tax Treaty*, Georgia Journal of International & Comparative Law, Vol. 26, 1996 - 1997, pp. 311 - 374.

2. 专门协商递延规则的诟病

从理论上讲，美加税收协定的专门协商递延规则是一个较为进步的制度选择，外国并购重组与国内并购重组享有一致的税收待遇，资本的境内外流动不再因适用差别的课税规则而受到扭曲，境内外并购纳税主体享有平等的递延纳税权利。但是，该规则毕竟是建立在两个拥有相似传统的公司税收制度、相似的税率表、长期的税收合作以及经验丰富的税收当局的国家的一个非典型案例。因此，这一模式一直未被其他国家效仿也就不足为奇了。除此之外，该规则在适用上存在的问题也一直遭到诟病。

不难发现，美加税收协定第XIII条第8款的专门协商递延的救济办法完全在加拿大税收主管当局的控制范围内，那些认为申请协商的请求被加拿大税收当局不恰当地否定的纳税人没有上诉的权利。不过，加拿大和美国税收协定的谈判代表却认为，两国税收协定第XIII条第8款赋予加拿大税收主管当局以广泛的自由决定权是谨慎的：

> “美国和加拿大都拥有关于变更公司结构的复杂、详细的国内税法规则。通过专门规则来调整上述国内税法规则并非一直实用。不过，协定谈判代表承认，除非在协定中加入解决该问题的条款，否则因国内法规则在时间和其他方面的大量不匹配而产生的双重征税就会存在现实的可能。协定第XIII条第8款允许来源国主管当局根据上述情形修改协议，旨在推动协定避免双重征税目的的实现。”

尽管灵活的规则在适应各种可能的重组交易中的优势是显而易见的，但也正是这一灵活性导致该规则在适用上的种种缺陷。

第一，适用时间的漫长。专门协商递延规则需要和两国的税收主管当局交涉来最终达成协议，这将是一个麻烦、冗长的过程。通常需要相当长（经常超过一年）的时间才能落实双方的要求。第二，多层的适用目标。尽管将避免双重征税作为一项政策目标，各国税收主管当局主要还是考虑如何在其行政规则内保证本国财政收入。在税收主权平等的世界秩序中，这本无可厚非，但结果却经常导致各国出台有关在何种情形下可以给予协商救济的指引，指引往往会限制而非扩张适用的范围。加拿大税收主管当局当然更关心不能丧失其对美国纳税人从事的随后的交易的征税权，即使其不直接与被给予递延待遇的重组交易相关。这实际上要求协商谈判要一直承担着增加加拿大未来税收的任务，也不可避免地促使协商过程会经常偏离客观、公正的立场。第三，适用范围上的瑕疵。加拿大税收主管当局认为，如果国内法禁止非居民企业适用国内税法的某一项任意性规则，如禁止非居民直接转让其所有的租赁中的不动产给加拿大居民企业，则即使属于任意性的协商递延纳税协议亦不得违反上述国内法的禁止性规定。这实际上还是为并购交易中的不匹配问题保留了生存空间。第四，适用主体的限制。协商递延纳税协议并不适用于上市公司的并购重组，重组中实现的收益影响公众股东。例如，一个具体的派股重组可能按照美国法律对于美国股东是免税的，但当涉及一家加拿大公司的股票处置时按照税收协定则是应税的。因为强迫加拿大公司的新公众股东同意按照递延协议报告递延收益是不切实际的。在这种情况下不可能适用上述方法。

上述种种诟病并非主观臆想，因为在实践中，成功运用该协定规则来消除因不匹配而产生的双重征税的案例并不是很多。法国当局也没有出台任何有关条款适用范围的行政指引（或适用滥用除外规则的情形）。1993 年，加拿大税收主管当局报告称，在 1987—1993 年，共接到 46 个美国发起的协商要求，其中 15 个请求被拒绝，有 22 个请求最终签订了递延协议，9 个仍在考虑中。2000 年年初，加拿大税收主管当局又报告，在 1995—1999 年，平均每年接到 8—10 个协商要求。①

不过，在美荷税收协定中部分地避免了美加税收协定中在适用专门协商递延规则中存在的一些问题。美荷税收协定第 14 条第 8 款规定：

> “缔约国一方居民在公司并购重组、兼并或类似交易过程中转让财产，该缔约国对该转让取得的利润、收益或所得未予确认课税或赋予递延纳税，那么，本应由缔约国另一方就该财产转让课征的任何税收亦应当在该缔约国另一方按照在缔约国一方递延纳税的时间和数额来进行递延纳税，尽管如果转让主体为缔约国另一方的居民则该税收就本已经被递延。只要在随后的转让中该税收能够被缔约国另一方课征，并且在征收的税

① Proceedings of a Seminar held in March in 2000 during the 54th Congress of the International Fiscal Association, p. 111.

款问题上双方缔约国能够达成一致意见，则缔约国另一方允许的递延的时间和数额就不应当超过缔约国一方所允许的递延的时间和数额。

缔约国双方税务主管当局应当制定相关程序来执行上述规定。”

与美加税收协定相比，美荷税收协定中的上述规定似乎明确地要求来源国给予递延待遇，并在随后的财产转让中对递延纳税收益进行征税，没有给来源国在是否给予递延待遇问题上留下任何自由裁量的空间，税务主管当局只在具体程序上负有职责。①

加拿大已经将与美国的税收协定中的第XIII条第8款规定写入与别国签订的税收协定中，包括墨西哥、荷兰和瑞士。但1995年，与法国的协定中取消了上述条款，即使这样，仍然有许多法国纳税人提出大量的递延要求。更为有趣的是，法国取消了与加拿大的税收协定中的上述规则，但在与奥地利、以色列、西班牙和日本签订的协定中却又规定了有关消除公司并购重组产生的国际双重征税的具体规则。

3. 对专门协商递延规则的修正：“开关式”规则

正如前文所反复论述的，实施跨国投资已然成为各国企业适应并迅速融入经济全球化的不二选择，无论是基于实现税收中性还是从税收公平角度看，各国的税收政策目标都应当是在居民国实现的收益的税收递延要和在来源国实现的收益的税收递延相匹配，但这似乎永远在文字上要走得更远些，正如美加税收协定中的专门协商递延规则在适用上的缺陷一样。

本书认为，法国和西班牙1997年税收协定第13条第2款（b）项规定似乎在一定程度上修正了美加税收协定中专门协商递延规则的缺陷。

“一方缔约国居民从转让其所有的另一方缔约国居民公司的相当比例的股票或其他权利中取得的收益，根据该一方缔约

---

① 关于这一协定条款的分析，可参考 Neuenhaus, D. M.,“Restructuring Opportunities under the U. S – Nethelands Income Tax Treaty”, *Tax Planning International Review*, Vol. 29, No. 5, 2002, pp. 3 – 8 and Bennet, M. C., *Commentary to the U. S. – Nethelands Income Tax Convention*, Kluwer Law International, London, 1995。

国国内法律，该笔收益适用税收递延规则。与同一集团公司之间的合并、派股重组、转让资产、股票互换所适用的专门课税规则相同，取得的收益仅应当在该一方缔约国课税。”

协定第13条第2款原则性地赋予来源国对于从转让来源国居民企业的一定比例的股份中（一般为至少25%）取得的收益拥有征税权，进而，第13条第2款（b）项又特别限制了来源国上述税收管辖权——如果转让是针对在居民国进行的一项免税重组而发生，则来源国对该转让所得或收益不予征税。举例来说，如果一个西班牙股东持有一家法国公司的股份比例超过25%，则符合西班牙关于公司重组的税收递延规定，否则，该股东转让法国公司的股票获得的收益则属于应税所得。该规定自动阻止了西班牙作为居民国的税收管辖权（阻止法国作为来源国征税）。

本书认为，从一般意义上而言，上述法西税收协定中的具体规则的确解决了美加税收协定中的专门协商递延规则在适用上的缺陷，因为前者的做法是由居民国纳税人自己来行使递延申请，远较后者通过复杂、烦琐的双方缔约国税收主管当局之间的协商谈判来达成递延协议要更为简便、高效、公正。后者所签订的协议还担负着要最终保留来源国在未来某一时间点上的课税权的“任务”，而前者的做法则是，将企业并购重组时累积的收益的征税权排他地由居民国行使，来源国则完全放弃对该收益的征税权。法西税收协定所采用的“开关式”（switch－over）规则在适用和管理上要比美加税收协定中所采用的协商递延规则简便易行得多，更加有助于消除跨国并购重组中因不匹配所引发的双重征税问题。上述“开关式”规则要求放弃将主要的税收管辖权分配给来源国行使这样的一般性管辖权分配原则，省略了缔约国之间的谈判协商过程，而唯一地依据居民国国内税法对并购重组的相关规定。假如本书对法西税收协定中的上述规则并没有产生错误的解释的话，其不失为一个解决不匹配国际双重征税的有效方法。

4. 赋予纳税人选择纳税的权利

另一个解决不匹配类型双重征税的办法是在税收协定中签订一个专门的选择条款，还是看前述有关目标企业转让法律身份的案例，来源国（丙国）可以赋予居民国（甲国）居民选择是否被视为应税事项的权利，也即不考虑在来源国的实际纳税时间与纳税主体，纳税人（A

企业）有权行使选择权，使得在来源国的纳税时间提前到与居民国的纳税时间相一致，就好像居民国和来源国同时在对转让行为进行征税，纳税人因而可以按照一般的抵免限额，申请用其在居民国已经缴纳的税收抵免其在来源国缴纳的税收，或者得以适用协定中规定的免税法，同时允许来源国按照市场公允价值提高被转让资产的税基以确定应纳税额。

考察各国所签的税收协定，在《美加税收协定》第XIII条第7项已规定有类似上述措施，来协调纳税及抵免在某些情形下的时间不匹配问题——来源国认为转让行为已经发生并予以课税，但另一国却赋予该转让行为以税收递延待遇（但不是免税）。尽管《美加税收协定》将该规则的适用主体限于自然人，而似乎并非专门针对解决公司并购重组中出现的时间不匹配问题而制定，但本文认为，该规则的确是一个有效消除因纳税期间不匹配而产生的双重征税问题的方法，可以用来最小化因并购交易来源国与居民国各自国内法规则的不一致所造成的纳税期间不匹配而引发的双重征税，自然无须限定其适用范围

（五）其他税收协定条款的适用：相互协商程序与非歧视原则

在解决跨国并购中的各类双重征税问题上，除上述税收协定中的专门并购重组条款、综合性条款，以及各国国内法的相关规定外，OECD税收协定范本中规定的相互协商程序和非歧视原则对帮助来源国和居民国解决由于跨国并购重组而引起的双重征税问题也具有一定的积极意义。协定范本第25条第3款规定了缔约国税务主管当局开展相互协商程序，这一程序填补了协定某些规定的不足甚至空白；而范本中的非歧视原则在赋予国内并购与跨国并购交易以相同的税收待遇方面不失为一项非常重要的条款。

1. 相互协商程序在跨国并购中的适用

协定范本第25条第3款规定缔约国税务主管当局应当通过协议设法解决在解释或实施协定时发生的困难或疑义，也可以对协定未作规定的消除双重征税问题进行协商。实践中，有些国家则运用这个相互协商程序来解决跨国并购重组的征税问题。例如，日本与英国于2006年签订的税收协定第13条第3款即关于两国企业股票互换的规定：并购交易来源国对转让由本国居民企业发行的股票产生的资本收益拥有税收管辖权，除非转让股票的非居民企业在其居住国就该股票转让行为负有纳

税义务。也即在非居民企业之间进行的兼并交易中转让居民企业股票的资本收益可以由非居民企业所在国进行征税，只要该非居民企业的居住国不对本国居民企业的该股票转让征税。日本和澳大利亚于2008年签订的税收协定议定书中也有相同的规定。

当跨国并购交易中适用相关税收协定时，交易主体可以利用协定中的相互协商程序来改变其根据缔约国税法所获得的税收待遇。不过，相互协商程序的主要弊端在于其产生的结果的法律性质，有些国家的法律将经过相互协商达成的协议认定为行政裁决，仅仅具有行政法律效力，除非协议结果被法律所采纳。

2. 非歧视条款在跨国并购中的适用

协定范本中的非歧视条款主要包括国籍非歧视、常设机构非歧视以及扣除和所有权非歧视三项，该条款要远比相互协商程序条款引起学界更广泛的注意，尤其是“常设机构非歧视原则”。下面来分别分析各项在消除跨国并购重组双重征税问题上所发挥的作用。

（1）国籍非歧视

OECD范本第24条第1款用来消除下面的歧视行为：一国对另一缔约国公民征税。OECD范本（1977）在非歧视条款中对“公民”的概念做出明确的定义，目前关于“公民”的定义是放在范本第3条第1款（f）项中，包括法人、合伙人或根据缔约国现行法律取得资格的协会。

根据国籍非歧视条款，在一国的居民公民和在另一国的居民公民享受同等待遇，一国的非居民公民和另一国的非居民公民享受同等待遇。[①] 由于大多数国家的税收制度中课税的基本标准是居住地，而非国籍，因此国籍非歧视条款在实践中所发挥的影响微乎其微，除非在极少数的情况下，即同为某一国居民的两个人被该国给予不同的待遇，唯一的理由是两人的国籍不同。

当在某一国进行的并购重组活动在另一国产生税收收入时，引起双重征税的主要因素是来源国国内税收中的税收递延规则对该国居民纳税

---

① Brian J. Arnold, *Tax Discrimination Against Aliens, Non-Residents, and Foreign Activities: Canada, Australia, New Zealand, the United Kingdom, and the United States*, Canadian Tax Foundation, 1991, p. 33.

人的限制适用。但是，税收递延的适用限制毫无例外地适用于来源国的所有税收上的居民。OECD 范本注释没有明示，是否将来源国国内税法的上述递延纳税限制视为税收上的歧视。这表明，协定范本中的国籍非歧视条款在解决限制适用于跨国重组的税收递延问题上的适用空间非常有限。

（2）扣除非歧视

OECD 税收协定范本第 24 条第 4 款的扣除非歧视条款适用于利息、特许权使用费，以及其他由来源国企业支付给另一国居民的款项。除收、支双方企业具有特殊关系者外，缔约国一方企业支付给缔约国另一方居民的利息、特许权使用费和其他款项，应与在同样情况下支付给本国居民一样，准予列为支出。该条款与资本弱化等问题相关。

（3）所有权非歧视

OECD 税收协定范本第 24 条第 5 款是关于资本无差别待遇，即所有权非歧视待遇规定。缔约国一方企业的资本全部或部分、直接或间接为缔约国另一方一个或更多居民拥有或控制，该企业在该缔约国一方负担的税收或者有关条件，不应与该缔约国一方其他同类企业的负担或可能负担的税收或者有关条件不同或比其更重。该条款仅适用于对企业本身的课税的非歧视问题，而不考虑是谁拥有或控制该企业的资本，旨在确保实现居住于同一国的企业纳税人之间的平等税收待遇，实践中最大的受益者莫过于居住于来源国的外国受控公司。

（4）常设机构非歧视

2014 年 OECD 范本第 5 条首先从正面规定了常设机构的一般定义，之后又限定了排除情形。2017 年范本中第 4 条的内容是针对缔约国一方的企业在缔约国另一方从事特定活动时，不构成常设机构，如专为存储、陈列或交付企业商品、货物而使用的设施等。为了避免企业利用第 4 条关于特定活动的开展不构成常设机构的规定进行拆分企业，达到避税的目的，范本增加了反拆分的规定，即如果企业使用或设有营业场所，且企业或者是与之有密切联系的在这一营业场所或者在位于同一缔约国的另一场所开展经营活动，而这类营业活动是整个营业活动中互为补充的部分，就不适用特定活动条款，可以被认定为常设机构。范本第

5 条规定了代理人不构成常设机构的情形。[①]

范本第 24 条的常设机构条款，尤其是该条第 3 款，要远比相互协商程序以及前述三项非歧视条款更受到学界的关注。该条款专门用来解决居民国企业在来源国设立的常设机构的平等课税问题。第 3 款规定：

> “缔约国一方企业在缔约国另一方的常设机构的税收负担，不应高于该缔约国另一方对其本国进行同样活动的企业。”

尽管常设机构非歧视条款在 OECD 范本中被大量地注释，但范本注释中并未专门列举发生在境外的并购交易中涉及转让位于来源国的常设机构的税收待遇的案例。不过，还是有学者认为，第 24 条第 3 款意味着只要来源国税法对国内的转让交易赋予免税待遇，那么就不得对位于本国境内的常设机构转让行为进行征税。这一规定可以非常容易地适用于跨国并购重组中转让常设机构的问题上。赞成来源国不应当对跨国并购重组中的转让常设机构行为进行征税的根据是常设机构非歧视条款，认为第 24 条第 3 款适用的范围不仅包括营业利润所得，还包括资本收益，其中资本收益可能的一个来源就是因停止常设机构从事的经营活动而产生的收益。[②] 严格说来，上述资本收益并非归属于常设机构本身，而是归属于该常设机构的境外总部，这实际上是将常设机构非歧视条款转变为以主体为核心的条款（subject - centred clause）。此外，甚至有观点认为第 24 条中所指的常设机构与境内居民企业的比较不应当仅限于两者从事同样的活动，还应包括与境内居民企业处于相同的情况。[③]

本书认为，上述观点是值得商榷的，而且 OECD、IBFD 以及许多

---

① OECD 范本第 5 条规定，只要个人在缔约国一方代表另一方缔约国的企业经常订立合同或在合同订立中起主要作用，同时有以企业名义订立或涉及企业拥有、有权使用的财产的所有权转移、使用权的授予或涉及企业提供的劳务问题，而外国企业对涉及以上内容的合同又不加实质性修改，那么该代理人为企业在另一缔约国进行的上述活动即使是通过固定营业场所进行，也不认定为常设机构。不过，跨国公司为了达到范本对常设机构的豁免条件，而人为地将整体运营的集团内多个公司进行拆分，以达到辅助性或准备性的条件，因此，范本第 6 条又限制了例外情形。

② Saccardo. N, Art. 24 (3) of the OECD Model Convention: The Significance of the Expression “Taxation on a Permanent Establishment” in Cross - border Reorganizations, Bulletin for International Taxation, IBFD, Volume 31, No. 8/9, 2013, p. 271.

③ Cf. Van Raad, K., *Nondiscrimination in International Tax Law*, Kluwer Law International, London, 1987, pp. 140 - 141.

学者并不持上述观点，而是认为将跨国并购中因转让常设机构实现的资本收益是否课税的问题归入协定范本第 24 条第 3 款来决定必将引起争论。尽管 OECD 范本第 24 条的解释中似乎倾向于将资本收益纳入该条第 3 款的适用范围，但这将导致第 24 条第 3 款与第 7 条第 2 款之间就转让常设机构实现的资本收益是被认定为与常设机构具有实际联系还是归属于常设机构这一问题产生矛盾。实际上，有关第 24 条讨论的核心问题是，赋予递延纳税待遇是基于客体还是基于主体来决定。例如，在公司集团内部的兼并重组中，是否享受免税待遇不是根据作为交易客体的常设机构来决定，而是根据从事兼并重组的主体来决定。① 也就是说，跨国并购重组中只要税收递延待遇并不直接与常设机构相关联，而是与参与并购交易的主体相关，就认为税收递延并不是基于协定范本的常设机构非歧视条款做出的决定。

应当说，OECD 协定范本中的非歧视条款旨在解决跨国交易中发生的一系列不平等税收待遇问题，但没有专门案例涉及发生在居民国的并购交易对来源国的税收影响问题，对解决跨国并购中的双重征税的时间不匹配和所得定性等双重征税问题并无帮助。如果 OECD 范本试图通过一般性的非歧视条款来解决上述问题，至少应当在范本注释中列举出关于跨国并购交易的非歧视待遇问题。

本书认为，更好的解决方案是在范本第 24 条中增加一个条款，来专门处理转让位于来源国的常设机构在居民国进行的并购重组所产生的税收待遇问题。这样，就可以解决在外国并购重组中出现的所得或资本收益的征税问题。新增加的专门条款中应当包括类似于在美国与加拿大缔结的税收协定中关于外国兼并中的转让常设机构的综合性规则。除此之外，还应当包括具体规则，如规定如何在缔约国之间分配转让所得的征税权。在税收协定第 24 条中增加专门条款的目的在于赋予外国并购重组以国民待遇，只要与国内并购交易相似，而不管参与并购的企业的法律形式如何。当然，只有当转让对象根据来源国法律构成积极投资的经济实体时，才能享受税收递延待遇。实际上，美国和瑞士的 1996 年税收协定中已经有类似条款，协定第 13 条第 6 款规定，“一国允许其居

① OECD Income and Capital Model Convention and Commentary (2017), Article. 24. 3, para. 41.

民在公司结构调整中进行税收递延，则另一国税收当局可以获得相应的免税待遇，具体细节两国到时进一步协商”。[①] 加拿大也一直积极地在其签订的协定中加入上述条款。

四、跨国并购中税收利益冲突之四：融资避税问题

“企业在经济制度中运作，不只会遵守制度的规范，也会利用制度的漏洞，甚至可能有力量改变制度。市场经济让企业有充分发挥的空间，也免不了会出现诈欺舞弊之徒，即使没有坏蛋作祟，也难保不出现盲目跟随或恐慌崩盘的事件。企业可以是制度变动的创新来源，也可能是引起制度改革的罪魁祸首；而制度的健全与否不在于不出问题，而是能迅速修正，恢复市场秩序。”[②]

跨国并购中税收利益冲突的另一种表现形态是交易主体的跨国避税问题。跨国交易主体的避税行为以及征税国的避税规制都是围绕经济利益而进行的，因为一切社会活动的中心是利益，一切社会关系的核心是利益关系。从法理分析，利益与权利（力）息息相关，权利（力）最直接地体现为利益，利益被认为是法律背后的实质性因素。法律中的权利，实质上反映着法律所调整和确认的各种利益关系，义务的履行既是为了使权利得到保障，也是获取利益的要求。追求国家税收利益最大化是每个主权国家的理性选择，与此同时，最大化跨国并购交易的税后收益毫无疑问也是交易主体的理性选择。实践中，上述两种利益追求经常发生矛盾和冲突，这在实质上属于纳税人的税负从轻权和国家的征税权之间的冲突。

跨国并购中的避税问题主要发生在跨国应税并购交易中，因为当跨国并购交易符合居民国和来源国税法上关于免税并购的合理商业目的、

---

① 该条规定在如下交易中比较有用，位于同一缔约国的两家公司合并，该两家公司都在另一缔约国有常设机构。例如，如果美国的两个公司进行合并，每一个公司在瑞士都设有常设机构，合并符合 I. R. C. 第 368 条规定免税重组，但在瑞士则是应税交易，瑞士可以对常设机构的资产所产生的收益进行课税。当这些资产最初售出时，美国也可以对收益课税，如果税收抵免结转期间已经开始的话，则不适用外国税收抵免。该案例中，存续公司可以要求瑞士税务机关递延确认收益，直到实际处置资产，目的是确保在瑞士缴纳的税收能够在美国抵免。是否允许抵免完全取决于主管当局。美国和丹麦 1999 年税收协定中亦有类似条款。

② ［美］约翰·米可斯维特、亚德里安·伍尔得礼奇：《公司的历史》，夏荷立译，台北左岸文化事业股份有限公司 2007 年版，第 20 页。

股东利益持续以及企业经营持续等主客观条件要求时，自然不发生交易主体将其财产利益以税收形式当期转移给相关国家，也就不存在交易主体和法域主体在征纳关系中的利益冲突问题。因此，跨国并购中的避税问题主要发生在跨国应税并购中，尤其是在并购企业使用大量现金为并购对价的跨国杠杆收购中。实践中，并购企业经常需要跨国融资来完成并购交易，各国税法对居民企业的利息费用和股息分配一般适用不同的税收处理规则，前者可以在所得中进行税前扣除，而后者则否。为了利用目标企业居住国税法中的上述利息处理规则，并购企业经常在目标企业居住国建立一家受控子公司来实施跨国并购交易，该境内子公司支付的并购对价的主要来源是境外母公司提供的大量债务资本。这样，通过向境内并购子公司提供债务融资，境外并购企业达到了利用目标企业居住国税法关于利息费用税前扣除规则来避免自己直接并购所引发的来源国预提税的课征，降低了跨国并购的税收成本。这种跨国融资避税安排以来源国的税收利益为代价，侵害了来源国的税基，可能受到该国反资本弱化规则的规制。另外，在各国缔结的双边税收协定中一般都限制来源国对跨国利息所得的预提税税率，但如果跨国并购法域主体间没有缔结双边税收协定，则交易中发生的利息费用就不能享受到优惠税收待遇，有些交易主体自然不愿意接受这样的结果，而通过在与目标企业居住国缔结有双边税收协定的第三国设立导管公司等变相转移交易主体的特殊方式来达到利用该两个国家的税收协定中的有利征税规则。这种避税安排属于滥用税收协定，可能受到相关国家的反滥用税收协定措施的规制。①

（一）跨国并购融资中的资本弱化避税及其规制

1. 跨国并购融资中资本弱化避税的成因：利息和股息在税法上的区分

关于跨国并购中税收利益冲突的诱因在前文已从经济全球化的背景以及制度差异性方面进行分析，这里在前文论述基础上更具体、详细地分析并购融资中的资本弱化避税动因。下文关于滥用税收协定避税动因

---

① 美国国内收入署于1971年首创了“Treaty Shopping”这一新的国际税法术语，《英汉法律用语大辞典》（法律出版社2005年版，第1216页）将该词解释为利用第三国税收条款钻空子。国外一些专著和官方文件也大多都将“税收协定滥用”定义为某个第三国的居民利用其他国家之间签订的国际税收协定获取不应得的税收利益。

的分析亦如此。

实践中，跨国并购中除股票互换交易类型外，其他并购交易的支付对价常常并非全部出自并购企业的自有资金，融资成为企业顺利实施并购交易的先期工作。从广义上分，企业的融资方式通常有股权资本融资和债权资本融资，实践中多为兼采两种融资方式。[①] 一般意义上讲，企业有选择适合自己的融资方式的自由，企业的融资选择权是保障企业经营投资的基本权利。市场这只“看不见的手”经常促使企业比较这两种融资方式的优劣来最终解决并购投资中的资金来源问题，除此之外，左右企业做出融资方式选择的还有另一股力量，这就是大多数国家的税收法律制度和双边税收协定中对股权资本及股息和债权资本及利息的处理规则的差异性。在跨境融资情境下，如果企业选择股权融资，那么由此产生的股息将会被征收三次所得税：其一，由于股息不能税前扣除，因而在融资方层面，利用投资方参股资金所得的利益需要缴纳所得税；其二，在股息汇出境外时，东道国对投资方的所得，将在毛收入的基础上征收一定比例的预提税；其三，在投资方收到股息后，其居民国还要针对所收到的股息征收所得税。而如果选择债权融资方式，则由此产生的利息只需要征收两次所得税，即汇出时的预提税和汇到时的所得税。从实践来看，利息的预提税率比股息的预提税率更低，如果资本输出国和东道国之间签订有税收协定，各国间签订的双边税收协定对利息的预提税率多在10%以下，对跨国股息和利息这两种投资所得的国际税收利益分配问题的处理一般参照OECD协定范本或UN协定范本中关于股息、利息以及消除双重征税条款的规定实行税收分享原则，即所得来源国一方对于缔约国另一方居民取得的来源于境内的跨国股息和利息所得，均可行使来源地税收管辖权征收预提税，预提税税率不得超过相关税收协定规定的比例，[②] 甚至有的国家在税收协定中约定东道国免征利息的预提税，但鲜有做出免征股息预提税的约定。况且，各国国内税法通常将利息作为企业税前利润的一项费用，允许从企业应纳税所得额中

---

① 当然，随着经济的发展和金融工具的不断创新，在跨国并购交易中，交易双方为了获得利益最大化而设计的一些复杂的金融工具可能同时包含股权投资和债权投资的特点，这也使得这两者的区分更加复杂。

② OECD范本（2008）第11条第1款和第2款规定，持有支付股息公司至少25%资本的公司（非合伙企业），预提税税率的上限为10%；其他情况下，不应超过股息总额的15%。

扣除。如若跨国利息来源国对利息适用零税率的预提税，这将意味着来源国对境内企业支付给境外贷款方的利息所得，来源国完全放弃了征税权，而只由利息贷款方的居住国征税。与跨国利息的课税规则相比，税收协定中对于来源国课征跨境股息预提税税率的限制一般在5%—15%，另外，从各国税收实践来看，股息所得来源国一般不会放弃对跨境股息所得扣缴预提税。如前文所分析的，股息作为税后利润的分配，在分配前已经被来源国以公司利润形式课征了所得税，随后又向取得股息的境外贷款方征收股息预提税，如果存在税收协定，则在税收协定规定的限度内课征。在股息汇回贷款方居住国后，居住国会对本国居民企业的该笔境外股息所得征收所得税，如果存在税收协定，则居住国需履行协定义务对来源国课征的股息预提税给予相应的直接抵免。对于来源国以公司利润形式对股息所课征的所得税，有些国家国内税法中规定了间接抵免制或参与免税制等来消除股息所得的经济上的双重征税。这意味着跨境股息的主要和优先征税权实际上是赋予了股息来源国。

由上可见，站在并购企业利益角度看，采用债务资本融资要比股权资本融资能够获得更为有利的税收待遇。对于债务融资中支付给境外贷款方的利息，在并购企业居住国与目标企业居住国缔结有税收协定的情况下，来源国完全放弃课征预提税，而并购企业的境外关联贷款方居住国对利息所得一般适用较低的税率；而对于股权融资中支付给境外股东的股息，则首先必然面临着来源国的较高的股息预提税，以及极可能无法得到消减的经济性双重征税的不利后果。

跨国投资者选择融资方式通常主要考虑商业和经济上的因素，然而，“这两种融资方式在税收上受到的非对称性待遇为并购企业增加对债务融资的依赖提供了诱因，鼓励其想方设法利用债务融资手段来实现将利润从高税国转到低税国的目的”，[①] 尤其是在关联企业之间，由于其受控关系的存在，更容易通过支付利息而非股息的方式转移资金，来逃避或减轻其本应该承担的来源国的税负。因此，对于杠杆化程度较高的跨国并购，利息扣除问题成为各国税法关注的重点。

下面这个典型案例说明了借贷融资给并购企业所带来的税收上的好

---

① Andreas Haufler & Marco Runkel: Firms' Financial Choices and Thin Capitalization Rules under Corporate Tax Competition, CESIFO Working Paper No. 2429, October 2008, p. 3.

处：位于A国的母公司A在实施对位于美国的目标公司B的并购交易时，在其居住国通过债务融资筹集全部收购资金1亿美元。美国税法允许居民企业在税前扣除一定比例的利息费用。为了获得这一税收利益，A公司利用其位于美国的子公司作为收购公司，向该收购子公司只提供1000万美元的股权投资，其余9000万美元则以贷款方式提供给收购子公司。如果美国与A国签订的双边税收协定规定对居民企业跨国支付股息征收10%的预提税，对跨国支付利息的预提税为零。收购子公司向母公司的借款利率为10%，收购子公司应向外国母公司支付的年利息为900万美元。收购子公司收购了美国目标企业B的全部股票，但没有提高B公司资产的原值。收购完成后，收购子公司和B公司成为合并纳税集团。在收购子公司向A公司支付900万美元的贷款利息之前，该纳税集团的合并所得为900万美元。依照美国利息扣除规则，该集团年度应税所得为零。

不过，即使出于税收利益的考量，并购企业选择债务融资方式，导致境外关联贷款方的债务投资和股权投资比例失调，也并非资本弱化本身，只有当企业利用这种债务和股权比例的失调来试图达到一定的税收结果时才属于资本弱化。资本弱化避税普遍地发生于以跨国并购为主要方式的国际直接投资领域中，许多国家税法对此纷纷制定实施资本弱化规则，不允许境内借款企业从其应税所得中扣除支付给税收协定缔约国另一方居民贷款方的“利息”，许多国家的资本弱化规则还进一步对所得“利息”的性质进行调整，重新定性为“股息”或者“利润分配”，对取得该笔所得的境外贷款方按“股息”或者“利润分配”课征预提税。在上述案例中，根据美国I. R. C. 第163（j）（5）规定，外国目标公司仅向收购子公司提供1000万美元股权投资，但提供9000万美元的债务资本的行为属于弱化资本的避税行为，收购子公司支付给外国母公司A的利息不能全部从合并集团的应税所得中扣除。

2. 跨国并购融资中的资本弱化对各方当事主体的影响

（1）对来源国并购子公司的影响。跨国并购融资中弱化资本增加了直接实施并购行为的子公司的债务资本和利息，从而增加了该子公司税前扣除的费用，可以减少该并购企业的应税所得，从而在所在国少缴纳所得税，达到减轻税收负担的目的；实质上减少了股权资本以及对应股息应当被课征的税负。但同时，由于并购子公司的债务资本比重过大，企业表面上的经营业绩并不能如实反映实际经营情况，有时甚至使公司看起来处于亏损状态，这将容易干扰公众及其他债权人信息。如果该并购企业为上市公司，必将导致股价大幅下跌。

（2）对境外并购母公司的影响。境外并购母公司基于其全球范围的整体利益考虑，采用弱化资本方式使其利润最大化，费用最小化。因此，资本弱化避税的最大受益者自然是境外并购母公司。境外并购母公司作为收购子公司的非居民股东，从后者获得的利息不用负担来源国的所得税，但取得的股息分配则要负担来源国的公司所得税和股息预提税。尽管债务资本的利息一般也都要被来源国征收利息预提税，但税率要低于股息预提税率，有些国家国内税法和对外缔结的双边税收协定甚至规定对利息免征预提税，或者资本输出国提供外国利息直接抵免，这些规则都让利息负担的税收更轻，甚至没有任何税负，当然更不存在双重征税问题。如果目标企业和收购子公司合并纳税后，子公司出现亏损，在向并购母公司总机构居住国汇总缴纳集团所得税时，还可以用集团在别国子公司的利润抵销上述亏损，从而在资本输出国也少缴纳所得税。

实践中，境外并购母公司在跨国并购融资中进行弱化资本的安排，除为最小化并购的税收成本，获得税收利益外，有时还基于如下考虑：一是出于投资安全性的考虑，外国并购母公司在东道国直接实施并购投资，如果遭遇经营风险，股权资本及其股息，要与被并购企业风险共存。但通过向其境内子公司借贷投资方式实施并购时，债务资本则“旱涝保收”，无论企业经营业绩如何，债务本息均有保证，即使在该子公司将要破产的情况下，这部分债权资本获得破产财产的受偿也要先于股权投资的受偿。二是出于保证资金流动性的考虑，债务资本显然比股权资本具有更强的流动性。资本弱化能够确保外国并购母公司的并购投资尽早、稳定地收回，以便将资金投入集团公司的其他投资项目。

（3）对来源国的影响。资本弱化的最大受害主体莫过于来源国政府。境外并购母公司从资本弱化避税中取得的利益均是来自对来源国税收利益的侵蚀。此外，还影响来源国税收杠杆调节作用的有效发挥，本国税收利益流失，高比例的境外利息扣除，减少了境内居民企业的应税所得额，扰乱来源国的金融秩序，对其外汇收支平衡状况产生一定的消极影响。

(4) 对境外并购母公司居住国的影响。资本弱化主要是由于来源国的避税行为，涉及境外并购母公司所在国的最多只是按照与来源国签订的双边税收协定给予利息预提税抵免，这对母公司居住国的税收基本没有什么影响。

3. 对跨国并购融资中资本弱化的法律规制

税收主权国家不会无视自己的税收利益因资本弱化等各种避税行为而任意遭受侵蚀，纷纷制定各自的反避税规则。一般而言，各国对避税行为进行税法规制时，有两种基本立法模式，一是制定一般反避税规则；二是制定特别反避税规则。特别反避税规则的制度安排主要取决于类型化的避税行为的特征，如资本弱化避税行为、转让定价避税行为、利用受控外国公司避税行为。[①] 针对这些不同特征的避税行为，采取相应的规制措施。不过，很多国家都同时兼采一般反避税规则和一个或多个特别反避税规则两种立法模式。20 世纪 70 至 80 年代，美国、加拿大、澳大利亚等国最先开始制定资本弱化规则，发展中国家如中国、印度、南非等国也纷纷制定了自己的资本弱化税制。OECD 财政事务委员会于 1987 年发布了《资本弱化政策报告》，以加强对成员国制定资本弱化规则的指导。报告中列举了资本弱化的不同形式和各国采用的不同规制措施。

在跨国并购交易中，如果来源国同时制定有一个一般反避税规则和专门的资本弱化规制规则，两套规则在适用上的关系如何呢？一般反避税规则是否也可以适用特别反避税规则作用的领域呢？对此，各国立法界及司法界态度不尽相同。如德国的税务法院认为，只要有特别反避税规则，一般反避税规则就不能适用该特别反避税规则作用的领域，理由是特别法优于一般法。但是，德国立法者认为这将导致法律漏洞，造成某些滥用行为既不能适用特别规则也不能适用一般规则的情形，因此，2001 年 12 月德国在其税法中规定一般反避税规则可以适用特别反避税规则作用的领域，除非法律明确表示不能适用。不过，也有人提出反对意见，认为这将导致法律的不确定性。加拿大、美国、英国等国法院也不排除一般反避税规则作用于特别反避税规则适用的特定领域。本书认为，一般反避税规则作为总括性的反避税规则，应该可以适用于所有的

---

① 参见 OECD, Thin Capitalization Report, 1987, paragraph. 25, p. 15。

反避税问题，但如果税法针对资本弱化避税行为有专门规定，应优先适用该特别反避税规则，如果资本弱化特别反避税规则无法适用，则一般反避税规则作为法律的最后手段可以适用。因为特别法优于一般法是一般性原则，特别规则更适用于特别领域，较一般规则更具有针对性、更利于操作，亦更有利于纳税人的预期选择。但当立法上的不完全性导致法律漏洞的存在并被纳税人所利用，使得特别反避税规则无法适用时，则需要一般反避税规则及时进行补充，以维护税法公平价值目标的实现。

考察各国制定的资本弱化特别规则，一般构成上大致有两种：一是固定比例法，二是公平交易法。公平交易法原是转让定价制度的核心原则，是指关联企业内部交易的价格应当与独立企业之间在相同或类似的条件下的交易价格相仿，否则，主管税务当局有权进行调整。有些国家将该原则应用于资本弱化规制中，主要是考虑在与关联企业贷款相同的条件下，一个非关联方是否也会向其提供债务资本。① 该方法的税法理论基础是实质重于形式原则，从资产负债率、贷款人与借款人的关系、融资的条件和性质以及当时进行融资情况等诸多方面进行重新考量比较，通过交易实质来判定该投资事实上为债务还是股权。正常交易原则可以根据个案具体特征做出判断，从而更加准确地判断交易方之间的真实意图，排除由于企业之间的关联关系所导致的对市场力量的扭曲。不过，税务当局在运用该方法时不可避免地带有较强的主观色彩，进行选择性执法，并且经常涉及大量事实查证，对税务当局的执法水平尤其是国际税收合作具有相当高的要求，甚至有时很难找出可供比较的非控制跨国融资交易。因此，除英国、奥地利、荷兰等少数国家将该原则应用于资本弱化制度外，更多国家采用的是固定比例法。

固定比例法又称为安全港模式，是指设定负债股权比例来限制非居民股东向本国居民企业提供贷款数字小于该比例，说明在安全范围内，公司没有资本弱化。如果超过了特定的债务/股权比例，说明公司资本被弱化了，将招致资本弱化规则的制裁。对于超额的利息支出，各国目前主要采取两种制裁方法：一是超额利息费用不能从支付公司的应税所

---

① ［美］罗伊·罗哈吉：《国际税收基础》，林海宁、范文祥译，北京大学出版社 2006 年版，第 432 页。

得中扣除；二是将超额利息费用视为支付公司向外国关联人进行的利润分配或股息分配。从避免国际双重征税的角度看，第一种方法可能会导致国际双重征税，利息在来源国不能作为费用扣除而应被课征为公司所得税，在外国关联人居住国对该跨国利息所得课税时，在来源国不是以利息形式缴纳的来源国税收可能不能获得外国税收抵免，即产生前文所分析的所得定性不匹配的国际双重征税。但采取第二种方法时，外国关联人利息所得被定性为“股息”所得，该视为股息所得在来源国承担的所得税和较低的协定预提税在外国关联人居住国则可以获得外国税收抵免。

固定比例的规则为纳税人寻找规则漏洞进行税收套利提供了可能性。在实践中，外国并购母公司可以不直接向境内并购子公司提供贷款，而是通过对该关联企业从与母公司无关联人的借款债务提供担保的方式来达到相同的经济目的。为了阻止通过担保方式规避资本弱化规则，美国等国家又将资本弱化规则的适用情形扩至跨国投资人为关联企业从无关联人借款债务提供担保的情形，禁止借款人支付给无关联人的“不适格利息”从税前扣除。

最近几年，过度的债务融资受到广泛的关注，在跨国并购中跨国企业过度使用债权融资侵蚀东道国（来源国）税基的情况下，有些国家在传统的资本弱化规则基础上进行了一些规则创新，较为典型的是收入剥离规则和综合利息限制规则。

收入剥离规则由美国最早纳入资本弱化规则范围内，根据其规定，如果企业的净利息支出超出了其调整后应税收入的一定比例，那么支付给企业关联方和非关联方的利息就在超出的范围内被征税，即不得被税前扣除。同时，美国将债资比超过传统资本弱化规则中的固定债资比范围（美国的安全港规则划定的范围是1.5:1）作为收入剥离规则的适用条件。①

综合利息限制规则是OECD于2015年发布的BEPS行动计划4报告积极推荐的方法，即将实体的可扣除利息数额限制在税息折旧及摊销前

---

①　美国的收入剥离规则的适用采取“两步法”：第一步是判断相关企业是否落入收入剥离规则的适用范围，如果是，那么第二步是超过法律规定的净利息支出与调整后应税收入比例的部分中，支付给关联方的利息就不能够在税法上被税前扣除。

利润的一定比例之内，相应的比例可以在10%—30%，旨在应对跨国企业通过利息扣除进行逃避税的行为。[①] 这一方法可以辅以集团比例规则，即一个实体将被允许扣除不超出其集团支付给第三方的净利息支出与集团的税息折旧及摊销前利润之比的任何净利息支出。[②] OECD 认为，在处理资本弱化问题方面，使用基于利润而制定的规则相较而言是有优势的：一方面，在征税方面，利润和应纳税所得之间应当有清晰的关联性，利润应当构成相关实体能够按时支付利息的信号指标；另一方面，想要通过税收筹划策略绕开一个基于利润而制定的规则是较为困难的，因为企业只有通过增加利润，才能够增加它的净利息支出扣除数。[③]

经合组织在处理资本弱化问题时拒绝适用独立交易规则，但这并不是说独立交易规则与综合利息限制规则完全无关。在决定可扣除的利息的比例时，需要结合独立交易规则来确定比例的范围。

基于固定利润比例的 OECD 综合利息规则的缺点也是显而易见的：一是利润的波动性，且很难计算出一个集团中每一个实体被允许税前扣除的利润数量；二是在同一个集团中的不同经济实体可能具有不同的杠杆率和不同的风险状况。此外，从世界范围看，这一规则的适用将会产生经济性双重征税的后果，因为超出利润的固定比例或者集团比例的利息支出在债务人企业层面不允许税前扣除，而这部分利息收入到债权人层面时又将被征税。同时，这种经济性双重征税难以通过税收抵免的方式解决，因为一国没有义务当然地承认另一国基于反避税的原因，对一笔收入的重新定性以及在此基础上的征税调整。

税基侵蚀和利润转移行动计划报告中同样认识到了资本弱化规则的

---

① 跨国企业通过利息扣除进行逃避税的三种基本行为包括：其一是通过交易安排，使得高税率国家对独立第三方的债务征税；其二是通过集团内部的借贷，使得跨国企业产生相较于独立交易背景下更多的利息支出；其三是通过利用第三方或者是集团内部其他企业，向享受税收豁免待遇的资产投资。See OECD, Limiting Base Erosion Involving Interest Deductions and Other Financial Payments, 2015, Action 4——2015 Final Report, p. 11.

② 基于固定利润比例的经合组织综合利息限制规则的适用遵循以下三个步骤：首先，计算税息折旧及摊销前利润；其次，通过立法者规定的利润比例计算纳税人可扣除的最大利息支出；最后，用纳税人的实际利息支出与可扣除的最大利息支出相比较，超出部分不得税前扣除。See OECD, Limiting Base Erosion Involving Interest Deductions and Other Financial Payments, 2015, Action 4——2015 Final Report, p. 29.

③ Ibid., p. 43.

适用，可能导致的经济性双重征税的后果，并提出了几个解决方案供各国立法者参考。例如，可以规定让企业结转不被允许扣除的利息支出，可以同时允许企业结转尚未用完的可税前扣除利息支出的额度，也可以允许企业对不被允许税前扣除的利息进行来回结转。① 这些措施也仅能在一定程度上减轻因适用综合利息限制规则所造成的经济性双重征税的后果。

总之，制定资本弱化规则的国家越多，因利息所得被来源国"二次定性"而引发的国际双重征税的可能性也就越大，这意味着，原本旨在防范纳税人利用跨国债务融资获取不当税收利益的规则却可能损害纳税人的另一种权益。

（二）跨国并购融资中滥用税收协定问题及其规制

1. 跨国并购融资中滥用税收协定的成因分析

国家间缔结国际税收协定的主要目的在于消除不公平的双重征税给跨国纳税人带来的额外税收负担，并通过限制缔约国一方政府的税收管辖范围和程度来实现这一目的，其中不乏给予缔约国纳税人的种种税收优惠条款。作为非协定缔约国居民，并购企业出于追求缔约国间的税收协定中所提供的优惠待遇、减轻税负、实现跨国并购投资的利润最大化，而有滥用缔约国税收协定的主观冲动。

再从客观动因上分析，缔结双边税收协定已成为当今解决国际双重征税问题和协调两国税收利益分配的有效途径，为各国所普遍采用。为了达到消除国际双重征税的目的，缔约国双方都要对各自的税收管辖权的范围和程度做出相应的约束和让步，从而形成对缔约国双方居民适用的优惠条款。就现有税收协定来看，主要是降低收入来源国对利息、股息等"消极所得"征收的预提税税率，或对某些所得项目免税，等等。无论是基于 OECD 税收协定范本还是 UN 范本签订的税收协定，都明确规定只有缔约国一方或双方居民才有资格享受协定的优惠待遇。② 税收

① 参见 OECD, Limiting Base Erosion Involving Interest Deductions and Other Financial Payments, 2015, Action 4——2015 Final Report, p. 44。

② 这些待遇主要有七项，如 1. 企业的营业利润只在其为居民的缔约国一方征税，收入来源的缔约国免予征税。除非该跨国企业在收入来源国设有常设机构。在设有常设机构的情况下，收入来源国也只就归属于该常设机构的利润征税，而且所征的税款客座居住国得到抵免。2. 股息、利息、特许权使用费等消极投资所得，在收入来源国可按照比该国常规税率低的限制税率缴纳预提税甚至免税。参见朱炎生：《第三国居民套用国际税约的法律管制措施评析》，载《国际经济法学论丛》1999 年第 2 卷，第 386－387 页。

协定提供的诸多税收优惠利益促使跨国并购交易主体在选择投资国时就注意到这些国家对外缔结协定的网络状况，并试图利用协定中规定的优惠政策。如果并购企业向另一国进行并购投资，但是投资国与东道国并没有签订税收协定，或者虽然签订了税收协定，但作为两国政治经济谈判的产物，不同国家之间、不同时间缔结的税收协定有着种种差异性，投资国与东道国签订的税收协定提供的待遇不如后者与第三国签订的税收协定提供的待遇优惠，对于并购企业而言，就会想方设法通过与东道国有税收协定或协定中规定更具优惠待遇的第三国改变其并购投资结构，通过与该第三国建立税收征纳法律关系进而得以享受东道国与该第三国之间的税收协定优惠政策，以获得并购投资收益最大化。

2. 跨国并购融资中滥用税收协定表现

在跨国并购融资中，当并购企业居住国与目标企业居住国未签订双边税收协定，或虽然签订了税收协定但对纳税人提供的优惠利益少于目标企业居住国与第三国签订的税收协定时，并购企业为了获得目标企业居住国与第三国缔结的税收协定规定的跨国利息所得的优惠税收待遇，通常会选择在第三国设立具有直接导管公司或间接导管公司性质的金融控股公司，导管公司在法律形式上具有缔约国一方居民企业的身份，从事国际避税活动，获取不当税收利益。简言之，滥用税收协定是跨国并购企业设法获得或利用中介体的居民身份，“主动”靠上第三国的居民管辖权，来享受税收协定的待遇，从而减轻在目标企业居住国中的有限纳税义务，是对来源国地域税收管辖权的规避行为。

首先来解释下导管公司，有时也被称为传导性实体，设立这类公司并非出于正常的商业目的，而是将其作为一个“导管”工具来流通投资所得，以求通过这个工具获得通常情况下无法获得的税收协定利益，实践中，存在着直接导管公司和间接导管公司两种方式。为便于论述，假定如下案例：A 国 A 公司作为 B 国 B 公司的全资控股公司，A 公司计划通过 B 公司收购一家 B 国的营业公司，由 B 公司支付的大部分收购对价来自 A 公司借贷的债务资本。

（1）跨国并购融资中利用直接导管公司。在跨国并购交易中，并购企业为享受目标企业居住国与第三国签订的税收协定中规定的来源国对利息所得的优惠待遇，在该第三国设计中介性金融控股公司——导管公司，将其因借贷融资产生的利息所得转移到该金融控股公司。案例中，A 国与 B 国未签订双边税收协定，依照 B 国国内税法规定，对来自非缔约国居民来自 B 国的利息所得征收一定比例的预提税；但 D 国与 B 国签订有双边税收协定，协定规定 B 国不对缔约国 D 国居民来自 B 国的利息所得征收利息预提税，同时 A 国也与 D 国签订有税收协定，协定规定 D 国不对本国居民支付给缔约国 A 国居民的利息征收预提税。据此，如果境外并购母公司 A 直接向境内并购子公司 B 提供借贷融资作为并购对价，则并购完成后，B 公司（借款方）向 A 公司（贷款方）支付的借款利息必须向来源国 B 国缴纳规定比率的预提税。如果 A 公司在 D 国设立一家中介性的金融公司 D，A 公司将收购资金借贷给位于 D 国的 D 公司，再由 D 公司将该资金借贷给位于 B 国的并购子公司。在收购完成后，B 公司向 D 公司支付借款利息（第一次支付），再由 D 公司将该笔利息所得转给 A 公司（第二次支付）。依照上述税收协定规定，该笔利息所得的第一次支付不被来源国 B 国征收预提税，第二次支付也不被来源国 D 国征收预提税。可见，通过在第三国 D 国设立直接导管公司的方式，A 公司来自 B 国 B 公司的利息所得就避免了来源国预提税的课征。

很显然，D 国 D 公司组建的真正动因不是出于生产经营的实际需要，而是为了利用 A、D 两国以及 B、D 两国的税收协定，迂回地从 B 国取得本来得不到的税收利益。在这种情况下，D 国 D 公司被看作一家滥用税收协定的导管公司。

（2）跨国并购融资中利用间接导管公司。间接导管公司又称为进阶公司或脚踏石公司，它的基本运作原理与直接导管公司相似，不同之处是它通过更加迂回、曲折地设立导管公司来获取原本不应获得的税收利益。因为现实中，跨国投资者并不总是能够顺利找到第三国来实施利用税收协定的避税方案，经常需要通过在两个以上国家设立导管公司来间接地实现避税目的。在前述案例中，假设 A 国与 B 国、与第三国 D 国之间没有签订税收协定或是协定赋予的优惠很少，同时 D 国国内税法规定本国居民支付给非居民的利息必须征收预提税，但 B 国与第三国 D 国间签订有优惠的税收协定，协定规定 B 国不对缔约国 D 国居民来自 B 国的利息所得征收预提税。A 国、D 国分别与第四国 E 国签订有税收协定，规定缔约国一方居民支付给缔约国另一方居民的利息可以抵免。在这样的前提下，来自东道国的并购子公司的利息所得，如何在最低成本条件下返回A国的并购母公司呢？显然，A公司无法通过在D国设立直接导管公司来实现。实践中，A公司通常会选择在第四国E国设立一个全资控股子公司E——脚踏石导管公司，该E公司在第三国D国设立一家金融控股子公司D，A公司的并购资金借贷给E公司，E公司借贷给D公司，D公司借贷给东道国的并购子公司B，再由B公司支付给目标企业。收购完成后，B公司支付的借款利息依次经过D公司（第一次支付）、E公司（第二次支付）的中间传导，最终提供给A公司（第三次支付）。依照上述税收协定规定，该笔利息所得的第一次支付不被来源国B国征收预提税、第二次支付可以享受D国和E国税收协定赋予的抵免待遇、第三次支付可以享受A国和E国税收协定赋予的抵免待遇。通过这样一个过程，A公司设计的并购融资结构带来的税收利益有：B公司支付的利息可以作为费用在税前扣除，为B公司减轻了税负；在三次的利息所得支付问题上享受了预提税免税或抵免的优惠待遇。

与设立直接导管公司相似，在间接导管公司的运作中，D国的D公司和E国的E公司都是为了实现A国A公司避税的目的而设立的，帮助A公司获取最低成本的税后所得而存在。站在东道国B国的角度来看，投资国A公司的融资行为侵害了本国的税收管辖权，已经构成了滥用税收协定，应当受到相应的规制。

3. 规制跨国并购融资中滥用税收协定的必要性

由于双边税收协定的主要目的是让国际经济活动能够更加顺畅、公平地进行，因此，有观点认为没有必要追究跨国纳税人是通过直接还是间接利用税收协定来完成跨国投资活动的。本文认为，这一观点只是站在交易主体的立场，完全从维护交易主体的税收利益角度予以评判的，而未考虑到相关法域主体的国家税收利益，尤其是来源国的税收利益。况且，双边税收协定规定的优惠待遇仅仅是给予缔约国一方或双方居民，第三国居民无权享受其他国家间税收协定的优惠待遇。非缔约国企业巧妙地装扮成缔约国的“居民企业”的行为不仅侵犯了缔约国的税收利益，更造成交易来源国国家收入的损失；税收协定中所假定的缔约国双方利益牺牲的平衡状态发生变化，阻碍了缔约国间互惠原则的发展，破坏了缔约国间资本流动的平衡性。另外，滥用税收协定行为使得某些跨国并购交易主体轻易就能降低并购成本，获得额外的税收利益，从而不利于其他跨国交易主体的正常并购投资，违背了公平竞争理念，十分不利于跨国并购的正常开展秩序。

因此，不管是基于税收协定的缺乏导致了滥用税收协定的避税行为，还是由于税收协定的减免措施的差异性而导致跨国投资者利用其他国家税收协定的漏洞，都应当受到反滥用条款的规制。

4. 跨国并购融资中滥用税收协定的单边及双边防范措施

综观世界各国的滥用税收协定的规制措施，基本可以分为单边防范措施和双边防范措施。

（1）单边防范措施。主要包括各国国内制定法规则和判例法规则两类。制定法措施表现为有些国家国内法中制定的一般反避税条款，并将滥用税收协定行为归入这一条款范围内进行规制，不过，这在实践中会导致执行机关被赋予较大的自由裁量权；也有些国家国内法中确立专门反滥用税收协定规则，有针对性地约束滥用税收协定行为。例如，瑞士议会早在1962年就颁布了《防止滥用税收协定法案》，决定单方面严格限制由第三国居民拥有或控制的公司适用税收协定，“如果一个瑞士居民的主要所得为不享受税收协定优惠的人所获得，如果非居民持有瑞士公司的主要股东权益，如果瑞士公司作为非居民公司的受托人，则上述做法属于滥用税收协定的做法”。这一规定后来也写入了瑞士与法国、德国等国签订的税收协定中。[①] 制定专门反滥用税收协定条款在适用时要较一般性反避税条款更具有针对性。判例法措施主要是司法机构在审判实践中通过判例确立和发展的一系列反滥用规则。主要有“实质重于形式”原则，分步交易规则、经营目的规则等，分步交易规则和经营目的规则实质上是实质重于形式原则的具体运用。利用上述原则对跨国并购融资中的滥用税收协定安排进行确认，透过形式上合法的借贷融资安排来判定其是否以避税为借贷交易的唯一动机。不同国家的税务主管机关和法院在适用这个原则上程度有所不同，但基本原理都在于忽视导管融资交易的法律形式而注重其经济实质。例如，美国 I. R. S. 通过反导管原则以及“贷款与借款相对应”标准来规制纳税人设立无关联导管实体。依照该标准，在两个关联企业之间设立一个无关联中间实体作为

---

① Helmut Becker & Felix J. Wurm: *Report from Switzerland*, *in Treaty Shopping*, Kluwer Law and Taxation Publishers, 1988, p. 251.

一方关联企业的贷款人，作为另一方关联企业的借款人的情形下，只要该无关联导管实体在没有相对应借款时不提供或不维持相同条件的贷款，I. R. S. 就可以适用反导管原则以阻止滥用税收协定行为。[①] 此外，I. R. S. 有权在认为有必要或可以合理、正当地采用其他标准重新定性一个导管融资交易安排时，可以不受上述标准的限制。

毫无疑问，跨国并购融资中滥用税收协定行为给来源国、协定缔约国、其他市场竞争主体、市场正常的交易秩序等产生极大的不利影响，但实践中，税务主管机关及法院在适用反滥用规制措施时，也有可能对不具有避税动机的融资实体的设立予以规制，导致矫枉过正的结果。因此，为了避免不具有避税动机的融资实体受到实质重于形式原则的相关制度调整的不利影响，各国应当在立法上做出相应的保护正常融资实体的规则安排，税务主管机关以及法院也应当慎重运用解释税收协定的权力，其中尤以美国的做法为典型。美国向融资实体提供了安全港保护规则，根据该规则，当融资实体与导管实体以及被融资实体都不存在关联关系时，除非该融资实体知悉或有理由知悉融资安排属于导管融资安排的事实，否则，该融资实体不应因被重新定性而缴纳美国预提税。[②]

（2）双边防范措施。既然滥用税收协定行为的规制措施是针对协定滥用，如果在税收协定中预先制定阻止这种滥用的措施，从效果上看更容易得到各国的认同与实施。事实上，随着滥用税收协定现象日趋严重，越来越多的国家更加注重在缔结的税收协定中引入反滥用条款，建立双边防范措施。考察 OECD 协定范本和 UN 范本，均对滥用税收协定行为给予高度重视，通过规定具体的“受益所有人”规则和“利益限制”规则来对滥用行为实施有力规制。

“受益所有人”术语出现在限制来源国对利息、股息和特许权使用费征收预提税条款中。不过协定范本及注释都未给出这一术语的定义，这一术语“不是在狭窄的技术含义上得以使用，相反，应当通过上下文并根据协定的目的和宗旨，即包括避免双重征税以及防范税收逃避行为，来对其进行理解”。[③] OECD 报告解释为：“如果一个导管公司的权

---

① House Report to The Revenue Reconciliation Act of 1993, p. 716.

② Reg. §1. 881 – 3（a）（3）（ii）（E）.

③ OECD Model Convention and Commentary（2017）, paragraph. 12.

力范围致使它只是一个受托人或是为了相关利益主体而行使的管理人，则尽管它是某些资产的形式上的所有者，也通常不会被认定为收益所有人。”① 但协定范本并未就如何做出上述判断提供任何标准，而是留待各国的具体税收协定来解决。

尽管范本未就“受益所有人”术语做出明确定义，但将之引入相关的利益限制条款中进行适用。利益限制条款包括透视法、渠道法等方法。

①透视法。这是较早见诸税收协定的防范措施，通常规定在关于股息、利息、特许权使用费的条款中。OECD 范本规定，协定利益只能给予协定一方居民所有的公司，包括“直接或者通过一家或更多公司而拥有或控制”，也就是说协定利益的享受资格并不以该公司是缔约国另一方居民这一单一标准，而是通过法律实体来判断实际股东是否真正为缔约国一方的居民。在前述跨国并购融资案例中，只有在利息的收款人属于实际受益所有人，或者两者都属于缔约国一方居民时，缔约国另一方才依照双边税收协定对利息所得给予减免税的优惠待遇。这一规定实质上就是将税收协定的利息所得的优惠待遇限制适用于本身具有缔约国一方居民身份并且最终取得利息的受益所有人同样是缔约国居民的企业。就实质意义而言，透视法是对“受益所有人”的直接运用，它对非缔约国居民企图通过在缔约国一方设立直接导管公司而滥用税收协定的行为进行了有力规制。从实施手段上看，透视法类似于公司法中的“揭开公司面纱”制度，也是对公司法人人格否认理论的应用，可以有效规制跨国并购融资中直接导管公司的设立。

不过，鉴于透视法的实际操作要求较复杂，多数举证责任是由公司本身承担的，如不能证明其不存在由非居民直接或间接拥有或控制的情况，则推定存在而无权适用协定优惠条款。但实践中，并非所有存在实际控制关系的跨国关联企业之间必然有滥用税收协定的动机，如果仅以实际控制关系为标准，极有可能导致反滥用措施的滥用。因此，最好结合其他方法来做出客观、公正的判定。

---

① OECD, Committee on Fiscal Affairs of the OECD, International Tax Avoidance and Evasion, Four Related Studies, ‘Double Taxation Convention and the Use of Counduit Companies’, Issues in International Taxation Series (OECD, Paris, 1987), No. 1, p. 96.

②渠道法。透视法的主要功能在于规制直接导管公司的安排，对于脚踏石公司结构的安排则需要通过渠道法来进行规制。[①] 在间接导管公司安排中，跨国并购企业通常将间接导管公司设立在与所得来源国订有税收协定的高税负国家，间接导管公司将大量利息费用在其应税所得中扣除，从而降低其实际税负。渠道法则限制缔约国居民企业向非缔约国居民企业转移利息等款项，不得超过其总收入的一定比例，超过限定比例的居民公司，不得享受协定的优惠待遇，从而有效遏制间接导管公司通过将被转移的利息、股息等款项作为税前费用进行扣除来达到避税目的。

应当承认，现实中并不存在通用的万能反滥用措施，正如透视法本身存在不足一样，渠道法也有自身的缺陷。一是在复杂的费用比例审查与计算方面，很难确定公司对外支付的成本费用是否来源于缔约国的所得，从而很难计算出向某非居民支付的费用占来源国所得的比例；二是资本的全球自由流动更容易导致对外支付的成本费用的变化不定，进而可能导致跨国控股公司之间正常的商业融资贷款也受到渠道法的规制。因此，各国在适用透视法或渠道法来规制滥用协定行为时，应当灵活处理，防止因过度适用而影响正常的跨国投资活动，违背国际税收的中性和公平。鉴于此，1995 年 OECD 范本注释引入真实法条款，规定任何措施的实施都应当依据确保协定利益的真实法条款来进行。该方法的目的是只将税收协定优惠给予从事真正商业交易的居民，那些“不以真实经营为目的，只是为了获取税收协定优惠所作安排的纳税人则不能享受税收优惠”。并且要求公司必须自始至终都有着真正商业目的，否则也无法享受优惠待遇。至于“真正商业交易”的判断则需要各国国内法或对外缔结的税收协定详细规定。

总之，税收制度方面的竞争与差异性为跨国并购融资避税提供了可乘之机，从理论上讲，如果能协调统一全世界税制，各种跨国避税行为

---

① OECD 范本规定，“当产生于缔约国一方的所得为缔约国另一方居民所获得时，如果某非居民对该公司：（1）以参股或其他形式直接或间接地拥有重要利益，并且（2）直接或间接地实施管理或控制，同时，如果该公司从缔约国一方获得的所得超过 50% 用于支付非居民的利息、特许权使用费等费用，那么，本协定中任何减免税收条款将不予适用”。参见“Double Taxation Convention and the Use of Conduit Companies”, paragraph. 37, Model Tax Convention on Income and Capital, Vol. 2, 1997, OECD。

自然就无法生存。事实上，税收一体化在某些地区也确实取得了重要进展，最为典型的当数欧盟。从一定程度上说，欧盟的税收一体化不仅对其本地区更对全球的税收协调产生了深远影响。但我们必须意识到，至少目前来看，实现全球统一税制只能作为学术界永远追求的愿景。因为，欧盟这一已经建立起来的地区性税收协调的典型实例，是建立在参与国已经拥有类似的经济发展水平、传统和税收政策的基础之上的。跨国并购避税行为之所以存在，根本上源于不同国家的税收制度以及不同税收协定的广大网络体系。而滥用税收协定行为的前提是国家国内税法规则和协定条款的差异性的存在，所以不太可能发生在欧盟成员国之间。但现实情况是，甚至包括欧盟成员国在内的全世界各国家的利益都存在着或大或小的差异性，任何一个主权国家都很难在涉及国家经济利益问题上做出单方面让步。因此，无论是针对国际性双重征税，还是跨国并购融资避税行为，各并购当事主体间的利益冲突只能建立在尊重国家税收主权的基础上，通过不断完善的单边国内法规则和双边税收协调来逐渐获得更大程度的解决。

五、协调跨国并购中税收利益冲突的示范

（一）欧盟两个指令对实现欧盟国际税收利益平衡的助益

在全球经济一体化，国际税收竞争越来越激烈的现实背景下，国际税收协调成为加强国际合作，增进全球整体利益的必然选择。目前国际税收协调主要有三种形式：WTO 框架下的国际税收协调、国际税收协定约束下的国际税收协调以及区域经济一体化下的国际税收协调。区域经济一体化下的税收协调是目前最高水平的国际税收协调，而欧盟则代表了区域经济一体化的最高水平。欧盟的税收协调对于欧盟内部商品、资金、技术、劳务、人员的自由流动，增进区域整体利益起到重要的推动作用，不仅有力地促进了欧盟经济一体化的进程，对于全球性的国际税收协调也起到了重要的示范作用。

根据欧盟区域经济一体化所表现出的自由贸易区、关税同盟、共同市场、经济联盟等组织形式，与之对应的区域税收协调内容通常为关税协调、间接税协调以及直接税协调。在税收领域，一体化的趋势体现在 20 世纪 60 年代起欧盟开始协调直接税和间接税的政策。前两项税收协调已经取得了实质性成果，建立了各成员国统一的关税、基本实现增值

税的统一计税依据和统一消费税的征收范围和适用税率，与之相比，欧盟直接税协调所取得的成就就显得非常有限了。欧盟一直试图为全体成员国建立一个共同的直接税制度，但由于各成员国所得税制度差异很大，直到最近20年来，直接税协调才在欧盟法院的司法判决以及欧盟委员会、欧盟议会和欧盟理事会颁布的欧盟指令的推动下，取得突破性进展。分别于1990年7月23日和8月20日，欧盟理事会通过了对于鼓励开展成员国间企业的跨境合作具有决定性意义的两项直接税立法：①

——母子公司指令［the Parent - Subsidiary Directive (90/435/EEC)］②

——合并指令［the Merger Directive (90/434/EEC)］③

上述两个欧盟指令旨在通过中性的税收规则在欧盟统一大市场内部实现成员国间企业的公平市场竞争，促使成员国企业适应全球共同市场的要求，提高企业的全球生产力以及竞争能力。为实现上述总体性目标，指令分别对跨国股息以及跨国并购重组规定了税收规则，仅就理论而言，两指令应当能够确保成员国企业不会再遭受来自成员国国内税法制度的负面税收影响。

欧盟母子公司指令旨在解决欧盟集团公司内部在跨国分配利润时产

---

① 欧盟指令对各成员国具有高于国内法的法律效力，各成员国必须将指令中的各项规则写入国内法以保证指令目标的实现。

② 欧盟母子公司指令第一版草案提交于1969年，在获得最终通过前的几十年期间经历了漫长的修改过程，调和与各成员国国内公司法的不相容。1990年通过的版本对1969年草案进行两大根本性的修改，一是在消除经济性双重征税问题上，后者只规定免税法，前者则允许成员国选择适用免税法或间接抵免法；二是前者禁止母公司合并计算外国子公司的利润，以期将外国子公司与外国常设机构形成对比。2003年，修订指令（2003/123/EC）对母子公司指令进行了大规模的修改，旨在解决自指令实施以来出现的问题。于2005年1月1日生效的修订指令将指令适用范围扩大到常设机构以及SE。实际上，修订指令还对1990年指令做了其他方面的重大修改：将最低持股比例逐步降至10%，在税收上被母公司所在成员国视为透明的子公司取得的利润的税收待遇。

以上注释参见 Michael Lang, Pasquale Pistone, Josef Schuch, Claus Staringer, ed., *Introduction to European Tax Law: Direct Taxation*, Spiramus Press, 2008, p. 97, p. 114。

③ 同欧盟母子公司指令一样，合并指令第一版草案提交于1969年，并经历了长达20年的修改过程。1990年通过的版本规定指令适用于不同成员国的公司间进行的合并、分立、部分分立、资产转让以及股票互换等交易活动，指令要求成员国在1992年1月1日之前完成相应国内立法的修改。1993年，欧盟委员会起草了一份修改合并指令的建议书，并于2003年被退回，经欧盟委员会修改的建议书于2005年获得通过。此次修订包括，将指令的适用主体扩大至包括SE、SCE以及混合实体等，将指令适用的并购重组类型扩大至包括部分分立、跨成员国间转让SE或SCE的法律身份。指令最新的变化是随着保加利亚和罗马尼亚加入欧盟做出的，但变化仅涉及第三条所列的税收列表和附件中的合格公司列表。

生的经济性双重征税问题：子公司所在成员国可能对子公司汇出股息征收预提税，同时母公司所在成员国可能将汇自子公司的股息所得列入母公司的应税所得，从而导致对作为支付股息的利润在子公司层面以及母公司层面被分别课税的经济性双重征税。母子公司指令试图通过消除集团公司内部跨国支付股息的税收障碍，来改善欧盟内部市场的功能，尤其是在资本的自由流动和企业的自由建立上充分发挥共同市场优势。正如指令序言所述，指令的价值目标是“消除在分属不同成员国的公司间的合作相比于在同一成员国内部的公司间合作所表现的劣势，促进在欧盟内部跨境建立集团公司”。

虽然欧盟母子公司指令对消除跨国集团公司内部的跨国股息支付上的双重征税做出了努力，但欧盟理事会认为，对于国内并购重组交易，成员国国内税法通常允许将被转让资产的未实现价值的资本收益递延至未来处置时再予以征税，并允许将转让公司的尚未利用的亏损结转给收购公司，母子公司指令仅简单地将成员国国内的税收递延规则适用到跨国并购重组中，但成员国各自不同的税收制度将不可避免地限制、扭曲成员国间企业的跨国并购重组，导致新的问题和矛盾，因此有必要对在不同成员国企业之间进行的跨国并购重组制定并适用相似的税收条款，废除不利于开展跨国并购重组的税收规则，由此制定了欧盟合并指令，旨在弥补母子公司指令的不足，实现欧盟共同市场内部的跨国并购重组的完全中性税收。

（二）母子公司指令对协调欧盟内部跨国并购所得课税的适用性分析

母子公司指令第 4 条对于跨成员国间母子公司的税收问题规定了统一课税规则：成员国一方的境外子公司将已纳税的利润以股息形式分配给成员国另一方的适格母公司（持股比例不低于 10%），对于子公司所在成员国来说，其有义务（在某些条件下）针对符合上述持股比例的跨成员国间支付的股息制定免除股息预提税的规定；母公司不必在居住国对该笔外国来源股息所得再次课税。为此，指令规定各成员国必须至少采取如下一种方法来消除经济性双重征税：免税法——不对来源于其他成员国的股息征税；间接抵免法——对来源于其他成员国的股息征税，但允许母公司从公司税收中扣除，数额等于境外子公司就产生该笔股息所得的利润在居住国所缴纳的税收。[①] 不可否认，指令的母子公司跨国股息的跨国课税制度在消除欧盟内部经济性双重征税问题上发挥着重要作用，但在适用过程中也出现了一系列的矛盾和纷争。

比如，指令在第1条第（1）项和第4条第（1）项规定中分别使用"利润分配"和"被分配利润"术语，而没有使用"股息"这一术语。然而，前两个术语并没有在指令中得到任何定义。那么，指令所直接使用的术语的含义究竟为何？是依照成员国国内法来进行解释，还是与之相反，置各成员国国内税法的有关规定于不顾，而给予一个统一的解释呢？如果选择后者，尽管定义无法完全脱离各成员国国内法对于所得定性的税法规定的影响，但做出的解释必须获得各成员国的普遍认可。[②] "利润分配"和"被分配利润"涵盖的范围要广于"股息"，但长久以来，成员国对于其是否包括所有适格子公司转让给适格母公司的无对价利益，尤其是对于是否适用于被视为股息分配，一直争论不休。被视为股息分配经常发生在将目标企业的公司法人身份转变为合伙企业身份的交易情形中。有些成员国认为，由于原公司法人的留存收益能够非常容易地在公司转变为合伙企业之后直接支付给其股东（亦为合伙企业的新股东）而无须缴纳任何税收，因此合伙人领取的薪水不征收预提税。这就好像在公司法人转变为合伙企业之前分配留存收益给其股东一样，因此，将目标企业分配的留存收益视为股息分配。如果原公司法人的股东（转换之后是合伙人）为另一成员国的居民公司，并假定满足母子公司指令对于持股比例（10%以上）以及持股期限等的要求，那么，这样的被视为股息分配应当属于母子公司指令的调整范围之内。[③]

再如，根据欧盟各成员国国内法，在公司将其全部经营或部分经营转让给另一公司的公司分立重组中（派股式分立重组或分立式重组），

---

① Ben J. M. Terra & Peter J. Wattel: *European Tax Law*, Kluwer Law International, 2008, pp. 487–489.

② Helminen: *The Dividend Concept in International Tax Law*, Kluwer Law International, London, p. 74.

③ 如奥地利即持此观点。奥地利《所得税法》第94条a部分规定：在公司法人转变为合伙企业的重组过程中，原公司股东为另一成员国的居民公司，持股比例不低于10%，则合伙企业分配原公司法人的留存收益给其股东将被视为股息分配，适用母子公司指令。也即奥地利税务部门对该跨国股息不征收预提税。

发生的利益分配被视为是针对同一股东进行的。因为公司集团内部的分立重组可能导致转让公司的股权被注销，同时接受公司的股权价值被提高。这种转让行为要么被视为是从转让公司到股东的利润分配，要么被视为是从股东到接受公司的利润分配。如果公司股东为另一成员国的居民公司，并满足母子公司指令对于持股比例（10%以上）以及持股期限等的要求，那么，有成员国就认为，这样的被视为利润分配似乎应当属于母子公司指令的调整范围之内。

指令对于上述成员国就企业所分配利润性质的判定发生的分歧，却没有做任何说明或指示，实践中只能求助于《欧共体仲裁条约》。

本文认为，尽管指令并未对其适用的范围是仅包括现实发生的股息，还是也包括被视为股息分配，做出明确说明，但基于指令的总体目标为消除税收对欧盟公司间从事跨国经营活动所造成的障碍，对相关术语进行扩张性解释显得更为恰当。不过，这并不意味着对任何无对价的利润分配一律不加区分地视为股息分配而免予课税，尤其应当将在股东减持股份中或在公司回购股票中进行的被视为资本返还的所得分配排除在外。不过，对于被有些成员国国内税法认定为清算的并购重组交易中的所得分配问题却很难通过扩张性解释方法来予以解决。① 通常情况下，指令明确将清算利润排除在免税规则的适用范围之外，因为指令的价值目标是鼓励欧盟企业持续地开展跨国经营活动。但是，将那些虽然在法律形式上停止存在但事实上经营业务仍在继续的并购重组，产生的所谓的清算利润排除在指令适用范围之外似乎也与指令的宗旨相违背。例如，跨国分立重组中，成员国一方居民企业将其位于成员国另一方的一个子公司分立为在该成员国另一方的两个子公司，母公司的分立行为将产生来自被分立子公司的被视为清算分配的收益，但事实上，被分立子公司的经营业务在两个分立子公司中得到继续，如果将原子公司的被视为清算分配排除在指令适用范围之外显然不符合中性税收的要求。

另外，指令只适用于公司制企业，而不包括合伙企业，这便将在跨国并购重组交易中并购企业或目标企业的子公司被转变为合伙企业的情

---

① Proceedings of a Seminar held in March in 2000 during the 54th Congress of the International Fiscal Association, pp. 85 – 86.

形排除在外，这亦有违指令的实现跨国经营活动的中性税收的宗旨和目标。

（三）欧盟合并指令对协同欧盟内部跨国并购所得课税的适用性分析

欧盟朝着直接税协调迈出的第一大步是欧盟理事会于 1990 年提名成立的“公司税独立专家委员会”，两年后，该委员会提交了一份令人失望的报告。除此之外，就是欧盟针对直接税领域中最为复杂的问题之一——跨国并购重组课税制定的合并指令。合并指令包括在不同成员国企业间进行的四种类型的跨国并购重组：跨国兼并重组、跨国分立重组、跨国资产并购、股票互换重组。[①] 指令要求各成员国对上述四种跨国并购重组实行中性税收待遇，消除国内税法对跨国并购重组造成的障碍，这也正是指令的价值目标所在，对欧盟企业在中性税收前提下实施欧盟内部的跨国并购重组活动具有重要意义。

就征税主体而言，指令要求成员国不应当对适格的并购重组征税，换言之，成员国可以对不符合指令要求的并购重组在公司层面产生的任何资本收益课税。并购重组适用免税待遇的两项重要前提条件，一是常设机构条件，并购重组中被转让的资产和负债必须与一方成员国具有实际联系；二是税收利益条件，受让公司在计算与被转让资产和负债相关联的折旧或收益和亏损时，必须按照转让公司在转让之前使用的方法进行计算，也即合并指令所规定的税收递延是建立在保证成员国税收利益的基础之上。

常设机构条件能够保证，除了那些构成常设机构组成部分的资产和负债之外，没有其他资产和负债能够根据指令规定在实际转让中实现递延税收待遇，这体现了合并指令对国际税法中普遍公认的常设机构原则的尊重——对于自处置归属于常设机构的资产而产生的任何资本收益的征税权应归属于常设机构所在国，另一缔约国有义务给予税收递延或免税待遇。也就是说，在并购重组发生之前或完成之后，自常设机构产生

---

① 欧盟合并指令的基本规则如下：（1）指令适用于那些缴纳公司税的公司和在成员国基于税收目的注册的公司；（2）指令不适用于单纯的国内交易；（3）指令只适用于合并、分立、资产换股票交易、用有投票权股票交换已发行股票交易；（4）只有现金交易是应税的；（5）不适用于企业在物理上的跨国转让；（6）允许用母公司股票而非收购公司股票进行补偿；（7）如果交易的主要目的是欺诈或逃税，则适用亏损转让限制条款和反滥用条款。

的资本收益的税收管辖权归属于常设机构所在国，当然，前提是常设机构在并购重组中没有被全部转让给另一国家的居民企业所有。

税收利益条件的作用在于，在保证纳税人从税收递延规则中受益的同时，成员国的财政收入不会因跨国并购重组中被转让资产价值的提高而导致的免税折旧遭受损失。因此，合并指令禁止在跨国并购重组中免税提高被转让资产的价值基础。指令同时也赋予纳税人选择是否递延纳税的权利，如果并购交易主体选择对所取得的资本收益实施当期纳税，则资产的未来折旧价值基础也随之提高。

就纳税主体而言，合并指令规定在适格的跨国并购重组中发生的用现有股票交换新发行股票的行为不应当在相关成员国引发任何纳税义务。指令规定的递延纳税规则的适用主体为并购重组交易所涉及的全部股东，不管其为公司股东还是个人股东，不管其持有大量股份还是属于间接投资。不过，适用税收递延规则必须以保证成员国未来的税收利益实现为前提条件，通过禁止股东在并购重组中免税提高股票价值来确保作为来源地的成员国在跨国并购重组完成之后，当被转让的股票的资本收益在未来获得实现时能够对该资本收益行使征税权。

欧盟合并指令将实现成员国间跨国并购重组的中性税收待遇作为指令的总体目标，充分反映了欧盟在推动区域经济一体化进程中的税收政策选择。不过，正如前文所述，欧盟在直接税协调方面达成的一致远不如间接税领域达到的协调程度。正如有学者评价，“欧盟合并指令更像一个政治声明，而非一个实质性的详细的法律制度”。[①] 第一，指令制定的某些规则并无实际适用的可能，因为这些规则所对应的并购重组类型在有些成员国国内法中尚未规定或被禁止；第二，在 2001 年欧盟理事会通过欧洲公司法之前，指令某些规则的适用缺少私法制度的支撑；第三，尚有某些重要条款在指令中缺失，使得指令规则的完整适用受到阻碍，典型的是指令没有细致的估价规则，而这一规则对跨国并购重组课税至关重要。

---

① Yariv Brauner: Taxing Cross - Border M&A in a Globalizing World, New York University School of Law, NYU Law School, Public Law Research Paper No. 63, Date Posted: May 27, 2003; Last Revised: October 17, 2008, p. 53.

（四）世界首个多边税收协调法律文件：BEPS 行动计划

2015 年 10 月，OECD 正式发布“应对税基侵蚀和利润转移”的 BEPS 行动计划，并在近几年不断推进，落实其研究成果。BEPS 行动计划的核心是反避税，目的在于通过各国政府的共同努力，防止国际领域合作式的逃税、避税、双重不征税，从而避免各国政府的税收流失；推荐双边或者多边税收协定，避免重复征税的发生；限制部分国家仅仅为吸引投资等目的而采取过低的税收政策，从而维持全球税收的公平、公正。其涉及内容广泛，根据约束性强弱可分为“最低标准”“强化标准”和“最佳实践”三大类。其中，只有“最低标准”将纳入监督执行机制，其内容包括 4 项：防止税收协定滥用、防止有害税收竞争、转让定价国别报告和争端解决，但目前统一监督的执行时机尚不成熟。“强化标准”是未来可能发展为最低标准的规则。“最佳实践”则是推荐使用，约束性相对较弱，如受控外国公司制度等。

BEPS 行动计划在国际税收征税权划分的核心理念主要体现为按照价值创造理论进行税收分配。行动计划成果公布以后，得到高度评价和充分肯定，甚至被认为是国际税收规则的“百年重塑”。BEPS 行动计划的许多成果与建议正陆续被一些国家特别是欧盟国家所采纳，逐步转化为国内法。行动计划中的《BEPS 多边公约》[①] 是第一个在全球范围内就所得税税收协定政策进行多边协调的法律文件，开创了全球范围内投资领域税收实体法多边协调的先河，是历史上第一个全球范围内最为广泛地影响跨国投资纳税人权利和义务的实体多边规则和法律工具。《BEPS 多边公约》于 2018 年 7 月 1 日生效。《BEPS 多边公约》所包括的条约措施有混合错配安排、防止协定滥用、解决人为规避常设机构构成问题并改进争议解决机制。

不过，国际社会在总体上认可 BEPS 行动计划有助于完善国际税收规则和推动税收征管合作，有利于打击国际避税，缓解税基侵蚀和利润转移现象的同时，对 BEPS 行动计划的成果建议也存在一些不同的声音：首先，BEPS 行动计划最直接的负面影响就是各国间涉税争端的数

---

① 全称为《关于实施税收协定相关措施以防止税基侵蚀和利润转移（BEPS）的多边公约》。根据 BEPS 行动计划的要求，OECD 财政事务委员会于 2015 年 11 月牵头成立了该公约特别工作组，共同研究起草了《BEPS 公约》文本，并于 2016 年 11 月正式获得通过，开放给全世界签署。各国也可自行签署后报送 OECD 或参加 OECD 未来安排的集体签约。

量将迅速增加，会在一定程度上加剧实体经济活动的税收竞争，而税收竞争会导致一些国家的公司所得税税率明显下降；其次，受治愈研究能力、经验、语言和资源约束等影响，发展中国家在参与国际规则制定方面仍与发达国家存在相当大的距离，BEPS 行动计划的最终成果在多大程度上符合发展中国家利益和期望仍然是一个难以预测的问题。本书在前面并购融资避税内容中具体讨论了行动计划中的具体规则，在此不再赘言。总之，BEPS 行动计划的实施和完善将会是一个长期的过程。

第六章　税收利益平衡下的中国跨国并购所得课税制度建构

跨国并购在中国的发展历史远比在美国等西方国家短暂得多，直到1979年中国开始改革开放，逐渐经历一个从萌芽、缓慢发展到波动发展再到持续稳定发展的渐进发展历程。在这一过程中，陆续出台了相关税收法律制度和规范性文件，从而形成了中国的并购所得课税法律体系。但与西方国家成熟、完备的并购所得课税的单边及双边规则体系相比，中国的跨国并购税制建设在内容和程序上还显粗糙、在法律位阶上还主要停留在行政规章和规范性文件层面，这一立法现状与中国跨国并购的高速发展不相协调，甚至存在一定的矛盾和冲突。本章将继续秉承税收利益平衡理念，深入探讨中国分别作为居民国和来源国时国内税收法律制度及政策对于跨国并购中的税收利益冲突的回应，在借鉴其他国家的单边和双边并购所得课税规则的基础上提出修正、完善我国跨国并购所得课税制度的建议。

一、中国跨国并购税制的历史演进

（一）非居民企业域内并购税制的历史演进

与美国等西方国家跨国并购已经历一个多世纪历史相比，中国仅仅是在1979年实施对外开放政策之后，外商直接投资才在中国经济建设中发挥日益重要的作用。[①] 进一步了解外资域内并购所得课税制度的历史演进，在短短的不到30年的时间里，与外资域内并购的历程相吻合，

① 数据来源：联合国贸发会：FDI/TNC数据库，http：//states. unctad. org。

也大致经历了由萌芽时期到初步发展时期再到形成时期。[①]

1. 外资企业域内并购税制的萌芽时期：1979—1991 年

“发展中国家或经济转轨国家在制定税法时经常忽视甚至完全忘记制定关于公司并购重组的税收规则”“在这些国家中，并购重组一般是作为私有化进程或转变企业所有权的组成部分”。[②] 这段话可谓一语道破我国企业并购发轫时期的根本特征。

随着 1979 年改革开放政策的正式确立和实施，中国引进和利用外商直接投资的步伐开始加快，1979 年 7 月 1 日颁布的《中华人民共和国中外合资经营企业法》正式拉开了中国引进和利用外资发展经济的序幕。通过颁布一系列利用外资的优惠政策及设立经济特区和经济开放城市，中国利用外商直接投资的规模逐年扩大，但直到 1990 年，外资并购在中国的发展并未真正起步，外资并购在外商直接投资中所占的比例是极其微小的。尽管如此，中国引进和利用外商直接投资局面的打开还是为下一步深入开展外资并购提供了前提和可能。

为了配合贯彻国家的对外开放政策，第一步先行解决对外资企业征税的问题，从 1980 年 9 月到 1981 年 12 月，我国第五届全国人民代表大会先后审议通过并公布了《中华人民共和国中外合资经营企业所得税法》《中华人民共和国个人所得税法》以及《中华人民共和国外国企业所得税法》，陆续开征了中外合资经营企业所得税、外国企业所得税和个人所得税。1991 年 4 月 9 日，第七届全国人民代表大会第四次会议将《中华人民共和国中外合资经营企业所得税法》与《中华人民共和国外国企业所得税法》合并修改为《中华人民共和国外商投资企业和外国企业所得税法》，并公布了《中华人民共和国外商投资企业和外国企业所得税法实施细则》。[③] 但与这一阶段的外资并购在中国的发展并未真正起步、外资并购在外商直接投资中所占的比例微乎其微的现实状况相

① 2008 年 1 月 1 日之前，中国国内税收法律制度中并没有出现非居民企业术语，而是以外商投资企业、外国企业术语出现，直到《中华人民共和国企业所得税法》的出台，才采用非居民企业这一国际税法上的通用术语。本书在这部分内容中暂时采用外资企业的术语，以便与当时出台的规范性文件保持一致。

② Frans Vanistendael: Taxation of Corporate Reorganizations, Victor Thuronyi, ed. Tax Law Design and Drafting, Chapter 20, International Monetary Fund, 1998, pp. 895 – 896.

③ 上述两文件已于 2008 年 1 月 1 日起废止。

适应，这一时期并没有出台专门的外资域内并购所得课税法律规则，外资并购税收问题可资遵循的就是前述笼统的涉外税收制度。过于简化的、笼统的涉外税收制度没有对并购中必然涉及的纳税人认定、资产计价、税收优惠和亏损弥补等重要税收问题进行专门、系统的规定，这一方面反映了当时外资域内并购仅仅处于萌芽的现实情况以及对其的模糊化认识，另一方面也是这一时期税收立法技术水平较为低下的重要体现。

2. 外资企业[①]域内并购税制的初步发展时期：1992—1998 年

1992 年，中国确立了建立社会主义市场经济体制的经济体制改革目标，产权市场的管制得以放松，中国的外资并购也因此开始有了缓慢上升。同年，香港中策公司开始并购山西太原双喜轮胎橡胶厂，随后几年里，陆续以现金投资收购一系列国有企业。中国理论界一般将“中策现象”的出现视为外资企业域内并购的起点。这一阶段的外资来源主要集中在港澳台地区，而投资地区也主要集中在福建、广东等沿海地区。投资形式主要是现金收购，目标企业以中小型国有企业为主。但是，鉴于当时经济过热以及产权市场制度缺失导致大量的不规范行为，中国政府取消了产权交易市场，[②] 外资并购在 1995 年之后开始转入低谷。不过在次年，外资并购开始大幅反升，但并购额在紧接着的两年里又下跌至不足 8 亿美元。直到 1999 年这种大幅波动状况才有所转变。这一阶段开始出现外资并购中国上市公司，“北旅法人股转让”开创了外资并购中国上市公司的先河。外资来源也不再限于港澳台地区，多通过 B 股市场来参股或控股中国的上市公司。与此相适应，我国对外资并购所得税收制度也做出了进一步的调整。

这一时期，随着中国的外资并购在规模和数量上的缓慢上升和大幅波动性发展，其在中国经济建设中的角色和分量已不可小觑，外资并购领域开始成为立法者的关注重点。最早的专门规范外资并购所得课税问题的应当是国家税务局于 1993 年出台的《关于股份制试点企业若干涉

---

① 根据我国 1990 年开始实施的《外资企业法实施细则》(已失效)，港、澳、台地区投资参照外资执行。

② 1995 年 9 月 23 日国务院办公厅转发原国务院证券委员会《关于暂停将上市公司国家股和法人股转让给外商请示的通知》(国办发〔1995〕48 号)，文件规定：“在国家有关上市公司国家股和法人股管理办法颁布之前，任何单位一律不准向外商转让上市公司的国家股和法人股。”

外税收政策问题的通知》[①]。该通知明确了外商投资企业与中国境内其他企业合并成为股份制企业，原外商投资企业已在工商行政管理部门注销登记的，其资产价值重新认定的税务处理以及新组成的股份制企业享受优惠税收待遇等相关问题。1997 年国家税务局颁布《关于外商投资企业和外国企业转让股权所得税处理问题的通知》[②]，对公司集团重组税收政策问题进行明确。其后，国家税务局根据经济发展，特别是企业改组改制的需要，又出台了《关于外商投资企业合并、分立、股权重组、资产转让等重组业务所得税法处理的暂行规定》[③]，取代 1993 年的《关于股份制试点企业若干涉外税收政策问题的通知》，用来规范外商投资企业的各类重组业务的所得税处理；为适应企业合并、分立、股权重组、资产转让等的改组、改造需要，推进国有企业改革，1998 年颁布《企业改组改制中若干所得税业务问题的暂行规定》[④]，对企业改组、改制有关所得税纳税人的认定、资产计价、税收优惠和亏损弥补等问题予以明确。

3. 外资企业域内并购税制的形成时期：1999—2007 年

1999 年 8 月，原国家经贸委颁布了《外商收购国有企业的暂行规定》，明确规定外商可以参与购买国有企业，尽管外资并购仍然面临不少困难，审批手续非常复杂，但毕竟是解禁了，当年外资并购在一定程度上得到了发展，也因此占到中国外商直接投资比重的 5.94%，比前一年提高了 4 个多百分点。进入 21 世纪后，全球跨国并购浪潮明显回落，但外资并购在中国继续保持着良好的发展态势，并进入一个全新的发展阶段，这在相当程度上要归功于中国稳定的投资环境和国内经济的持续高速稳定发展，而中国证券市场的趋于健康、规范的发展也为外资通过证券市场并购中国企业提供了可能：1999 年实施《中华人民共和国证券法》、2002 年中国证券监督管理委员会颁布《上市公司股东持股变动信息披露办法》[⑤] 以及 2006 年中国证券监督管理委员会颁布《上

① 国税发〔1993〕139 号，该文件于 1997 年停止执行。

② 国税函发〔1997〕207 号。

③ 国税发〔1997〕71 号。

④ 国税发〔1998〕97 号。

⑤ 2002 年中国证券监督管理委员会令第 11 号。

市公司收购管理办法》[①] 规范外资并购中国上市公司及相关股份权益变动活动，2008 年中国商务部又颁布《上市公司重大资产重组管理办法》[②] 规范上市公司重大资产重组行为。与之相适应，中国对外资并购所得税收制度也开始进行一系列的创新与安排，国内税法逐步明确外资并购投资经营相关税收问题。2000 年公布实施的《关于企业股权投资业务若干所得税问题的通知》[③] 与《关于企业合并分立业务有关所得税问题的通知》[④]、2003 年实施的《企业债务重组业务所得税处理办法》[⑤] 以及 2004 年的《关于企业股权转让有关所得税问题的补充通知》，这一系列税收规范性文件根据特定并购交易的不同情况给予有关当事方不同的税收待遇。其基本课税机理同前文论述西方国家的相同，即当某一并购交易符合某些特定适格要件时，在并购交易中转移资产的主体通常不需要当期确认资产转让的所得或损失，即享受免税待遇；反之，如果某一并购交易不符合特定适格要件，在并购交易中资产转让主体必须当期确认资产转让的所得或损失。不过，上述税收规范性文件的适用主体都限于境内中国企业。因为 2008 年 1 月 1 日以前，中国一直实行内外资企业不同的所得税制度，给予外资企业更为优惠的税收待遇，这导致在并购市场中对于并购企业和目标企业均为内资企业之间的并购交易与并购企业为外国投资者的并购交易可能适用不完全相同的税收待遇。对于外资并购的税收待遇问题，是在 2003 年中国商务部颁布《外国投资者并购境内企业暂行规定》[⑥]（以下简称《暂行规定》），明确规定外国投资者可以以股权作为支付手段并购境内公司，在规定了以股权并购的条件之后，国税总局于同年公布实施《关于外国投资者并购境内企业股权有关税收问题的通知》[⑦]，解决了外国投资者域内股权并购所涉及的税收待遇问题，规定外国投资者通过股权并购变更设立的企业的外国投资者的股权比例超过 25% 的，可以依照外商投资企业所适用的税收法律、

---

① 2006 年中国证券监督管理委员会令第 35 号。

② 中国证券监督管理委员会令第 53 号。

③ 国税发〔2000〕118 号。

④ 国税发〔2000〕119 号。

⑤ 2003 年国家税务局令第 6 号。

⑥ 《外国投资者并购境内企业暂行规定》仅适用外资并购境内非外商投资企业的情形。

⑦ 国税发〔2003〕60 号。

法规缴纳各项税收，按相关规定享受企业所得税的优惠政策。

除了对外资域内股权并购进行专门规范之外，对于特殊目的公司的现金并购的税收待遇问题也予以明确。2006 年 8 月中国商务部等六部委联合颁布《关于外国投资者并购境内企业的规定》,[①] 对《暂行规定》进行了修订。新规定对并购中的“真外资”与“假外资”是否都应该享受外商投资的优惠待遇问题做出了定论。因为实践中，经常会发生境内投资者为享受外商投资的优惠待遇，通过在境外设立特殊目的公司，再回来收购与其有关联关系的境内公司，并成为外商投资企业从而企图享受外商投资企业的优惠税收待遇，获取本不应得的税收利益。新规定对此的基本规定是禁止被收购的境内公司享受外商投资企业的优惠待遇。不过，新规定并没有采取“一刀切”的方式，而是对一些特殊情况作了例外规定，如果境外公司对被收购的境内公司增资，且增资额占注册资本比例达到 25% 以上，则可以享受外商投资企业的税收优惠待遇，从而弥补了《暂行规定》没有加以区分的不足。

总体上看，1999 年以来，外资并购规模不断扩大，并购金额超过 1 亿美元的案例屡见不鲜，步入 21 世纪后，外资进入中国的速度越来越快，外资持股比例明显提高，多数达到绝对或相对控股地位，中国的外资并购课税制度无论在现金并购的税收课征还是股权收购的税收征免，都实现了进一步的完善与发展，极大地缓解了 20 世纪 90 年代外资域内并购课征规则缺失的状态，有利于实现并购主体对其税收负担的可预见性。但是，在内、外资企业所得税法律规范分立的模式下，内资并购企业分担了本应由外资并购企业承担的税收负担，导致了不同身份的并购交易主体之间税收成本待遇不公，也给企业之间的并购重组造成较大的税务成本，不利于企业为了合理的商业目的而采取整合措施，也造成上述规范性文件彼此间的矛盾和冲突，引发税务实践中的诸多争议。

4. 外资企业域内并购税制逐步趋于完善时期：2008 年至今

企业从事跨国并购活动涉及诸多税务问题，企业所得税是跨国并购交易中涉及的最主要的税种，自 2008 年至今的十多年时间里，为了适

---

① 参见 2006 年中国商务部令第 10 号。2009 年又对 2008 年的《外国投资者并购境内企业规定》作出修改，主要是为保证该规定与《反垄断法》和《国务院关于经营者集中申报标准的规定》相一致。

应世界经济的发展，企业所得税法及其实施条例发生了许多变化，对企业从事跨国并购活动产生了深远的影响。

2008 年《中华人民共和国企业所得税法》（以下简称《企业所得税法》）首次提出了居民企业与非居民企业的概念，并对两者的判定设定了标准，如下表所示。

居民企业与非居民企业

划分标准	居民企业	非居民企业
注册地	依照中国法律在境内成立	依照外国（地区）法律成立
实际管理机构	实际管理机构在境内	实际管理机构不在境内
满足条件	单一满足	同时满足

其中，居民企业应就其来源于境内境外的全部所得承担无限纳税义务，而非居民企业仅就其来源于境内的所得承担有限纳税义务。企业所得税法对居民企业与非居民企业的划分及判定标准，不仅践行了中国税收管辖权中的属人原则与属地原则，划定了中国税收主权的管辖范围，还加强了企业所得税的税源管理，避免居民企业通过在境外设立公司达到逃税的目的，也规避了非居民企业滥用双边税收协定的筹划空间。

虽然企业所得税法对居民企业与非居民企业规定了判定标准，但是在实践中，实际管理机构标准的实施仍面临诸多问题，首先是税法中的规定过于原则化，没有对实际管理机构标准的定义、适用范围、例外情况等做出进一步的解释说明，导致在实务中对实际管理机构判定不清的情况时有发生。另外，中国主管税务机关目前无法获取居民企业与非居民企业的全部境外材料信息，因此，无法准确掌握判定标准的界限。针对以上问题，国家税务局出台了国税发〔2009〕82 号文《关于境外注册中资控股企业依据实际管理机构标准认定为居民企业有关问题的通知》，该文对实际管理机构认定标准做出了进一步详细具体的规定；对于居民企业在境外注册的中资控股企业，要按照“实质大于形式”的原则，紧紧抓住中资控股企业的核心业务与实质性经营资产，判断其存在有无合理的商业目的，从而做出准确合理的判定。同时，中国也积极参与 BEPS 行动计划[①]，并加入税收情报交换条约的签订中。

我国企业所得税法增加了“受控外国企业”的规定，明晰了居民企业与非居民企业之间的判定界限。通常来说，受控外国企业不具有合理的商业目的、商业实质，也不从事具体业务的经营，企业往往是出于税收筹划上的考虑，在国际避税地（通常指税率低于 12.5% 的国家或地区）设立受控外国企业，以达到降低企业整体税负的目的。

对于非居民企业在跨国并购活动中转让我国居民企业股权的转让收益的行为，享受递延纳税的特殊待遇或适用特殊税务处理，主要符合以下文件规定的要求：

2009 年，财政部、税务总局联合发布了《关于企业重组业务企业所得税处理若干问题的通知》（财税〔2009〕59 号），对符合条件的企业重组的所得税处理给予了递延纳税的特殊待遇；2010 年，税务总局发布了《企业重组业务企业所得税管理办法》（国家税务局公告 2010 年第 4 号），为企业享受特殊待遇提供了程序方面的指引；2011 年《国家税务局关于非居民企业所得税管理若干问题的公告》（国家税务局公告 2011 年第 24 号）规定了非居民企业到期应支付而未支付的所得扣缴企业所得税问题、非居民企业取得的股息、红利等权益性投资收益扣缴企业所得税处理；2013 年《关于非居民企业股权转让适用特殊性税务处理有关问题的公告》（国家税务局公告 2013 年第 72 号），明确了非居民企业股权转让适用特殊性税务处理的税务管理；2014 年 3 月，国务院下发《关于进一步优化企业兼并重组市场环境的意见》（国发〔2014〕14 号），提出完善兼并重组所得税政策；2014 年 12 月的《关于促进企业重组有关企业所得税处理问题的通知》（财税〔2014〕109 号）和《关于非货币性资产投资企业所得税政策问题的通知》（财税

---

① 欧盟的 BEPS 行动计划源于 2017 年的美国税改法案《减税与就业法案》（Tax Cuts and Jobs Act，TCJA）中实施的“全球无形资产最低税”制度（Global Intangible Low - Taxes Income，GILTI）。BEPS 行动计划产生的最主要目的是帮助各国应对日益严重的税基侵蚀和利润转移带来的挑战，它为各国税制的修订，签订税收协定的规范化，转让定价国际规则的完善提供了科学建议。当然，尽管 BEPS 行动计划已经确立将税收与价值创造相结合的理念，并提出反避税的相关措施，但目前仍没有形成综合性的解决方案。美国的 GILTI 制度是应对税基侵蚀和利润转移的单边措施。在 TCJA 中，美国《国内收入法典》第 951A 条引入新制度，即若某外国实体符合受控外国子公司认定条件，则其营业活动产生的境外收入，美国股东需按照一定比例确定为当期应税收入。See http：//www. oecd. org/tax/beps.

〔2014〕116 号)，对企业的股权收购、资产收购、股权和资产划转等经营活动的有关企业所得税处理问题进行了规定，并将适用特殊性税务处理的股权收购和资产收购中被收购股权或资产比例由不低于 75% 调整为不低于 50%，明确了股权或资产划转特殊性税务处理政策，以及非货币性资产投资递延纳税政策；2015 年《关于非居民企业间接转让财产企业所得税若干问题的公告》（国家税务局公告 2015 年第 7 号）规定了非居民企业间接转让中国应税财产同时符合政策条件，应认定为具有合理商业目的，否则，应当重新定性为直接转让缴纳企业所得税；2017 年《关于非居民企业所得税源泉扣缴有关问题的公告》（国家税务局公告 2017 年第 37 号)，要求股息转让收入减除股权净值后的余额为股权转让所得应纳税额。

（二）中国企业域外并购的历史演进

1. 中国企业域外并购的起步时期：20 世纪 80 年代

相较于非居民企业并购中国企业，中国企业域外并购外国企业的起步要早。20 世纪 80 年代，中信、中化、首钢等一些大的国有企业首先迈出了跨国并购的步伐。例如，1986 年 9 月，中信加拿大公司利用国际银团项目贷款与加拿大鲍尔公司共同收购了加拿大塞尔纸浆厂，其中，中信公司出资 4700 万加元，占到全部股份的 50%。1988 年，中化被中国政府正式批准为跨国经营的试点企业，随即展开了一系列的跨国并购活动，先后收购了美国海岸太平洋炼油公司 50% 的股份和美国的磷矿和磷肥厂。1988 年 7 月，首钢收购了美国麦斯塔工程设计公司 70% 的股份，控股金额高达 340 万美元。

2. 中国企业域外并购的迅猛发展时期：20 世纪 90 年代至 21 世纪初

20 世纪 90 年代，随着我国改革开放的不断深入，中国海外投资迅猛发展。到 1998 年年底，中国已在世界 160 多个国家和地区投资建立了近 5700 家境外企业。虽然中国企业的跨国直接投资在这一时期得到了飞速发展，但是采取跨国并购的投资方式所占的比重仍非常有限。

进入 21 世纪，面对经济全球化的发展大趋势，以加入 WTO 为标志，我国对外开放进入了一个新的阶段，与此同时，中国企业的跨国并购也迎来了一个崭新的发展阶段，跨国并购已经成为中国企业实施“走出去”战略的重要手段，使我国企业在更广阔的国际市场空间优化资源配置，提升国际竞争力。海外并购投资遍布 160 多个国家和地区，投资的行业除了以能源为主导之外，还涉及农业、金融业、轻工业等。仅以金融业的海外并购为例，2006 年中国建设银行以 97.1 亿港元收购美国银行在香港的全资子公司美国银行（亚洲）股份有限公司 100% 股权，由此国有商业银行在股份制改革之后迈出了海外并购的第一步。随后，2007 年中国工商银行以 54.6 亿美元收购南非标准银行 20% 的股权，2008 年中国平安银行以 240.2 亿人民币收购富通金融公司 50% 的股权，民生银行并购美国联合银行控股公司。

从 2004 年到 2008 年（见图 6），中国企业的跨国并购规模整体呈现增长的趋势，直到 2008 年达到最高点，实现跨国并购金额为 300 亿美元。虽然在经历了 2008 年美国金融危机和 2009 年欧债危机引发的世界经济危机以后，2009 年跨国并购规模出现了一定幅度的回落，但从 2009—2012 年的整体来看仍为上升趋势，其中 2012 年达到最高点 434 亿美元，比 2011 年增长了 59.56%。2002—2012 年的 10 年间中国企业跨国并购规模平均每年涨幅达到了 122.84%。

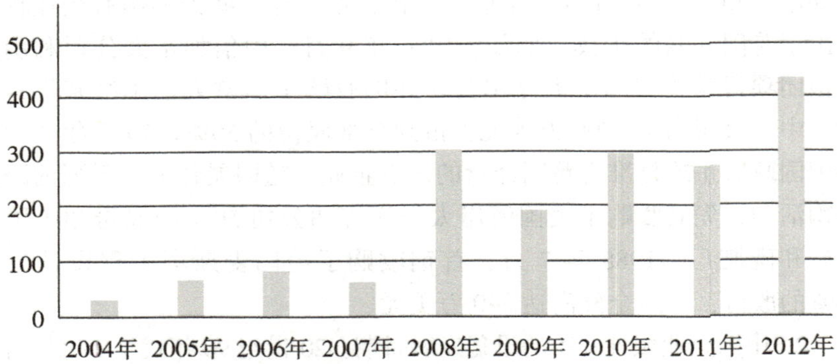

图 6 2004—2012 年中国企业跨国并购规模（单位：亿美元）

（数据来源：国家商务部官网）

3. 中国企业域外并购从纯投资性并购逐步转向战略性并购：2016 年至今

2014 年，中国境外投资的总额首次超过外国来华投资额；2015 年，中国企业跨国并购交易总额超过 610 亿美元，相较 2014 年增长了 16%①；

① 参见《2016 年中国企业国际化法律风险管理报告——投资并购分报告》，载凤凰国际智库研究报告，http://pit.ifeng.com/report/special/falvfengxianguanlibaogao/chapter4.shtml。

2016 年是中国企业境外并购最为活跃的年份，共实施完成并购项目 765 起，涉及 74 个国家（地区），实际交易总额 1353.3 亿美元。[①] 为降低中国企业境外并购的风险，规范并促进境外并购的健康有序发展，自 2016 年年底，我国加强企业境外投资监管，国家发改委在 2017 年年底出台《企业境外投资管理办法》，对近几年境外投资过程中存在的各种不规范行为进行全面梳理，从过去的着重事前核准或备案监管，到兼顾事中和事后全面监管。虽然 2017 年和 2018 年境外投资出现一定下滑，但随着经济全球化进程的深入，G20 杭州峰会中“杭州共识”的达成，[②]“一带一路”得到沿线国家的认同和响应等国际有利因素的增多，加之中国企业“走出去”的意愿越发强烈等一系列因素的共同作用，可以预见，中国企业的境外投资规模还将进一步扩大，迈入新阶段，一个更加规范、更高质量、更有助于实现从中国制造到中国智造转型和我国经济结构转型的新时代。

二、中国现行跨国并购所得课税制度述评

（一）中国现行跨国并购所得课税制度的法律渊源

中国关于企业跨国并购所得课税制度由国内法渊源和国际法渊源两个部分组成。

1. 国内法渊源

国内法渊源包括中国政府单方面制定的可适用于对跨国并购交易主体的跨国并购所得和跨国财产价值征税的如下税收法律法规、行政规章和规范性文件：《企业所得税法》及其实施条例、《个人所得税法》及其实施条例、《税收征收管理法》及其实施细则；财政部、国家税务局下发的《特别纳税调整实施办法（试行）》《关于企业重组业务企业所得税处理若干问题的通知》（以下简称 59 号文）[③]、《关于企业清算业务企业所得税处理若干问题的通知》（以下简称 60 号文）[④]、《关于加强股

---

① 商务部、国家统计局、国家外汇管理局：《2016 年度中国对外直接投资统计公报》，中国统计出版社 2016 年版，第 8 页。

② “杭州共识”认识到全球投资作为经济增长引擎的关键作用，政府应避免与跨境投资有关的保护主义。

③ 财税〔2009〕59 号。

④ 财税〔2009〕60 号。

权转让所得征收个人所得税管理的通知》（以下简称285号文）[①]、《关于加强非居民企业股权转让所得企业所得税管理的通知》（以下简称698号通知）[②]、《关于企业境外所得税收抵免有关问题的通知》[③]（以下简称125号文）、《关于境外注册中资控股企业依据实际管理机构标准认定为居民企业有关问题的通知》（以下简称82号文）[④]、《企业重组业务企业所得税管理办法》（以下简称4号公告）[⑤]、《关于促进企业重组有关企业所得税处理问题的通知》[⑥]《关于企业重组业务企业所得税征收管理若干问题的公告》（以下简称48号公告）[⑦] 等配套文件。[⑧] 以上法律法规和规范性文件在调整中国跨国并购所得税收征纳关系中的主要功能和作用，在于确定中国对作为跨国征税对象的跨国并购所得和跨国并购交易主体的税收管辖权、征税范围和程度及课税的方式和程序。上述法律制度在认真总结近十年来投资转让业务税收政策调整经验的基础上，大量借鉴和学习了国外特别是西方发达国家的税收政策，尤其大量借鉴了美国的并购重组税收规定，对企业发生涉及中国境内与境外之间的股权收购和资产收购交易中的所得税处理统一进行了规范。

中国政府通过上述体现单方面的主权意志的立法，对并购交易主体的居民和非居民身份及其相应的纳税责任范围作出规定，确定应征税的各种所得和收益、可予扣除的有关费用项目、应适用的税率以及税款的征收方式程序等。从而使中国政府与其所管辖的并购交易主体之间的税收征纳分配关系上升为法律层面的权利义务关系，以保证国家财政收入的及时和稳定。

2. 国际法渊源

中国跨国并购所得课税制度的国际法渊源部分主要指中国与其他国家和地区相互间为协调对跨国征税对象的课税关系而缔结的双边国际税

① 国税函〔2009〕285号。
② 国税函〔2009〕698号。
③ 财税〔2009〕125号。
④ 国税〔2009〕82号。
⑤ 国税〔2010〕4号。
⑥ 财税〔2014〕109号。
⑦ 国税〔2015〕48号。
⑧ 更多规范性文件可参见本章前述部分。

收协定，截至2009年，我国已与世界各国或地区签订89个税收协定，[①]为境内外的跨国投资经营建立了广泛的税收协定网络。其主要功能在于协调在跨国并购交易中，中国与其他国家税收管辖权之间的冲突，避免国际双重征税和确立国际税务行政协助关系，具体来说，一是确定了居民企业和居民个人的范围和判定标准。个人所得税中的居民纳税人采用住所标准和居住时间标准。在企业所得税中的居民纳税人采用注册地标准、总机构标准以及实际管理机构标准。协定具体规定了居民纳税人身份确定规则，并对缔约国可能产生的纳税人身份认定上的冲突适用协商解决机制。二是确立了几类主要所得的来源地判定标准。中国国内企业所得税法关于转让财产所得的来源地判定标准与中国缔结的税收协定关于转让财产所得的来源地判定标准与国内税法规定基本相同，其中不动产转让所得按照不动产所在地确定，动产转让所得按照转让动产的企业或者机构、场所所在地确定，权益性投资资产转让所得按照被投资企业所在地确定；关于营业利润所得，国内企业所得税法采用机构、场所标准，对外缔结的税收协定采用常设机构标准。不过，本书认为，尽管所使用术语不同，但实质上，《企业所得税法》及其实施条例中关于机构、场所的解释内容基本涵盖于税收协定中关于常设机构的解释范围之内。[②]

（二）中国现行跨国并购所得课税制度的具体规则

1. 关于税收管辖权的适用

与大多数国家一样，中国在所得税方面也是同时主张具有属人性质的居民税收管辖权和具有属地性质的所得来源地税收管辖权，这既体现在我国对外签订的双边税收协定中，也明确规定在国内税法中。[③]

与属人性质的税收管辖权的适用有密切联系的是纳税人居民身份的确认问题。关于企业纳税人的居民身份确认，《企业所得税法》兼采注册成立地标准和实际管理机构所在地标准，内资企业适用注册地标准，外资企业则同时适用注册地标准和实际管理机构标准；关于个人的居民纳税人身份确认问题，中国个人所得税采用的是住所标准——在中国境

---

① 国家税务局网站。

② 《中华人民共和国企业所得税法实施条例》第7条。

③ 《中华人民共和国企业所得税法》第3条以及《中华人民共和国个人所得税法》第1条规定我国采用居民税收管辖权和来源地税收管辖权相结合的税收管辖原则。

内有住所，以及居住时间标准——在中国境内居住满 1 年。[①] 符合上述住所标准或居住时间标准之一的居民纳税人，原则上应就其来源于中国境内和境外的所得，承担向中国政府缴纳个人所得税义务。[②] 凡不符合上述所得税法规定的居民纳税人标准的企业或个人，即属于中国税法上的非居民纳税人，原则上讲应就来源于中国境内的所得，向中国政府承担缴纳所得税义务。因此，确定非居民纳税人取得的有关所得是否属于来源于中国境内的所得，是对非居民纳税人课征所得税的前提问题。

无论是非居民企业域内并购中国居民企业，还是中国居民企业实施域外并购，都属于交易主体的投资行为，可能产生的所得的类型主要包括投资所得和财产收益。[③] 其中，跨国并购的投资所得表现为并购交易主体向其股东分配的股息以及被视为股息的所得；财产收益主要表现为目标企业或收购企业转让动产或不动产所得、目标企业股东转让所持有的目标企业股权取得的所得。对于股息、利息等权益性所得，我国所得税原则上按分配所得的企业所在地为其来源地；对于财产转让所得、不动产转让所得按照不动产所在地确定，动产转让所得按照转让动产的企业或者机构、场所所在地确定，股权等权益性投资资产转让所得按照被投资企业所在地确定。

2. 中国跨国并购所得国际性双重征税的表现形式

目前大多数国家都同时实行居民税收管辖权和来源地税收管辖权，这导致中国跨国并购所得课税实践中难免会发生管辖权的重叠冲突，主要表现为如下三种形式：（1）我国居民税收管辖权与另一方并购法域主体的来源地税收管辖权之间的冲突。居民目标企业或其居民股东取得的来源于我国境外的资产转让所得或股权转让所得，势必会发生我国的

---

① 中国个人所得税法上虽然没有正式使用居民纳税人和非居民纳税人这样的概念用语，但就税法对个人纳税义务范围规定的不同而言，同样可以将个人所得税的纳税人划分为居民和非居民两类。2018 年《个人所得税法实施条例》修订后，居住满 1 年改为居住累计满 183 天。

② 但《个人所得税法实施条例》第 4 条规定，在中国境内无住所的个人，在中国境内居住累计满 183 天的年度连续不满六年的，经向主管税务机关备案，其来源于中国境外且由境外单位或者个人支付的所得，免予缴纳个人所得税；在中国境内居住累计满 183 天的任一年度中有一次离境超过 30 天的，其在中国境内居住累计满 183 天的年度的连续年限重新起算。

③ 在所得税法上，纳税人的各项所得或收益一般可划分为五大类，即营业所得、劳务所得、投资所得、财产收益和其他所得。

居民税收管辖权与来源国的所得来源地税收管辖权之间的冲突。(2) 我国的居民税收管辖权与另一方并购法域主体的居民税收管辖权之间的冲突。由于我国与另一国家各自国内税法采用的确认居民身份判定标准的差异，均将某一并购交易主体或其股东认定为本国税法上的居民，而导致对该纳税人在跨国并购交易中取得的同一笔投资所得或财产收益或者对在经济上有关联的两个纳税人的同一笔投资所得或财产收益，两国都要主张行使居民税收管辖征税，从而造成国际双重征税问题。(3) 基于我国与别国在纳税期间确定以及所得性质确定等方面的不同规定，也可能产生特殊类型的国际双重征税。典型的如非居民企业以本企业或其控股企业的股权来收购中国居民企业的大部分或全部资产和负债，并将被收购企业由中国法人企业转变为境外收购企业的境内分支机构，从而使被收购企业丧失中国法律意义上的法人资格，或者将被收购企业的登记注册地转移至中国境外。对于上述交易结构，59 号文将之视同目标企业进行清算、分配，股东重新投资新企业。企业的全部资产以及股东投资的计税基础均应以公允价值为基础确定。也即即使这一跨国并购交易类型符合特殊性税务处理的条件要求，也被确认为应税跨国并购重组。被收购企业要以被转让资产的公允市场价值为计税基础缴纳企业所得税，被收购企业股东的投资收益也按照股权的公允市场价值为计税基础缴纳所得税。不过，从经济意义上看，被收购企业的实质经营以及股东利益在新企业中得到持续，无论是被收购企业还是其股东均未在转让资产的当期实现上述收益。换言之，在未来某个纳税年度真正实现这些收益时，将再次被所在国课征税收。

3. 中国跨国并购所得国际性双重征税的消除

以资本和技术输出为主的国家同以资本和技术输入为主的国家在国际经济关系中所处的总体地位不同，出于维护本国财政利益考虑，决定了他们在国际税收分配上对税收中性的评判标准、对居民税收管辖权和来源地税收管辖权的倾向偏好不同。前者，由于其更多的居民企业和个人参与到境外并购投资活动中，每年有更多的来源于目标企业居住国的境外投资所得和财产收益，自然更多地倾向于主张居民税收管辖权原则；而后者，由于其本国居民来源于境外并购投资所得和收益，相对于非居民来源于境内的投资所得和收益而言要少许多，出于维护本国税收利益并实现境内的外国企业并购投资与本国企业并购投资的税收公平，更加强调属地性质的来源地税收管辖权。

作为发展中国家，我国亦承认地域管辖权优先，在国内税法以及缔结的双边税收协定中规定对本国居民的境外来源所得适用外国税收抵免制度，来消除国际投资所得和收益的双重征税。

（1）消除法律性国际双重征税的措施。在消除我国居民纳税人境外来源所得法律性国际双重征税问题上，我国所得税法采用的是外国税收分国直接限额抵免法。根据《企业所得税法》及其实施条例以及财政部、税务局于2009年年底出台的125号文的相关规定，[①] 居民企业及非居民企业在中国境内设立的机构、场所来源于中国境外的所得已在境外缴纳的所得税税额，可以从其当期应纳税额中抵免，抵免限额为企业来源于中国境外的所得，依照企业所得税法及实施条例的规定计算的应纳税额。

抵免限额＝中国境内、境外所得依照企业所得税法的规定计算的应纳税总额×来源于某国/地区的应纳税所得额÷中国境内、境外应纳税所得总额。

关于可抵免的境外所得税税额的相关规定，125号文以否定列举的形式列出了不属于可抵免的境外所得税税额的六种情况，从而厘清了可抵免境外所得税税额的外延。125号文还规定了税收饶让条款：居民企业从与中国政府订立税收协定（或安排）的国家（地区）的所得，按照该国（地区）税收法律享受了免税或减税待遇，且该免税或减税的数额按照税收协定（或安排）规定应视同已缴税额在中国的应纳税额中抵免的，该免税或减税数额可以包括在可抵免的境外所得税税额中。

当境内目标企业将位于境内的资产转让给境外收购企业，或者境内目标企业的居民企业股东将其持有的目标企业股权转让给境外收购企业，并取得境外收购企业支付的来自其所在国的所得时，境内目标企业或者其居民企业股东应当准确计算如下当期与抵免境外所得税有关的项目：境内所得的应纳税所得额和来自境外并购企业所在国的资产转让所得的应纳税所得额；可抵免境外所得税税额。在此基础上，确定当期实际可抵免的在收购企业所在国已缴纳所得税的抵免限额。目标企业或其

---

① 《中华人民共和国企业所得税法》第23条，《中华人民共和国企业所得税法实施条例》第77条、第78条、第79条。

居民企业股东在计算转让资产或股权所取得的境外收入的应纳税所得额时，可以扣除按照企业所得税法及实施条例等规定计算的与取得该项收入有关的各项合理支出。目标企业或其居民企业股东转让资产或股权所取得的境外收入的所得税额是依照来源国税收法律以及相关规定应当缴纳并已实际缴纳的企业所得税性质的税款（对于税种的称谓可能与我国不相同，但性质上应当是对法人取得的所得或收益课征的税收）。125号文同时规定了不能获得抵免的几类境外已纳税款，① 另外，目标企业或其居民企业股东如果不能准确计算实际可抵免上述境外所得税税额的，在该来源国缴纳的税款均不得在各自当期应纳税额中抵免，也不得结转以后年度抵免。

《个人所得税》对居民个人的境外来源所得的法律性国际双重征税在适用外国税收分国直接限额抵免法的基础上，进一步实行分项抵免制。这是由于我国个人所得税法实行分类所得税制，对纳税人不同种类、性质的所得项目规定了不同的费用扣除标准，适用的税率也不完全相同，需要对居民个人从中国境外取得的所得，区别不同国家或者地区和不同应税项目，依照税法规定的费用减除标准和适用税率计算应纳税额。同一国家或者地区内不同应税项目的应纳税额之和，为该国家或者地区的扣除限额。

中国居民目标企业或其居民股东的境外投资转让所得在来源国实际已经缴纳的所得税税额，低于依法计算出来的该国家的扣除限额的，其超过抵免限额的部分不得在本纳税年度的应纳税额中扣除，但是可以在当年的次年起连续5个纳税年度内，用该国每年度抵免限额抵免当年应抵税额后的余额进行抵补。居民纳税人在不同国家或者地区发生的超限额与不足限额，不能互相抵补。

（2）消除经济性国际双重征税的措施。跨国并购中的经济性国际双重征税问题一般发生在如下情形：境外目标企业向转让持有其股权的

---

① 125号文第4条规定如下几类税款不得抵免：（1）按照境外所得税法律及相关规定属于错缴或错征的境外所得税税款；（2）按照税收协定规定不应征收的境外所得税税款；（3）因少缴或迟缴境外所得税而追加的利息、滞纳金或罚款；（4）境外所得税纳税人或者利害关系人从境外征税主体得到实际返还或补偿的境外所得税税款；（5）按照我国企业所得税法及其实施条例规定，已经免征我国企业所得税的境外所得负担的境外所得税税款；（6）按照国务院财政、税务主管部门有关规定已经从企业境外应纳税所得额中扣除的境外所得税税款。

中国居民企业股东分配累计未分配利润和各种税后基金；中国并购企业采取三角兼并，将境外目标企业收购为境外子公司，该境外子公司分配股息给其境内母公司。由于所使用的抵免方法相同，为便于论述，下面仅以后一种并购情形为例展开讨论。

与大多数国家采取的做法相似，我国国内税法以及对外缔结的大部分双边税收协定中均对消除母子公司间股息分配的经济性国际双重征税持肯定态度。根据我国企业所得税法以及125号文规定，[①] 居民企业与境外企业之间因股息分配而产生的经济性国际双重征税可以通过使用间接限额抵免法来进行减除。在居民企业对境外子公司的持股情况符合如下三层持股结构时，对于其从境外子公司分得的来源于中国境外的股息收益，将境外子公司在所在国实际缴纳的所得税税额中属于该项股息所得负担的部分，可以作为境内母公司的可抵免境外所得税税额，在企业所得税法规定的抵免限额内抵免：

第一层：单一居民企业直接持有20%以上股份的外国企业；

第二层：单一第一层外国企业直接持有20%以上股份，且由单一居民企业直接持有或者通过一个或多个符合本条规定持股条件的外国企业间接持有总和达到20%以上股份的外国企业；

第三层：单一第二层外国企业直接持有20%以上股份，且由单一居民企业直接持有或者通过一个或多个符合本条规定持股条件的外国企业间接持有总和达到20%以上股份的外国企业。

根据125号文，跨国并购中的中国居民企业取得符合上述持股结构要求的境外子公司分配的股息所得，可以适用两项简易征收办法对境外所得已纳税额计算抵免：定率扣除法和免税法。定率扣除法类似于原内资企业所得法的定率扣除法规则，但125号文同时规定，这一定率扣除法只适用于居民企业虽有所得来源国（地区）政府核发的具有纳税人性质的凭证或证明，但又因客观原因无法真实、准确反映应当缴纳并已经实际缴纳的境外税额的情况，并且股息所得来源国的实际有效税率不能低于12.5%。在符合上述全部限定条件时，居民企业可固定按境外

---

① 《中华人民共和国企业所得税法》第24条；《中华人民共和国企业所得税法实施条例》第80条、第81条；《关于企业境外所得税收抵免有关问题的通知》（125号文）第5条、第6条。

股息所得的应纳税所得额的12.5%为抵免限额进行抵免。免税法是指如果境外所得来源于特定国家（地区），而这些国家（地区）的法定税率且其实际有效税率明显高于中国的，对于居民企业来源于该国家（地区）的境外所得，可直接以按中国企业所得税法规定计算的抵免限额作为可抵免境外税额，而无须计算应补所得税额。但是无须补交中国所得税的同时，居民企业那些超过抵免限额的境外税额也不能结转以后纳税年度再行抵免。这些国家包括，美国、阿根廷、布隆迪、喀麦隆、古巴、法国、日本、摩洛哥、巴基斯坦、赞比亚、科威特、孟加拉国、叙利亚、约旦、老挝等国。据此，如果中国居民企业跨国并购的目标企业位于上述国家（地区）范围之内，则可以直接适用外国税收免税法。

（三）中国现行免税跨国并购所得课税具体规则分析

1. 对59号文和698号文的总体评析

2009年年底财政部和国税总局联合下发59号文，国税总局下发698号文对跨国并购重组交易的所得税收优惠政策作出详细规定。

59号文统一了居民企业和非居民企业跨国并购重组及清算事项的所得税处理方法，使境内外并购交易主体的税务成本得到统一；填补了企业所得税法未就特定的企业并购重组类型规定具体的税务处理方式的空白，为特定并购重组交易类型适用税收递延待遇提供了详细指引；对非居民企业向境外转让居民企业股权以及居民企业向非居民企业转让资产适用特殊性税务处理规定了专门条件；赋予纳税人以选择权，满足一定条件的境内股权或资产出让方可以选择对并购重组相关的收益或损失暂时递延确认，或放弃这一优惠税收待遇，而选择当期履行纳税义务，不管并购企业为居民企业还是非居民企业。

698号文强调了非居民企业对转让中国居民企业股权取得所得应当承担的申报纳税义务；非居民企业间接转让股权应当履行的相关信息及文件的提供义务；非居民企业向其关联方转让股权应当遵循独立交易原则确定转让价格；严格审查中间控股公司，对非居民企业间接转让股权的避税行为予以规制。

两文件针对我国经济发展的现实需求，充分借鉴国际社会的通行做法，对在跨国并购中有效维护我国税收管辖权、防范转让企业避税交易，同时积极鼓励境内外并购交易的开展，保护并购交易主体的正当合法利益具有重要的意义。文件将税收公平与效率价值理念融入其中，彰显了我国税法在赋予境内外并购交易主体以公平待遇、在坚持资本输入中性原则的同时尽量追求资本输出中性原则所做出的努力和取得的成绩。

继59号文和698号文之后，我国为促进企业兼并重组，对符合条件的企业并购重组所得税处理给予了递延纳税的特殊待遇，陆续发布了2014年的109号文以及2015年的40号文。这些税务公告和文件不仅对中国所得税法相关内容做了重要的明晰和补充，同时与国际上通行的做法接轨。

2. 关于免税并购的适格要件①

根据上面税务规范性文件的规定：

在主观条件方面，要求交易具有合理的商业目的，且不能以减少、免除或者推迟缴纳税款为主要目的。② 在客观条件方面，第一是关于股东利益持续要件的要求，被收购、合并或分立部分的资产或股权比例符合规定的比例，交易各方对其交易中的股权支付部分必须符合规定比例要求，并且取得股权支付的原主要股东，在重组后连续12个月内，不得转让所取得的股权。第二是关于营业企业继续经营的要求，企业重组后的连续12个月内不得改变重组资产原来的实质性经营活动。满足上述条件的股权或资产出让方可以选择对出让产生的收益或损失暂时递延确认。

59号文对以前出台的规范性文件未对支付对价的形式予以限制的缺陷进行了修正，将支付对价区分为股权支付与非股权支付。股权支付为企业重组中购买、换取资产的一方支付的对价中，以本企业或其控股企业的股权、股份作为支付的形式；非股权支付为以本企业的现金、银行存款、应收款项、本企业或其控股企业股权和股份以外的有价证券、存货、固定资产、其他资产以及承担债务等作为支付的形式。不同的支付对价形式将直接影响并购重组活动是否能够享受税收递延的优惠待遇。综合59号文和109号文以及116号文，关于交易各方对其交易中

① 《关于企业清算业务企业所得税处理若干问题的通知》将企业并购重组的税务处理区分为一般性税务处理和特殊性税务处理，前者即本书所称的应税并购，后者即本书所称的免税并购。为保持全文一致性，以下仍沿用应税并购、免税并购的提法。

② 《中华人民共和国企业所得税法实施条例》第120条规定："……不具有合理商业目的，是指以减少、免除或者推迟缴纳税款为主要目的。"

股权支付部分的比例要求分别是：

免税股权收购要求收购企业购买的股权不低于被收购企业全部股权的50%，并且收购企业在该股权收购发生时的股权支付金额不低于其交易支付总额的85%；免税资产收购要求受让企业收购的资产不低于转让企业全部资产的50%，并且受让企业在该资产收购发生时的股权支付金额不低于其交易支付总额的85%；免税合并交易要求企业股东在该企业合并发生时取得的股权支付金额不低于其交易支付总额的85%，以及同属于一家母公司的兄弟子公司之间不需要支付对价的合并；免税企业分立要求被分立企业所有股东按原持股比例取得分立企业的股权，分立和被分立企业均不改变原来的实质经营活动，并且被分立企业股东在该企业分立发生时取得的股权支付金额不低于其交易支付总额的85%。

企业发生在中国的跨国股权收购和资产收购交易除需符合上述各项比例要求外，非居民企业向其100%直接控股的另一非居民企业转让其拥有的居民企业股权，没有因此造成以后该项股权转让所得预提税负担变化，且转让方非居民企业向主管税务机关书面承诺在3年（含3年）内不转让其拥有受让方非居民企业的股权。非居民企业向与其具有100%直接控股关系的居民企业转让其拥有的另一居民企业股权。这一要求旨在保证中国在未来对该项股权转让产生的收益的征税权。

59号文将源自美国等普通法国家的多步骤交易原则移植过来，规定企业在并购重组发生前后连续12个月内分步对其资产和股权进行交易的，根据实质重于形式原则将各步交易作为一项企业并购重组交易进行处理。多步骤交易原则实质上是对企业不改变实质经营活动以及股东利益持续的时间要求的补充，尤其弥补了股东利益持续条件要求在灵活性上的不足。反映了我国在免税并购重组立法问题上既采用较为严格的条件要求，也适用多步骤交易原则这类灵活的规则。不过，这样的规则体系虽然可以有效防范并购交易主体的避税安排，但从各国税收实践来看，多步骤交易原则一般多适用于像美国这样具有非常完善的税法服务系统的国家，拥有大量的专业税务律师、业务精湛的税务工作人员以及税务司法经验丰富的法院。而税法制度不完备、税收服务体系不完善的国家一般多采用严格的条件要求，除非这些国家决定赋予税务行政人员相当大的自由裁量权，而过度的行政自由裁量权在法律监督体系不健全的国家又极容易滋生行政滥权行为。因此，本文认为，如欲真正发挥多步骤交易原则的防范和规制功能，我国还需要进一步健全税务行政管理、税务争讼的解决以及税务代理服务等相关配套机制。

作为对2009年59号文和2014年109号文以及2010年4号公告等文件的有关规定的补充和修缮，2015年的48号公告规定了并购重组的各方企业符合并选择适用特殊性税务处理的实行年度汇算清缴申报。① 但这一汇算清缴制度并不涉及跨国并购重组的特殊税务处理，后者依然应当适用59号文及4号公告有关跨国特殊性税务处理的相关条款。

3. 免税并购交易的税收待遇

根据59号文第6条规定，当并购交易符合免税处理规则时，交易主体可以选择适用免税规则。对于免税处理，税法不强制企业必须选择，交易主体亦可自行放弃，并当期履行纳税义务。赋予纳税人以免税待遇的选择权对消除跨国并购所得课税中因纳税期间不匹配引起的双重征税问题具有重要意义。

（1）交易企业层面的税收待遇。无论是免税资产收购、免税股权收购、免税合并还是免税分立交易，交易企业层面的税收待遇主要体现在资产和股权计税基础的确定及目标企业税收属性的承继两个方面。

在资产、股权和负债的计税基础确定上，主要采用结转原值规则，即以资产的原计税基础（原账面净值）确定。具体说来，收购企业取得被收购企业股权的计税基础，以被收购股权的原有计税基础确定；转让企业取得受让企业股权的计税基础，以被转让资产的原有计税基础确定；合并企业接受被合并企业资产和负债的计税基础，以被合并企业的

---

① 根据48号公告，企业合并、分离中重组一方涉及注销的，应在尚未办理注销税务登记手续前进行申报。重组主导方申报后，其他当事方向其主管税务机关办理纳税申报，须同时附送重组主导方主管税务机关受理的《企业重组所得税特殊性税务处理报告表及附表》。48号公告还要求重组前连续12个月内分步交易的管理，要求企业年度申报时，提交重组前连续12个月内有无与该重组相关的其他股权、资产交易，与该重组是否构成分步交易、是否作为一项企业重组业务进行处理情况的说明。此外，48号公告明确了企业重组中征纳双方的义务和责任，构建了较为完善的企业并购重组免税税务处理的后续管理体系。并购重组当事各方需准确记录并说明所得递延情况，并在相应年度的企业所得税汇算清缴时对当年确认额及分年结转额的情况做出说明。企业转让或处置重组资产（股权）时需提交专项说明，着重说明特殊性税务处理时确定的重组资产（股权）计税基础与转让或处置时的计税基础的比对情况（变化及原因）以及递延所得税负债的处理情况。

原有计税基础确定；分立企业接受被分立企业资产和负债的计税基础，以被分立企业的原有计税基础确定。以上均不得按被转让资产、股权或负债的评估价值来调整。收购企业、被收购企业或被合并企业交易前的原有各项资产和负债的计税基础和其他相关所得税事项保持不变。通过采用结转原值规则，使目标企业在并购交易时未确认的所实现财产收益保存在并购企业对目标企业资产的原账面净值中，使并购企业在最终应税处置该资产时确认目标企业原来未确认的财产收益，从而发挥税收递延的作用。居民企业将其资产或股权投资给其境外全资控股子公司来作为收购对价，居民企业的转让收益可以在10个纳税年度内均匀计入各年度应纳税所得额。

在目标企业所收取的并购对价全部属于股权对价时，上述税收待遇的适用不会发生什么问题。但是，当目标企业（交易中可能作为转让企业或被合并企业）所收取的并购对价的一部分属于位于中国境内的非股权对价时就无法适用结转原值规则。具体说来，在合并交易中，收购企业使用属于中国境内的非股权对价换取目标企业某些资产，其交易经济实质等同于收购企业向目标企业出售非股权对价，同时以出售所得购买目标企业某些资产，根据实质课税原则，收购企业向目标企业支付非股权对价在所得税上应当分解为收购企业以公允市场价值处置作为非股权对价的财产并以出售收入向目标企业购买相应资产两个税收事项。也即收购企业应当在税收上当期确认非股权对价的财产的转让所得或损失。在资产收购交易中，根据交易的经济实质，一方面，转让企业在税收上应当被视为将所转让资产的相应部分出售变现。这意味着，转让企业必须在税收上当期确认相应部分所转让资产的转让所得或损失，同时，用当期确认的资产转让所得（或损失）相应地调高（或调低）股权对价与其他非股权对价的原值。不过，这将产生如何确定转让企业整体转让的资产中哪部分属于被出售变现的资产项目的问题。从目标企业角度看，为最大化其税后收益，自然更希望将具有内在亏损的资产项目指定为出售变现的资产，以便于在当期确认内在亏损，冲抵当期应税所得。另一方面，受让企业在税收上应当被视为将作为非股权对价的资产出售给转让企业，由此，受让企业应当在税收上当期确认转移该非股权对价资产时所实现的财产收益或损失。

在税收属性的承继上，合并或分立交易后的存续企业性质及适用税收优惠的条件未发生改变的，可以继续享受并购交易前该企业剩余期限的税收优惠，其优惠金额按存续企业合并前一年的应纳税所得（亏损计为零）计算，或者按存续企业分立前一年的应纳税所得（亏损计为零）乘以分立后存续企业资产占分立前该企业全部资产的比例计算。如果目标企业以前年度未得到结转利用的营业亏损未超过法定弥补期限，在合并交易完成后，合并企业可以在未届满的法定结转年度内结转利用这些营业亏损，可由合并企业弥补的被合并企业亏损的限额等于被合并企业净资产公允价值乘以截至合并业务发生当年年末国家发行的最长期限的国债利率；分立交易完成后，可按分立资产占全部资产的比例进行分配，由分立企业继续弥补。

（2）交易主体的股东的纳税义务。股东层面的纳税义务主要体现在，目标企业股东在并购中将目标企业股权交换为并购企业股权时，不被视为出售目标企业股权、购买并购企业股权。换言之，目标企业股东在交换股权时不确认股权投资转让所得或亏损。具体说来，被合并企业股东取得合并企业股权的计税基础，以其原持有的被合并企业股权的计税基础确定；被分立企业的股东取得分立企业的股权（以下简称“新股”），如需部分或全部放弃原持有的被分立企业的股权（以下简称“旧股”），“新股”的计税基础应以放弃“旧股”的计税基础确定。如不需放弃“旧股”，则其取得“新股”的计税基础可从以下两种方法中选择确定：直接将“新股”的计税基础确定为零；或者以被分立企业分立出去的净资产占被分立企业全部净资产的比例先调减原持有的“旧股”的计税基础，再将调减的计税基础平均分配到“新股”上。并购重组交易各方按照相关规定对交易的股权支付暂不确认有关资产的转让所得或损失，不过，在并购交易中，目标企业股东将其所持有目标企业股权的全部或一部分交换为非股权支付的，仍应在交易当期确认相应的资产转让所得或损失，并调整相应资产的计税基础。①

企业发生符合免税并购重组条件的交易，并且选择免税处理的，当事各方应在该并购交易完成当年企业所得税年度申报时，向主管税务机关提交书面备案材料，证明其符合各类免税并购交易规定的条件。企业

① 非股权支付对应的资产转让所得或损失＝（被转让资产的公允价值－被转让资产的计税基础）×（非股权支付金额÷被转让资产的公允价值）。参见59号文第6条第6款。

未按规定书面备案的，将无权享受并购交易的税收递延待遇。[①]

（四）中国现行应税跨国并购所得课税具体规则分析

除构成免税资产收购、免税股权收购、免税合并以及免税分立外，依照59号文规定，其他任何企业并购重组交易，不管并购企业支付的对价是否全部或部分地属于本企业股权或者其母公司股权抑或全部或部分地属于非股权对价，还是非居民企业并购境内居民企业后，将存续企业的登记注册地转移至中国境外（包括港澳台地区，下同），都属于应税并购交易。应税并购交易的税收待遇主要涉及目标企业及其股东，以及并购企业三个层面。

1. 交易主体的税收待遇

在应税并购交易中，企业层面的税收待遇问题主要也体现在资产和股权计税基础的确定以及目标企业税收属性的承继两个方面。

关于资产和股权计税基础的确定问题。在资产或股权收购交易中，境内目标企业向收购企业转移资产或股权时，应依法当期确认资产或股权转让所得或损失，收购企业取得股权或资产的计税基础应以公允价值为基础确定。如果目标企业收取的是股权对价，应视为目标企业进行股权投资业务，目标企业按照股权对价的公允市场价值来确定股权投资成本；如果目标企业收取的是非现金的非股权对价，应视为目标企业按照非股权对价的公允市场价值进行购买。并购交易完成后，目标企业可能因整体资产转让或股权转让不再持续经营而解散（包括通过法律清算程序的解散与未通过法律清算程序的解散），并将股权对价、非股权对价以及未转移给收购企业的剩余资产分配给其股东，这应当视为目标企业的清算分配，目标企业应当依法确认清算所得。根据60号文规定，全部资产均应按可变现价值或交易价格，确认资产转让所得或损失。股东重新投资成立新企业，企业的全部资产以及股东投资的计税基础均应以公允价值为基础确定。

对于作为中国居民企业的收购主体而言，其取得目标企业股权或资产的计税基础应以公允价值为基础来确定。当收购企业使用非现金的非股权对价支付给目标企业时，如果该非股权对价来源于中国境内，收购企业还应当被视为按公允市场价值出售非现金的非股权对价的资产，收

---

① 59号文第10条。

购企业通常应当依法当期确认资产转让所得或损失。[①] 根据125号文规定，居民企业可以从其来源于境外的转让财产收入中扣除按照企业所得税法及实施条例等规定计算的与取得该项收入有关的各项合理支出，扣除之后的余额为该境内收购企业的转让资产所得的应纳税所得额，并按有关资产转让合同约定应付交易对价款的日期确认收入实现。如果境内收购企业利用其境外子公司实施三角兼并，并将其拥有的资产或股权投资于该境外收购子公司，再由子公司支付给目标企业，除非母子公司属于全资直接控股关系，否则居民企业需就其向境外转让资产或股权依法当期确认资产转让所得或损失。

关于目标企业税收属性的承继问题，在应税并购交易中，目标企业的税收属性不能结转给收购企业。具体说来，被收购企业的相关所得税事项原则上保持不变，被合并企业的亏损不得在合并企业结转弥补，分立交易中的相关企业的亏损不得相互结转弥补。

2. 目标企业股东的税收待遇

应税并购交易中，如果并购企业仅仅购买目标企业资产，由于目标企业股东未直接参与收购交易，故而一般不涉及股东层面的税收待遇问题。当在并购交易中，目标企业股东转让所持有的目标企业股权时，才涉及目标企业股东层面的税收待遇问题。目标企业股东转让股权的行为在税收上被视为出售目标企业股权，同时购买所收取的并购企业的股权对价或非股权对价。股权并购交易从收购企业角度分析属于股权投资行为，从目标企业股东角度分析属于转让股权投资行为。目标企业股东在税收上被视为出售目标企业股权，应当依法确认股权投资转让所得或损失。对于股权投资转让所得，所得税法将其列为财产转让所得规定纳税人须依法缴纳所得税，依股东为个人股东还是法人股东而分别缴纳个人所得税或企业所得税。[②] 另外，目标企业股东为法人时，则可以进一步区分为居民企业股东和非居民企业股东，基于股东的纳税人身份的不同，中国选择适用居民税收管辖权或者所得来源地税收管辖权。

第一，在股权转让所得应纳税所得额的确定问题上，我国所得税法

---

① 《中华人民共和国企业所得税法》第3条、第6条、第8条。

② 《中华人民共和国个人所得税法》第2条第7款；《中华人民共和国个人所得税法实施条例》第5条第5款；《中华人民共和国企业所得税法》第5条第4款。

规定的基本规则是以纳税人转让股权所取得的货币形式和非货币形式的收入全额减除股权净值后的差额为应纳税所得额。股权净值，即股权成本价，“是指股权转让人投资入股时向中国居民企业实际交付的出资金额，或购买该项股权时向该股权的原转让人实际支付的股权转让金额”。[①] 个人所得税法还允许纳税人扣除转让股权时按照规定支付的有关费用。[②] 不过，如果目标企业属于上市公司，个人股东转让目标企业股票的所得可以暂时免征个人所得税。

如果目标企业为中国境内的外资企业，其位于境外的非居民企业股东将股权转让给同样位于境外的收购企业，并取得转让收益，尽管股权转让交易主体均为境外法人企业，并且交易行为亦在境外完成，但由于我国在所得税方面同时主张居民税收管辖权和所得来源地税收管辖权，非居民企业在中国境内未设立机构、场所的，或者虽设立机构、场所但取得的所得与其机构场所没有实际联系的，应当就来源于中国境内的所得缴纳企业所得税，再根据我国税法关于所得来源地确认原则，对于以上境内目标企业的外方股东的股权转让所得，属于我国税法上的权益性资产转让，来源地为被投资企业所在地，因此，我国有权对该笔股权转让所得行使征税权。

698 号文规定，非居民企业在计算股权转让所得时，以非居民企业向被转让股权的中国居民企业投资时或向原投资方购买该股权的币种计算股权转让收入和股权转让成本价。也就是说，并不能完全根据转让时的币种确认转让收入，如果转让时的交易币种与转让方获得初始股权投资时的币种不一致，则必须进行换算。更为复杂的是，如果同一非居民企业存在多次投资的，以首次投资资本时的币种计算股权转让价和股权成本价，以加权平均法计算股权成本价；多次投资时币种不一致的，则应按照每次投入资本当日的汇率换算成首次投资时的币种。这意味着非居民企业股东要想准确计算股权转让，可能还要查询历史汇率。

第二，关于目标企业股东的投资转让损失，由于中国现行个人所得税法实行分类所得课税制度，个人纳税人的财产转让损失不能冲抵个人

---

① 国家税务局 2009 年第 698 号通知第 3 条。

② 《中华人民共和国个人所得税法》第 6 条第 1 款第（5）项；《中华人民共和国个人所得税法实施条例》第 20 条。

所得，因此，目标企业的个人股东的股权投资转让损失通常不能在税收上得到确认，即不能税前扣除股权投资转让损失。但是，假如单个个人股东所持有的目标企业股权的原值有大有小，致使该个人股东在一次转让股权中一部分具有转让所得，而另一部分具有转让损失，那么，根据我国个人转让财产所得按次计征的规则，个人股东可以将一次转让目标企业股权中一部分的转让损失冲抵另一部分的转让所得。对于目标企业的法人股东而言，则可以依法从其所得中税前扣除股权投资转让损失，但每一纳税年度扣除的股权投资损失，不能超过当年实现的股权投资收益和投资转让所得，超过部分可无限期向以后纳税年度结转扣除。①

第三，如果目标企业在并购交易中向其股东分配未转移给并购企业的剩余资产，则目标企业股东应当在税收上视为以公允市场价值购买受分配的资产。由此，目标企业股东对上述所收取的股权对价、非股权对价以及目标企业清算分配的剩余资产的计税基础采取成本原值规则，即按照这些资产的公允市场价值确定。每个股东应确认数额等于所收取的股权对价与非股权对价的公允市场价值减去被分配的目标企业剩余资产的公允市场价值、在并购中放弃的目标企业股权的投资成本及应确认的股权投资所得之后的余额。

第四，当目标企业在并购交易发生时有未分配利润或税后提存的各项基金等股东留存收益的，股权转让人随转让目标企业股权一并转让该股东留存收益权的金额（以不超过目标企业账面的分属为股权转让人的实有金额为限），属于该股权转让人的投资收益额，不计为股权转让价，也就是说，目标企业股东应当就该笔投资收益额在税收上当期确认股权投资所得，即股息所得。每一股东的股权投资所得等于该股东按照其持股比例对目标企业累计未分配利润与各项税后提存基金总额所享有的份额。我们知道，目标企业股东取得的上述股息所得的经济源泉是公司的未分配利润和累积盈余公积金，已经在目标企业取得时缴纳了企业所得税，属于税后净所得。但是，当目标企业股东为居民个人股东时，仍需就此股息所得缴纳个人所得税，并产生经济性双重征税。

第五，关于目标企业税收属性的继承问题，居民企业股东转让股

---

① 《关于企业股权投资业务若干所得税问题的通知》（国税发〔2000〕118号）。

权给外国并购企业后，外国投资者承接了原来国内股东的股权，继续存在的目标企业变更为外商投资企业，但目标企业作为民事主体和纳税主体并没有发生实质性的变化，变更前企业累计发生的尚未弥补的经营亏损继续由股权变更后的外商投资企业延续弥补，收购企业则无权继承。

（五）中国现行所得税法对跨国并购融资避税的规制

在非居民企业域内并购中国企业的交易中，外国并购企业在跨国并购融资中实施资本弱化的最大受害主体莫过于作为来源国的中国政府。外国母公司从资本弱化避税中得来的利益都是来自对中国税收的侵蚀，高比例的境外利息扣除，减少了境内居民企业的应税所得额，扰乱了中国的金融秩序，对中国外汇收支平衡状况产生了一定的消极影响。

《企业所得税法》及实施条例中关于特别纳税调整的制度规定、《特别纳税调整实施办法（试行）》《关于企业关联方利息支出税前扣除标准有关税收政策问题的通知》（以下简称121号文）[1] 以及《关联企业间业务往来税务管理规程》[2] 等相关法律法规构成了我国国内现行反避税的基本制度框架，包括特别反避税条款（SAAR）——关联交易及其纳税调整、预约定价安排、关联业务往来报告与核定征收、受控外国公司管理、资本弱化管理，一般反避税条款（GAAR）以及纳税调整后的法律责任等反避税规则。还可以利用我国建立的广泛税收协定网络进行国际税收情报交换，加强对跨国纳税人的国际税收征管能力。上述单边及双边措施对规制外国并购企业域内并购中国居民企业的融资避税行为发挥着重要作用。

1. 资本弱化规则

一般而言，跨国并购交易中，企业和投资者享有选择融资方式的自由。但是，这种自由并不是毫无边界的，而是有限制的。一方面，相关的投资行为需要符合独立交易原则，即其交易不存在扭曲市场的行为；另一方面，相关的投资行为必须是正常的商业行为，而不属于非法的税收筹划行为，不能违反禁止滥用的法律原则。[3] 如果违反了上述原则，

---

① 财税〔2008〕121号。

② 国税发〔2004〕143号。

③ 参见OECD, Thin Capitalization Report, 1987, paragraphs, 6－16, pp. 9－12。

那么相关国家就能够在国内法的框架下对这种非法行为进行调整，这也是资本弱化规则限制企业融资自由和投资方投资自由的法理基础。我国税法对企业的弱化资本安排主要是通过“固定比例法”和独立交易原则予以规制。根据《企业所得税法》第46条规定，境内并购子公司从其境外并购母公司接受的债权性投资与权益性投资的比例超过规定标准而发生的利息支出，不得在计算发生当期和以后纳税年度的应纳税所得额时扣除。但能够证明债权融资安排符合独立交易原则或者支付企业的实际税负不高于境内并购子公司的，可以不受规定比例的限制。《企业所得税法实施条例》解释债权性融资为“企业直接或者间接从关联方获得的，需要偿还本金和支付利息或者需要以其他具有支付利息性质的方式予以补偿的融资；企业间接从关联方获得的债权性投资，包括关联方通过无关联第三方提供的债权性投资，无关联第三方提供的、由关联方担保且负有连带责任的债权性投资，其他间接从关联方获得的具有负债实质的债权性投资”；权益性投资为“企业接受的不需要偿还本金和支付利息，投资人对企业净资产拥有所有权的投资”。当境内并购子公司的债权投资和权益性投资比例超过上述固定比例时，根据《特别纳税调整实施办法（试行）》规定计算出来的不得扣除的利息支出必须做出纳税调整，不得结转到以后的纳税年度，直接或间接实际支付给境外并购母公司的利息被二次调整为股息，按照股息和利息分别适用的所得税税率差补征企业所得税，如已扣缴的所得税税款多于按股息计算应征所得税税款，多出的部分不予退税。

不得扣除利息支出 = 年度实际支付的全部关联方利息 ×（1 - 标准比例/关联债资比例）。

根据121号文规定，境内子公司实际支付给境外母公司的利息支出，其接受境外母公司债权性投资与其权益性投资的标准比例中，对金融企业适用的比例为5:1，对其他企业适用的比例为2:1。

关联债资比例 = 年度各月平均关联债权投资之和/年度各月平均权益投资之和。

综观各国资本弱化规则，主要使用公平交易法、隐性利润分配、无规则法、固定税率法四种方法①，各方法都既有其优势，也具有不可克服的缺陷，如在没有可比数据的情况下，公平交易法在很大程度上依赖于税务机关的主观判断，给纳税人带来很大的不确定性，因此该方法很难单独使用；固定税率法的使用虽具有确定性，但不能保障该交易就一定是公平的。因此，大多数国家在反资本弱化中一般将不同方法相互结合使用，但我国目前只采用了固定税率法，而没有借鉴其他国家通常兼采用的公平交易法。固定税率法虽然比较简便易行，但单一比例略显武断，尽管可以通过对不同行业规定不同税率，但还是无法反映不同企业之间的不同情况。

2. 对于滥用税收协定的规制

为执行中国与其他国家签订的税收协定以及识别有关对方国家居民的身份，国家税务局制定有相关税收协定执行的规则，但这些规则大多是关于执行生效税收协定的程序性、解释性规定，并不属于专门用来防范第三国居民滥用中国对外缔结的所有税收协定的专门反避税措施。另外，中国当前的国内税法中也尚未制定防范滥用税收协定的专门措施。对于外国企业在域内并购融资中滥用我国与第三国缔结的税收协定来获得不当税收利益的问题，只能依据税法中的一般反避税条款来进行防范。当然，在中国与少数国家缔结的税收协定中规定了反滥用税收协定的专门措施。如《中美税收协定议定书》第 7 条规定，“如果第三国的公司主要为享受本协定优惠的目的而成为缔约国一方居民，缔约国双方主管当局可经协商，不给予本协定第 9 条、第 10 条和第 11 条的优惠”。《中以税收协定议定书》第 4 条规定，“如果缔约国一方主管当局认为给予某人税收协定的优惠属于滥用协定，可以拒绝给予该项优惠，但这种处理应符合该国关于处理人为性交易或任何交易的国内法和程序”。《中墨税收协定议定书》第 5 条规定：“本协定的规定不妨碍缔约国一

---

① 公平交易法：判断在与关联方贷款相同的条件下，一个非关联方是否也会向其提供债务资金。本方法的主观性较强，给纳税人带来了较多的不确定性。隐性利润分配：根据公平交易法，在税法中制定一些特别条款，规定可以将贷款利息重新定位为准股息。无规则法：有些国家没有制定任何抑制资本弱化的特别规定，而依靠一般反避税条款或者实质重于形式的司法原则。固定税率法：通过设定资产负债率、所有权控制和表决权控制标准，规定非居民借款人不能扣除其超过规定的资产负债率的贷款利息。参见［美］罗伊·罗哈吉：《国际税收基础》，林海宁、范文祥译，北京大学出版社 2006 年版，第 432 页。

方执行其关于资本弱化、受控外国公司和背对背贷款的规定。”

（六）中国现行跨国并购所得税收征管规则

2008 年以前，除《外商投资企业和外国企业所得税法》和《税收征收管理法》及各自的实施细则对源泉扣缴作出了原则性规定外，在财政部、国家税务局制定的其他若干文件中也对具体可操作性条款有所规定（如《税务登记管理办法》，以及有关非贸易项下对外支付款项的税收管理文件等）。2009 年，国税总局颁布了《非居民企业所得税源泉扣缴管理暂行办法》[①]（以下简称 3 号文）。3 号文从税源管理、征收管理、后续管理及法律责任等方面，对非居民企业所得税的源泉扣缴事项作出较为综合全面的规定。

除了首次引入扣缴义务人的合同备案要求[②]，3 号文对长期以来一直未予明确的“交易双方均为非居民企业且在境外交易”的股权转让（以下简称境外股权交易）的税务管理提供了较为具体的操作指引。

对于境外股权交易所得的纳税申报，3 号文第 15 条规定，“……由取得所得的非居民企业自行或委托代理人向被转让股权的境内企业所在地主管税务机关申报纳税……”由此可知，境外股权交易的纳税义务人是转让股权的非居民企业，纳税义务人可自行或委托代理人申报纳税，纳税申报地点在被转让股权的境内企业所在地，境外股权交易行为不适用源泉扣缴。如果非居民企业未依法进行纳税申报，则“由申报纳税所在地主管税务机关责令限期缴纳，逾期仍未缴纳的，申报纳税所在地主管税务机关可以收集、查实该非居民企业在中国境内其他收入项目及其支付人（以下简称其他支付人）的相关信息，并向其他支付人发出《税务事项通知书》，从其他支付人应付的款项中，追缴该非居民企业的应纳税款和滞纳金”。[③] 可见，非居民企业在境外股权交易中未按规定申报缴纳企业所得税的，税务机关将有权从该非居民企业源于中国的其他所得中进行税款追征。

为便于税收管理，3 号文规定了被转让股权的境内企业的协助义

---

① 国税发〔2009〕3 号。

② 《非居民企业所得税源泉扣缴管理暂行办法》第 5 条规定，扣缴义务人每次与非居民企业签订有关的业务合同时，应当自签订合同（包括修改、补充、延期合同）之日起 30 日内，向其主管税务机关报送《扣缴企业所得税合同备案登记表》、合同复印件及相关资料。

③ 参见《非居民企业所得税源泉扣缴管理暂行办法》第 17 条规定。

务，包括在依法变更税务登记时，应将股权转让合同复印件报送主管税务机关以及协助税务机关向非居民企业征缴税款。①

除3号文外，国家税务局还陆续颁布了一系列有关非居民企业税收征管的文件，如针对H股公司海外股东、合格的境外机构投资者（QFII）以及境外银行从国内取得的股息、利息的预提税处理等文件。在2008年12月公布的《企业年度关联业务往来报告表》中也包含了收集企业年度对外支付款项明细信息的附表。这些文件都传递了税务机关将日益强化非居民企业税收征管的政策信号。

三、中国跨国并购所得课税制度的税收利益失衡

从以上对中国跨国并购所得课税制度的历史演进和现行规则的归纳总结中可以发现，自1999年至今，我国已初步建立跨国并购所得课税规则体系，力图以法律法规的形式规范非居民企业的域内并购和中国居民企业的域外并购交易活动的税收征管。但是，由单边国内税收法规和双边税收协定组成的跨国并购所得课税规则主要是围绕非居民企业域内并购交易而制定和不断完善的。这些制度安排主要是在贯彻“引进来”战略格局下形成的，因此基本的立法价值理念是以促进资本输入税收中性目的而设定。随着全球经济一体化程度的不断加深，其他国家税收政策的不断调整，以及我国经济实力的进一步增强，我国企业实施跨国并购的规模、数量以及交易结构的复杂度都有深刻变化，尤其是在本次全球金融危机中显现了我国企业愈加强大的国际竞争力，原有的主要强调资本输入国地位的跨国并购所得课税规则已显现出不足，需要配合“引进来，走出去”双向发展战略对单边和双边税法规则及时做出调整和完善。2009年4月财政部和国家税务局出台的59号文与同年年底出台的125号文在很大程度上解决了中国企业境外并购所得的征税问题，满足了中国跨国并购投资的客观经济活动需要，但与国际发达国家跨国并购所得课税的税收立法实践相比，至少还存在如下突出问题：

（一）跨国并购所得课税规则制定背离税收法定原则

从当前中国跨国并购所得课税制度体系来看，关于跨国并购所得课税的基本规则散见于《企业所得税法》及实施条例、《个人所得税法》

① 参见《非居民企业所得税源泉扣缴管理暂行办法》第5条、第15条规定。

以及我国对外签订的双边税收协定中，专门跨国并购所得税制规则均是以财政部、国家税务局等部门分别或联合作出的规定、通知、批复等规范性文件为基础建立起来的，后者成为我国跨国并购所得课税的重要法律渊源。事实上，以部门规章形式出台的各类课税规则已然成为我国税收立法的一大“特色”。将我国积习已久的税收立法体制对税收法定主义的僭越暴露无遗。

由于课税规则立法层次低，对其进行调整只需在国家税务局或财政部内部进行，而无须经过全国人大或国务院的批准。国家税务局在规范、调整跨国并购所得课税规则上获得了巨大的权力，而这种权力却极少受到限制。从对税法意义上的跨国企业并购交易的类型划分、跨国并购交易具体课税规则的确定到特定跨国并购交易所得和收益的税收优惠待遇的确立，均由财政部或国家税务局以行政规范性文件的形式予以规定。在本书写作过程中，发现许多以税务行政规范性文件僭越税收法定原则的情形，这里试举几例：

（1）目前作为我国专门规范企业并购重组所得课税的重要法律依据的59号文，创新性地规定了免税并购交易包括主观和客观两方面的五项适格要件，另对免税跨国并购交易规定三项条件要求，规定了对符合免税并购条件要求的交易类型中的股权转让所得的特殊性税务处理规则以及利用多步骤交易原则规制以避税为目的的资产和股权并购交易，等等。

（2）125号文第3条第（5）项是关于汇总计算企业境外应纳税所得额的规定，“企业在境外同一国家（地区）设立不具有独立纳税地位的分支机构，按照企业所得税法及实施条例的有关规定计算的亏损，不得抵减其境内或他国（地区）的应纳税所得额，但可以用同一国家（地区）其他项目或以后年度的所得按规定弥补”，尽管这一规则是对《企业所得税法》第17条关于汇总纳税规定的解释，“企业在汇总计算缴纳企业所得税时，其境外营业机构的亏损不得抵减境内营业机构的盈利”，但从条文规定来看，《企业所得税法》禁止的是以境外亏损抵减居民企业的境内或他国的应纳税所得额，而并未提及居民企业的境内营业机构。这意味着，125号文的规定调整了《企业所得税法》中规定的税收要素。这一超出法律规定的对税前扣除的限制或许由于《企业所得税法》第20条的规定“收入、扣除的具体范围、标准和资产的税务处理的具体办法，由国务院财政、税务主管部门规定”，而被认为是在财税部门权限之中，但其合理性仍有待商榷。

在税法没有作出规定的情况下，税务机关却以规范性文件的形式进行规则创设，属于对上位法律的僭越，更将纳税人正当、合法的权益置于不安定状态之中。

根据《立法法》第 8 条规定，财政、税收的基本制度应由全国人大或全国人大常委会制定法律或授权国务院制定行政法规；第 72 条进一步规定，涉及两个以上国务院部门职权范围的事项，应当提请国务院制定行政法规或由国务院有关部门联合制定规章。由于对跨国并购所得课税不仅直接影响到国家财政收入，关系到国家税收管辖权的行使，以及国家税收主权的最终实现，也将影响到我国今后均衡实施“引进来，走出去”宏观经济战略，保证非居民企业和中国居民企业实施跨国并购交易中税收负担的平等待遇，自然应当以税收法律或行政法规的形式出台，但从立法实践上看，跨国并购所得课税的专门规则均以财政部和国家税务局出台的行政规章形式出现，提请国务院制定行政法规的并不多见。

客观而言，财政部和国家税务局制定的并购重组所得课税的规范性文件以及相关税收征管政策对于中国跨国并购投资活动的总体发展、对于规范中国跨国并购各交易主体的税收负担以及维护我国税收管辖权的正当行使都具有积极的意义。但即便如此，将本应以法律形式出现的课税规则弱化为政府的规范性文件，将本应是人民的同意行为弱化为行政部门的内部行政行为，虽然这似乎适应了迅速发展的中国并购市场所需要的灵活性与适应性，但由此付出的代价将是更加助长税务机关随意扩大其规则制定权，浸淫立基于中国宪法的税收法定主义。

（二）消除跨国并购所得国际性双重征税规则不完备

跨国并购所得来源地的确定问题，首先关系到中国能否对取得有关所得的非居民纳税人主张行使属地性质的征税权。中国如果确定非居民并购企业获得的有关项目所得是来源于其境内的所得，它就有权就该项所得对取得所得的非居民企业课征所得税；如果确定所得系来源于中国境外的其他国家境内的所得，则原则上无权对该项所得课税。关于所得来源地的识别认定不仅对非居民纳税人的课税义务具有关键性意义，对居民纳税人同样具有重要的影响。因为，中国所得税法中关于解决居民纳税人面临的国际双重征税问题所采用的是外国税收抵免制度，而外国税收抵免制度适用的前提是中国税法上确认居民纳税人的有关所得系来源于境外所得，才允许居民纳税人对外国缴纳的所得税抵扣其就境外所得应向中国缴纳的所得税。如果有关所得被确定为来源于中国境内而非境外来源所得，则即使居民纳税人就此所得在中国境外缴纳了外国所得税，中国也不允许给予居民纳税人以外国税收抵免待遇，从而使纳税人的税收利益只能在听任国际双重征税发生中遭受损失。

1. 对于125号文的若干质疑

2009年出台的125号文，对《企业所得税法》第23条和第24条所规范的企业境外所得税抵免问题做出具体说明，对消减居民企业境外所得的国际性双重征税问题具有重要意义，为中国企业“走出去”扫除部分税收上的障碍。中国的境外所得税收抵免制度的实体规则框架基本成功构建，但这个抵免制度框架始终存在着原理比较复杂和操作比较烦琐的问题，需要企业拥有较为完善的内部配套基础，如居民企业需要熟识境外的所得税税法、及时和准确收集纳税凭证和证明、计算和申请中国税收的抵免等，这些影响到企业的有效遵行。更为重要的是，125号文在许多问题上仍然停留在原则的界定和有关规定的补充与重申层面上，抵免中的具体管理尚缺乏更为细致而深入的规定。

（1）125号文的文字表述复杂，加之税务行政规章的立法形式，让许多企业对其缺乏足够的重视和准确的理解，导致无法正确计算跨国并购投资中的境外所得税抵免。依据文件规定，企业不能准确计算境外所得的应纳税所得额、可抵免境外所得税税额、境外所得税的抵免限额等有关项目，在相应国家缴纳的税收不得在该企业当期应纳税额中抵免，也不得结转以后年度抵免。对于哪些情形属于“企业不能准确计算实际可抵免分国（地区）别的境外所得税税额”，文件却不置可否，而且这将让企业面临境外所得被双重征税的风险，从而给居民企业的跨国并购投资带来负面影响。

（2）关于企业境外所得问题，125号文第3条第（4）项规定，在计算境外应纳税所得额时，企业为取得境内、境外所得而在境内、境外发生的共同支出，应按合理比例进行分摊。按此规定，企业在境外发生的成本费用，应按照我国税法的规定进行调整。但对于具体的调整分摊方法，文件却不置可否，包括境外发生的费用需要哪些凭证资料才能扣除、扣除标准是多少、别国的发票和报表如何进行认定、母子公司之间垫支的费用怎样分摊才合理。而且，我国税法对各种资产的投资成本回收的待遇有不同处理方式，在应税资产收购中如何将收购对价分摊给被收购的目标企业各项资产，一方面，会影响跨国并购交易的正常秩序，易于在境内外并购交易主体没有事前达成分摊协议的情况下引发纠纷；另一方面，会促使并购交易主体倾向于人为将收购成本分摊到能够为其带来更大税收利益的某类资产项目中，以规避相关课税规则。中国企业在跨国并购实践中将必须面对并回应上述诸多问题，但125号文仅仅用笼统的“合理比例”字样来规定，显然无法指引中国并购交易企业确定其境外并购投资所得。另外，关于股权转让、股息分配等消极收入的确认是遵循来源国的有关税法规定还是中国会计准则，抑或中国所得税法的规定，如果遵循中国相关规则，又很可能与境外所得的来源国的税法的扣除办法和标准不一致，那样就会产生重复扣除或不得扣除的问题。对于受控外国公司被视为汇回居民企业的利润分配所得的特别税务处理，文件也尚付阙如。

（3）关于汇总计算企业境外所得应纳税所得额问题。中国居民企业收购境外目标企业的全部资产和负债，并将后者转变为其不具有纳税地位的境外分支机构，该分支机构具有的亏损如何在中国居民企业全部境外所得中扣除呢？125号文采用的是限制企业境外盈亏跨境互抵的规则，但可以用同一国家（地区）其他项目或以后年度的所得按规定弥补。① 尽管这一规则是对《企业所得税法》关于汇总纳税规定的解释，② 但本文认为当属于扩张性解释。从《企业所得税法》规定来看，禁止的是以境外亏损抵减居民企业的境内或他国的应纳税所得额，而并未提及居民企业的境内营业机构。而对于“不具有独立纳税地位”的判断，125号文规定为根据企业设立地法律不具有独立法人地位或者按照税收协定不认定为对方国家（地区）的税收居民，但如果根据企业设立地

---

① 125号文第3条第（5）项规定：“在汇总计算境外应纳税所得额时，企业在境外同一国家（地区）设立不具有独立纳税地位的分支机构，按照企业所得税法及实施条例的有关规定计算的亏损，不得抵减其境内或他国（地区）的应纳税所得额，但可以用同一国家（地区）其他项目或以后年度的所得按规定弥补。”

② 《企业所得税法》第17条规定：“企业在汇总计算缴纳企业所得税时，其境外营业机构的亏损不得抵减境内营业机构的盈利。”

法律和税收协定得出相反的结果，应当遵循哪个结论呢？尚需进一步明确。

此外，中国居民企业将境外目标企业兼并为其营业机构的亏损不仅不得抵减该企业境内盈利，而且不得抵减在他国的所得。然而，财政部和国家税务局1997年在修改《境外所得计征所得税暂行办法》（财税字〔1995〕96号）基础上重新发布的《境外所得计征所得税暂行办法〉（修订)》曾规定，在计算境外所得时，“企业境外业务之间的盈亏可以互相弥补，但企业境内外之间的盈亏不得相互弥补”。也就是说，1997年发布的税务行政规章中尚且允许企业境外不同国家业务之间的盈亏可以互相弥补，在中国企业境外并购投资的规模和数量成倍增长的今天，税收规则反而要对跨国盈亏弥补做出更苛刻的限制，实在令人百思不得其解。

事实上，很多企业的境内、境外投资业务是一个整体，境内业务要为境外的并购投资活动提供各类服务，大量的成本费用在境内并购企业发生，并形成亏损，或者相反。按现行规定，居民企业境内、境外业务之间的盈亏不得相互弥补，导致境内亏损不能从境外盈余中抵减，或者境外亏损不能从境内盈余中抵减，使纳税人因为盈利和亏损发生地点的不同而被赋予不同的纳税义务，不能按居民企业的真实利润水平计算应纳税所得，导致对纳税人在某一纳税期间内全球所得的过高估算，有违税收横向公平价值理念，造成具有相同性质的境内所得和境外所得的纳税主体在税法上的差异性待遇。更重要的是，如若居民企业境外并购投资带来的亏损无法用于抵减境内所得或来源于其他国家（地区）的所得，这实质上相当于一个企业分别适用境内所得与境外所得两套课税规则，既违背法人所得税制的基本原理，也不符合“对纳税人的境外所得和境内所得合并统一进行汇算清缴”的规定，[①] 境外亏损抵减限制造成较为冒险的境外并购投资相比于境内同等风险的投资在税收上要处于劣势，对中国居民企业选择从事风险性较大的境外并购投资活动具有抑制性作用，破坏了国际税收的中性原则，进而背离了国际税收中性原则所欲实现的国际税收效率价值。

另外，125号文仅对境外分支机构亏损抵减作出限制，尚未明确企

① 邓远军：《公司并购税收问题研究》，中国税务出版社2008年版，第189页。

业在境外的其他亏损是否可以抵减境内或者是他国的所得，比如在境外并购中转让其位于境外的常设机构等非营业性财产产生的亏损。另外也并未明确规定境内亏损不能从境外所得中抵减，如果税务机关在税收实践中，对并购企业用境外所得弥补其境内亏损似乎没有充足法律依据。

（4）关于可抵免的境外所得税税额问题，虽然125号文重申可抵免的境外所得税税额是指企业来源于中国境外的所得依照境外税收法律以及相关规定应当缴纳并已实际缴纳的企业所得税性质的税款；但什么是具备“企业所得税性质”的税款，有待进一步明确。如果出现企业当期实际缴纳的境外所得税额中包含按境外税法规定应归属于以前纳税期间的部分，或者以前纳税年度已经完税的境外所得在当期发生境外补税或退税的情况，对于类似以上情形，125号文并没有详细规定如何进行抵免计算。另外，在实践中判断哪些情形属于“企业不能准确计算实际可抵免分国（地区）别的境外所得税税额”，可能存在一定难度，需要国家税务局进一步做出规范指引。

（5）关于间接抵免问题，125号文第6条规定直接或间接抵免的条件都为持有外国企业20%以上的股份，这与中国对外签订的双边税收协定规定中国居民公司持有下属外国公司10%以上股份的间接抵免条件并不一致。此外，由于间接抵免涉及境外所得还原、外国所得税额的汇率计算等技术性问题，不仅挑战居民企业的准确计算能力，而且对居民企业所属的税务机关的税收征管水平也提出较高要求，实际操作中难免存在间接抵免不到位的情况。125号文规定间接抵免限于三层外国企业，但是如果在实践中，一些海外中间控股公司的存在因一般反避税条款或其他类似条款而被否定其法律人格，那么，在判断间接抵免的三层外国企业时，是否也应该否定这些中间控股公司呢？文件并未提及。

（6）简易征收办法适用范围狭窄。对于居民企业来源于规定范围内的国家（地区）的营业利润和符合间接抵免条件的股息所得的税收管理可以适用新定率扣除法和免税法。

“新定率扣除法”似乎是出于为中国居民企业提供过渡安排的考虑，才在文件中保留了与类似原内资企业所得税法体系的定率扣除法的规定。但是这一新定率扣除法只适用于居民企业虽有所得来源国（地区）政府核发的具有纳税性质的凭证或证明，但又因客观原因无法真实、准确反映应当缴纳并已经实际缴纳的境外税额的情况。所指的这些所得来源国（地区）的实际有效税率是不可低于12.5%。125号文并没有对“客观原因”做出进一步的定义和说明，这有待于进一步予以明确。另外，境外所得的范围也受到严格限制，仅限于境外营业利润所得和符合间接抵免条件的股息所得。对于这两类符合条件的境外所得，居民企业可固定按境外应纳税所得额的12.5%为抵免限额进行抵免，这实际上等于减少了居民企业的境外所得税抵免限额。当居民企业实际缴纳和负担的境外税额不超过按照12.5%计算出的抵免限额时，居民企业根本没有资格选择“新定率扣除法”，而只能按照实际缴纳和负担的境外税额进行抵免。相反，当居民企业实际缴纳或负担的境外税额超过12.5%的抵免限额时，当年度居民企业将仅可以按照这个抵免限额进行抵免，超过的部分也不能结转到以后年度中。

居民企业有来源于文件规定的特定国家（地区）的境外所得，可直接以按税法规定计算的抵免限额作为可抵免境外税额，而无须计算应补所得税额。在无须补交中国所得税的同时，居民企业那些超过抵免限额的境外税额也不能结转到以后年度再行抵免。

总体而言，125号文规定的上述两种简易征收办法的适用范围其实较为狭窄，因此实际中能享受其好处的居民企业将会相当有限。

实际上，125号文不只存在上述诸问题，如对于居民企业已经完成的2008年度所得税申报，主管税务机关会否重新审查并要求居民企业对境外所得税抵免进行调整？或者说，那些因沿用旧税制下的税务处理而少扣境外所得税抵免并在2008年度多缴税的居民企业，能否向主管税务机关要求对其进行调整并申请退税？再如，对困扰红筹控股结构多年的多重征税的问题，文件亦没有作出任何规定。

2. 适用不同主体的资本收益税收优惠规则形成税收差别待遇

我国税法中尚未明确资本利得概念，更没有单独设置“资本利得税”。对具有资本利得实质的一些所得的税收处理规定分散于企业所得税、个人所得税等税收法律规定中。对于目标企业个人股东取得的股票转让收益，个人所得税法中明确规定，对股票转让所得应征收个人所得税，但同时规定对股票转让所得征收个人所得税由财政部和税务总局另行制定。自1997年以来，税务机关数次发文对个人股东转让上市公司股票产生的所得暂不征税；对于境内目标企业的居民企业股东的股权投资转让收益均应当并入其应纳税所得额，依法缴纳企业所得税，而目标企业的非居民股东则就其发生在中国境内的股权转让收益根据中国所得税法规定缴纳企业所得税或个人所得税。而发生的资本性亏损也可以充抵企业的营业利润，其必然会产生会计报表难以客观反映当年成本的问题。而个人股东转让上市公司股票所得免征所得税又会导致如下问题：一是产生税收差别待遇，这既表现在上市公司的法人股东和个人股东之间，也表现在上市公司的个人股东和非上市公司的个人股东之间。法人股东转让股权所得被课税，而个人股东转让股票所得却无须纳税，上市公司的个人股东转让股权所得免予课税，而非上市公司的个人股东转让股权所得被课税，这显然有违横向税收公平原则。二是股东对资产收购和股票收购的偏好差别。因为资产转让首先要缴纳企业所得税，分配到个人手中时又须交纳个人所得税，造成经济性双重征税。相反，若仅涉及股票收购，则企业所得税可以递延到收入实现时才缴纳，若股票持有人是上市公司个人股东，则在股票转让收益获得实现时仍无须就转让所得纳税。这种税负差别难免促使股东会抵制资产收购而偏好股权收购。三是对上市公司个人股东在企业并购中获得股票转让收益免予课税，也促使某些大股东操纵并购交易安排，制造大量假收购行为来规避税收，这不仅可能引发中国证券市场的剧烈波动，也不利于中国并购市场的健康发展。

3. 现行税收协定在避免双重征税问题上的不足

我国自 1985 年以来谈签的双边税收协定一直以资本输入中性为主导，强调来源国税收管辖权应当优先于居民税收管辖权，这完全符合我国作为发展中国家的经济发展需要。20 世纪以来，我国在继续推进“引进来”战略的同时，也加快实施“走出去”战略，越来越多的中国企业通过跨国并购等直接投资方式开展境外经营活动，但我国目前缔结的税收协定还缺乏站在居住国的角度系统、深入地设计避免双重征税的规则，无法完全适应中国企业快速发展的境外并购活动的需要。因此，我国税收协定的谈签应开始考虑作为居住国如何在税收上鼓励促进我国企业的境外投资经营活动，有效防止或减除因缔约国双方的税制差异而造成对居民纳税人的双重征税，实现税收对跨国经营活动的中性影响，同时加强国际税务合作，打击国际逃避税行为，实现纳税人之间的公平竞争。

例如，税收协定中的避免双重征税条款主要适用于解决跨国所得的法律性国际双重征税和经济性国际双重征税问题。其中利用间接抵免规则来消除跨国股息所得的经济性双重征税，但规定的中国居民公司持有下属外国公司10%以上股份条件要求与125号文规定的持有外国企业20%以上的股份不一致，这一点前面已经提及。至于跨国并购中经常出现的不匹配类型的特殊国际性双重征税问题则没有任何解决措施。尽管税收协定中一般都规定有非歧视条款，但一般仅包括国籍、常设机构、支付和资本的非歧视，不涉及所得定性和纳税时间的无差别待遇，并购企业因这两种原因导致的双重征税问题将无法依据税收协定得到消减。

另外，与发展中国家签订的税收协定中有关饶让抵免的规定不能适应实践需要。近些年来，中国居民企业在海外并购投资的国家和地区中发展中国家所占比例迅速扩大。这些国家往往由于经济落后、政局不稳、制度不健全，为吸引外国资本，一般都规定一定程度的税收减免优惠措施。但考察我国与大部分发展中国家签订的双边税收协定，倾向于相互之间不赋予税收饶让抵免。如我国企业投资较多的苏丹、哈萨克斯坦、阿尔及利亚等国。这种做法似乎维护了缔约国之间的税收利益分配上的平衡，但在积极推进“走出去”战略之下，最终影响的将是实施境外并购投资的中方企业的税收利益。

（三）规制跨国并购融资避税的制度尚欠完善

1. 资本弱化规则存在的问题

我国税法的资本弱化规制规则将超过固定比例的债权投资收益二次调整为股息，并进行课税，这对于我国税务机关规制并购交易主体在跨国并购中的融资避税安排具有重要的现实意义，但在规则适用中却面临着如下问题：

（1）中国在跨国并购交易中作为利息来源国的情形下，中国税务机关在什么条件下将上述利息重新定性为股息处理，对外不致构成违反与境外并购母公司所在国间的双边税收协定的征税行为。这个问题很大程度上取决于两国间税收协定中有关股息和利息的概念定义和范围。[①]考察我国对外签订的双边税收协定，绝大部分协定中的股息定义条款是采用OECD范本和UN范本第10条第3款关于股息的定义，即必须是基

① 廖益新、邱冬梅：《利息或是股息——资本弱化规则适用引发的定性识别冲突问题》，载《暨南学报》2009年第4期。

于“股份或者非债权关系分享利润的权利取得的所得”。而我国现行资本弱化规则采用固定比例法，将企业超出规定比例的利息支出重新定性为股息予以课税，税务机关仅简单地规定将超出国内税法规定比例的利息调整为股息分配，并按税收协定中有关股息课税条款进行课税，容易与我国对外缔结的双边税收协定中有关股息和利息课税条款产生冲突，构成违反税收协定的征税行为。

不可否认，税务机关以上的调整行为可以有效防止境外并购母公司通过为境内并购子公司提供融资贷款来降低其最终的并购税收成本。另外，依照我国对外缔结的税收协定中有关消除双重征税的条款规定，只有在来源国一方的征税是符合税收协定规定的征税行为的条件下，居住国一方才有义务对其居民纳税人在来源国缴纳的税收给予直接或间接抵免，而中国税务机关的重新定性并对纳税人课征股息预提税，这种对汇出利息进行重新定性很难获得贷款方居住国的认可，进而导致无法在贷款方居住国获得相应的税收抵免。这意味着，原本旨在协调解决因跨国避税行为引起的纳税主体和征税主体之间的税收利益冲突的规则，却为引发另一种税收利益冲突——来源国与居住国之间的税收管辖权分配冲突——埋下了“隐患”。

在非居民企业域内并购融资受到我国资本弱化规则调整过程中还可能受到税收歧视性待遇。根据《特别纳税调整实施办法（试行）》第88条规定，境外关联企业和境内关联企业在超出比例的利息扣除问题上适用不同的扣除规则。“分配给实际税负高于企业的境内关联方的利息准予扣除”，也就是说，分配给境外关联方的利息在任何情况下均视同分配的股息不予境内借款企业扣除。而我国在对外签订的税收协定中几乎都规定有纳税人非歧视条款，即在相同情况下，缔约国各方居民在对方缔约国负担的税收或者有关条件应当相同。因此，上述利息扣除的不同处理规则显然违背了税收协定的非歧视原则。

（2）中国在跨国并购交易中作为融资借款方的居住国，一般发生在中国居民企业实施跨国三角兼并活动中。目标企业所在国税务机关适用其国内税法上的资本弱化规则，将位于该国境内的中国居民企业的并购子公司汇回中国的来源于该国境内的融资贷款利息重新定性为股息，并源泉扣缴股息预提税。中国税务机关如何确认利息来源国的重新定性行为并进行相应的税收抵免呢？关于这个问题的回答在很大程度上关系到居住国给予抵免的程度和范围以及贷款方是否会承担法律性国际双重征税。①

我国国内税法和对外缔结的双边税收协定对于中国居民企业取得的境外所得双重征税问题的消除均采用抵免法，这在前文已作论述。不过，我国并没有像美国、英国、加拿大等国家在税收协定的消除双重征税条款中引入国内法关于抵免的规定，实际上，各国国内税法中对抵免制度的规定均要比税收协定更为详细、复杂，在税收协定中引入国内法的相关规定，能够保证居民国在与作为来源国的缔约国另一方之间产生所得性质识别冲突的情况时可以依照其国内法规定来做出决定。根据我国对外缔结的税收协定中消除双重征税条款规定，对于中国居民企业按照税收协定规定对取得的来自境外贷款子公司所在缔约国的所得缴纳的该国所得税予以抵免。当中国居民企业在跨国并购融资中取得的债权利息受到来源国国内资本弱化规则的调整并被源泉扣缴股息预提税，而该境外所得并不属于协定中关于股息的定义，则无法适用协定抵免条款来直接限额抵免股息预提税，以及间接限额抵免股息被作为借款方利润时在来源国课征的所得税性质的税收。这将增大中国居民企业开展境外并购投资活动的税收成本。

总之，以上矛盾如若不能得到及时、有效的解决，必然容易引起中国跨国并购主体的国际税务争讼，以至于挫伤境外并购主体到我国开展并购投资活动的积极性，并阻碍中国居民企业扩大海外并购投资规模和数量，不利于我国“引进来，走出去”双向战略的有效实施。

2. 反滥用税收协定规则缺位

随着中国市场经济体制的不断深化，经济实力的不断增强，并在“引进来，走出去”双向发展战略的积极带动下，近些年来，中国企业在国际经济活动中迅速崭露头角，尤其是在全球金融危机中，许多著名跨国并购交易均由中国企业参与或主导实施。尽管如此，中国吸引外资的根本宗旨并未改变，在国际税收关系中，中国仍然强调其来源国的地位，跨国并购交易主体的滥用税收协定行为则会对我国的地域税收管辖权造成损害，减少国家财政收入，破坏税收公平负担原则，造成纳税人

① 廖益新、邱冬梅：《利息或是股息——资本弱化规则适用引发的定性识别冲突问题》，载《暨南学报》2009年第4期。

之间的负担不合理分配，影响我国同世界各国正常的经济交往秩序。因此，中国必须对滥用税收协定活动实行规制。然而，从目前我国税收立法的现状来看，尚缺乏防范滥用税收协定避税的有力措施，只是在企业所得税法及《特别纳税调整实施办法（试行）》中在一般反避税条款中提及。不可否认，在我国国内税法中引入反避税的一般条款已经属于一种突破性的规定，但该条款只是一般原则性规定，对纳税人权利限制不明确，可操作性不强。另外，没有明确滥用协定的判断标准，完全由税务机关或法院对纳税人的行为和动机进行自由裁量，境外并购企业无法预期自己的融资结构安排在我国税法上的税收后果。在国际税法层面，中国仅与少数国家缔结的税收协定中规定了反滥用税收协定的专门措施，其余绝大部分的对外税收协定的反滥用措施仅能有赖于协定中的“居民条款”① 和“受益所有人”概念。② 即便是有这两种方法，在具体规定上还是很不完善：居民定义条款的本意在于避免双重征税，而并不为防止税收协定的滥用，只是在客观上起到了防范滥用协定的作用而已；“受益所有人”或类似相关概念的具体含义是什么，协定中也没有做出明确的界定。

我国关于反滥用税收协定的笼统的规定，一方面，不利于鼓励境外并购企业在合法的限度内进行并购融资安排；另一方面，也很难切实有效保护纳税人的合法权益，当境外投资者的税收利益被置于不安定的法律制度环境中时，必然会在很大程度上打击境外投资者的积极性，不利于我国吸引外资。另外，在没有相关防范措施的情况下，纳税主体的复杂、隐蔽的滥用税收协定安排非常容易实现，会破坏国际税收公平。因此，我国应当借鉴西方国家经验，尽快制定完善的防范滥用税收协定措施。

---

① 在中国对外缔结的税收协定中关于“居民条款”的规定是，按照缔约国法律，由于住所、居所、总机构、注册所在地，或者其他类似的标准，在该缔约国负有纳税义务的人。但这项规定还要取决于对“在缔约国负有纳税义务”作何解释，是指纳税人“必须”在缔约国实际负担了税款，还是以“应当”承担税负而实际并不一定必须缴纳为要件，如果依前一种为标准，则无法达到防范滥用税收协定的目的。

② 引入“受益所有人”的概念是国际税收协定中最普遍的防范滥用税收协定的措施。运用这一概念，如果中介公司被作为导管渠道，起到受托人或代理人作用，就不能得到税收协定的优惠待遇。这一概念在中国对外缔结的税收协定中的称谓并不完全一致，比如中日税收协定中使用股息受益人，中法税收协定中使用实际受益人，中美税收协定中则使用受益所有人。

（四）中国跨国并购投资的税收征管面临困境

在非居民企业实施域内并购交易中，中国作为并购所得的主要来源国，易于取得相关并购涉税信息，进而及时开展税收管理，相关的征管法规也比较健全。与之相较，对中国跨国并购中的境外来源所得的税收征管所面临的情况则要复杂许多。

1. 获取境外并购交易的税收情报受到限制

税务机关在对中国居民企业的境外并购投资进行税收征管时，很难掌握跨国企业并购投资活动的详细情况，对境外发生的收购资产或股权的行为也缺乏必要的途径进行调查。为收集跨国并购投资交易的税收情报，往往需要花费高额的成本，并且在收集情报的过程中需要耗费大量的时间，即便找到相关的情报也难以保证其真实性、准确性。① 因此，对于跨国并购交易的课税信息，税务机关在信息收集上处于明显的劣势，难以充分掌握纳税人的信息。尽管我国与多数国家缔结的双边税收协定中规定有税收情报交换条款，在一定程度上缓解了我国在跨国并购投资交易中涉税信息的取得问题，但在跨国并购交易的税收情报交换中，纠结着各国复杂的税收利益冲突，呈现出此消彼长的态势，在中国与其他缔约国就跨国并购投资交易进行情报交换过程中，可能因彼此经济发展水平、税收征管水平、对国际税收情报的需求与供给程度、从情报交换中获利的不平衡及不对等而产生冲突和矛盾。② 另外，由于各国间并不存在一致的跨国并购投资监管规则和会计准则，对跨国并购交易所涉及的各项要素的表述也必然存在差别，使得对利润、费用和成本的确认标准以及对跨国并购信息的反应态度随之存在不同。各国对并购交易监管重点、方式和深度的差异，在一定程度上也将影响所提供的课税资料的准确和全面。

2. 获取境外并购课税信息缺少部门协作机制

居民企业境外投资项目的报批在国家商务管理部门，资金支付须经国家外汇管理部门和银行批准。但目前来看，税务机关与上述各职能部门并未建立无障碍信息交流平台，彼此间缺少统筹协调，致使居民企业

---

① 孙玉坤、王璘珂：《欧盟税收情报交换及其对我国的启示》，载《现代情报》2007 年第 6 期。

② 贾军安：《国际税收情报交换：发展与困境的思考》，载《涉外税务》2007 年第 8 期。

的境外并购投资的涉税信息不能及时、准确、完整地被主管税务机关获取，税务机关无法从外部了解、掌握企业的境外并购投资情况并进而开展切实有效的税收管理。

从税务管理部门内部看，中国目前的税收征管信息系统未对居民企业境外投资项目信息进行采集，我国税务管理又划分为国税系统与地税系统，一个居民企业从事境外并购投资，既涉及国税系统的管理，也涉及地税系统的管理，企业所得税的征管由国税系统与地税系统共同实施，个人股东的股权转让所得的征管则一般归属于地税系统。即便在一个税务管理系统内，居民企业的境外并购涉税管理也分别由主管国际税务的部门和主管所得税的部门分别负责，如果不能实现各部门的协调配合，很可能造成相互掣肘。总之，上述的局限性在实践中难免会造成税务机关无法及时、有效地监控税源，实施征管。

3. 对跨国并购中境外股权转让税收征管规则存在不足

对跨国并购中发生非居民企业境外转让股权时的税务征管，尽管可以依据《非居民企业所得税源泉扣缴管理暂行办法》和698号文进行，但在实务操作中，仍需明确下列事项：如果境外转让股权不符合免税跨国并购交易条件的要求，非居民企业需当期纳税，虽然3号文明确了在境外股权交易中，非居民企业应该自行申报或委托申报企业所得税。但企业所得税法和3号文都没有对境外股权交易的纳税义务发生时间作出具体的规定。是否可以比照3号文中关于扣缴义务的发生时间进行处理尚待确认。此外，3号文并没有对被转让股权的境内企业如何具体“协助”主管税务机关向非居民企业征缴税款予以明确。如果税务机关将该“协助”义务作扩大解释，要求被转让股权的境内企业履行“代扣代缴”义务，而该境内企业未履行或未及时履行协助义务，会面临哪些惩罚措施呢？

四、全球化下中国跨国并购所得课税制度的建构尝试

征税主体对税收利益关系的判断和纳税主体对税收利益最大化的追求完整无缺地体现在税法之中，税法是税收利益均衡之法，无论是税法理念、价值目标、原则还是具体规则都应该并且能够通过利益均衡的推演来分析得出。前文系统分析了我国非居民企业域内并购中国企业以及中国居民企业域外并购所得课税立法的现状与不足，鉴于中国跨国并购

发展迅猛的现实情况，迫切需要尽快修正中国现行跨国并购所得课税制度的上述缺陷与不足，本书在研究能力范围内尝试建立更加适应于全球化经济发展趋势的中国跨国并购所得课税规则。本书提出的每一项建议都毫无疑问地将平衡跨国并购交易主体及法域主体间的税收利益贯穿其中，以保证税收中性与税收利益分配公平、协调多元利益主体的税收利益冲突为精神本源和终极归宿。

（一）中国跨国并购所得课税制度的价值与原则确立

1. 中国跨国并购所得课税制度的价值

“法律的价值视界是法律的‘应然’世界”,[1] 它不仅是法律的一种理想和目标，更是所处时代的一种要求，它既决定着该法律制度的具体规则的设计，也拷问着该法律制度是否符合法律的基本原则。中国跨国并购所得课税制度的价值选择亦不例外，它既决定着跨国并购所得课税具体规则的设计，也决定着具体规则是否符合所属税法制度的基本原则。

秉承税收利益平衡的逻辑思路，本文认为，在经济全球化背景下，中国跨国并购所得课税制度的价值内涵可以提炼为：应当以国家税收主权的尊重作为多元利益平衡的前提，以平衡并购各方主体的税收利益作为国家税收管辖权行使的制约机制，在单边立法规则及双边国际税收协定条款中进行各方主体权利义务的合理配置，并将平衡各方主体的税收利益贯穿整个跨国并购所得课税的单边规则与税收协定的解释与适用过程中。将税收效率与税收公平作为价值基准，并在复杂、系统的具体课税规则网格中无限地追求二者的统一与均衡。中国跨国并购所得课税制度中的公平价值，更多的是通过相互制约的利益之间相互妥协平衡来实现的，与此同时，只有充分、恰当地运用市场机制这只“看不见的手”，中国才能吸引最优质的域外并购资源并鼓励中国居民企业实施最有效的域外并购投资。

跨国并购所得课税制度中的利益平衡在税收公平价值目标上尤其体现为：一是对跨国并购交易主体征税的公平合理，对跨国纳税人的跨国并购所得的课税应与对具有相同经济能力的国内纳税人和相同性质的国

---

① 关明凯：《法律的三维透视——对法的价值、规则、事实的统一性研究》，法律出版社2008年版，第40页。

内征税对象的税收负担平衡一致，使从事跨国并购投资交易的纳税人与从事同样的国内并购交易的纳税人承担无差别的税负待遇。为此，既要消除纳税人的跨国并购所得存在的国际市场征税现象，也要防范跨国并购交易主体的国际逃避税行为，避免跨国并购所得的课税不足。二是中国与跨国并购交易另一法域主体相互之间在跨国并购所得上的税收权益分配的公平合理，使彼此都能从纳税人的跨国并购投资活动所产生的所得和收益中分享到其合理的税收份额。但由于中国与别国始终存在税制上的差异，需要通过双边税收协定对作为税基的跨国并购所得的征税权益进行公平的划分和分配，不过这并非仅是形式上的对等平衡，而是综合考虑了中国与别国经济发展水平的差距之后的实质意义上的平衡与协调。这两方面的利益关系的平衡协调均应以公平为旨意，不可偏废，否则均会对中国跨国并购投资活动产生消极不利的影响。

跨国并购所得课税制度中的利益平衡在税收效率价值目标上主要体现为中国税法适度鼓励跨国并购活动，对符合免税并购条件要求的并购重组交易予以免税待遇，允许兼并企业或收购后的存续企业继承目标企业的税收属性，目标企业及其股东不必确认资产转让及股权转让的收益或损失。另外，对中国居民纳税人的境外所得适用充分、合理的抵免制度。免税并购制度以及所得抵免制度有利于吸引外国优质并购资源，并促进中国企业扩大境外并购的规模和数量，从而推动中国更深入地融进经济全球化的浪潮中，在提高中国经济效益的同时带动全球效益的提高，实现我国跨国并购所得课税制度的最佳社会效益。

2. 中国跨国并购所得课税制度的原则

前文详细讨论了跨国并购所得课税制度在遵循充分、有效、适度、合理的基本原则基础上，应当通过国际税收公平原则及实质重于形式原则来主要彰显该制度之税收公平价值，通过国际税收中性原则及税收调节原则来着重贯彻该制度之税收效率价值，相应地，中国跨国并购所得课税制度亦应遵循上述各项具体原则。

另外，中国在跨国并购所得课税制度的立法活动应当遵守税收法定原则。税收法定原则通常并不被学界列为国际税法上的专门性原则，但由于我国在现行并购所得课税法律规范中，税收行政立法占绝对优势地位，规章、规范性文件数目尤其巨大，大多数规范都与税收法定主义的课税要素法定原则、课税要素明确原则和程序保障原则相违背。例如，从课税要素法定来看，中国跨国并购所得税法的规定几乎都是以国家税务局为代表的主体制定的规章或规范性文件。即便是制定行政规章和行政规范性文件是为了增强税收法律、法规的可操作性，但如果无限制地放纵税务机关的这一制定权，只会把更多的部门利益纳进税法规范中，使税法规范失之偏颇，甚至与法律、法规产生矛盾和冲突。这在缺少立法权和司法权的监督、审查机制的情况下，极有可能导致立法的失控，从而使税法规范的实质合法性也无法得到保障，并在实践中造成税法适用上的混乱和冲突，使跨国并购交易中的纳税主体权利无法得到有效保护。因此，如果说制度在一个社会中的主要作用是通过建立一个人们相互作用的稳定的（但不一定是有效的）结构来减少不确定性的话，法律的权威性和作用领域远较政策具有战略性意义，尽管法律的制定与实施需要的固定成本大于行政规范性文件或政策，而协调成本则远小于后者，为维护中国跨国并购所得课税制度的权威性，切实保障税法规范的实质合法性，我国在制定相关税法规则时应坚持税收法定主义原则，由全国人大及其常委会统一制定或在明确授权立法目的、范围、监督程序的前提下赋予税务机关立法权，对于授权立法，必须采取谨慎的态度。

（二）中国现行跨国并购所得课税规则的修正：国内法层面

针对上述我国跨国并购投资所得课税制度中存在的问题，借鉴国际上多数国家的一般做法，从我国大力实施“引进来，走出去”战略出发，本文认为，我国现行跨国并购所得课税规则至少需要从如下几个方面进行修正：

1. 完善境外所得抵免制度

（1）简化计算境外应纳税所得额。鉴于125号文要求以我国现行所得税法的规定将境外所得调整为中国应纳税所得额在实际操作中的困难，不妨对中国居民企业境外并购投资成立的全资境外机构的所得采取核定征收的办法，首先可以参考境外机构所在国税务部门认可的应纳税所得额作为计缴国内应纳税额的依据。当然前提是境外机构所在国不是我国法律法规认定的避税港或低税国家（地区）。如果因各种原因无法取得当地税务部门认可的应纳税所得额的数据资料，则可以允许提供境外会计中介机构的审计报告，并以报告中确认的所得为依据来确认其境外所得，再按照我国税法计算应纳税额，进而再具体适用抵扣规则。对于居民企业与境外非居民企业合资所有的境外机构分配的股息收入，则不妨考虑直接按股息收入在境外实际适用的税率还原为中国居民企业的税前所得，进而再按中国相应所得税率计算其应纳税额以及适用抵扣规则。上述建议可以避免居民企业在按照125号文规定来确认其境外所得并扣除合理支出的时候，与境外所得的来源国税法的扣除办法和标准不一致所产生的重复扣除或不得扣除的问题发生。

（2）减少境内外亏损弥补的限制。正如前文所分析的，在经济全球化背景下，中国企业境外并购投资的规模和数量与日俱增，必将面临更大的风险和更多的不确定性因素，遭受境外投资损失的可能性自然随之迅速增大，但是根据125号文规定，居民企业的境外并购所得并入境内所得汇总征税，但境外投资亏损却不得从其境内所得中抵减，这一规定对中国企业在境外并购投资中选择具有较高风险的项目显然具有抑制性作用，并可能导致对纳税人在某一纳税期间内全球所得的过高估算，潜在增加其纳税义务，是对跨国并购税制公平与中性价值目标的背离。鉴于此，本书建议不妨借鉴美国一直采行的亏损还原规则来修正我国现行的境内外亏损相互弥补的限制性规则。① 具体来说，居民企业兼并境外目标企业为其分支机构，并因此当年在来源国发生投资亏损，按照亏损还原规则，并不需要限制居民企业当年在来源国发生的亏损抵减其境内所得，而仅仅需要规定，如果用当年的境外亏损抵减了境内所得，则次年在计算该居民企业境外税收抵免时，该年度发生的境外所得与前一年境内所得弥补境外亏损额度相等的一部分被定性为境内所得，即还原为境内所得。这样，次年的境外所得被定性为中国境内所得，相应地，在来源国已缴纳的税款就不得抵扣而必须向后结转。

亏损还原规则与现行的亏损抵减限制规则的本质区别在于，后者将居民企业当年的境外亏损的弥补，或者转移到同一来源国的其他项目，或者将弥补时间延迟到以后年度，这实际上相当于提前了居民企业的未来境外所得的确认和纳税时间。假如居民企业在同一来源国并无其他投资项目，则只能向后结转，但再假如居民企业在以后年度并没有在同一来源国产生所得，则亏损抵减限制规则就使得纳税人的亏损完全无法得

---

① 我国国际税法学者崔威在《我国企业对外投资急需解决的两个税法问题》一文中详细列举论证了限制境内外亏损抵减规则并非唯一保护中国税基的方法，载《税务研究》2009年第11期。

到承认。原本旨在协调国家与纳税人之间的税收利益冲突却潜藏着引起国家与纳税人税收利益更大冲突的因素。相比之下，亏损还原规则既维护了国际税收制度的公平与中性，为居民企业的境外并购投资最大限度地扫清了税收上的障碍，也可以有效防止居民企业通过非正常手段虚增境外投资亏损的动机，维护我国税收利益。

（3）进一步细化间接抵免规则。2009 年年底，中国与新加坡签署生效的税收协定第二议定书中将协定中规定的间接抵免法的 10% 股权比例要求修改为 20%，旨在与国内 125 号文的规定保持一致。中国还应当尽快修改与别国签订的税收协定中的有关间接抵免持股比例要求。

从我国目前的税收征管水平看，三层的抵免层级虽然偏少，但便于征管工作的开展。不过，从我国对外投资的现状看，由于外汇管制等方面的原因，我国实施海外投资战略的企业集团的层次一般至少是三层，多则达到六层，而随着我国企业愈加深入地参与全球经济投资，集团的股权结构势必更趋复杂化。125 号文的三层间接抵免规则并不能完全解决这类企业集团的跨国股息所得的经济性双重征税问题。为了切实减轻中国企业境外并购投资的税收负担，建议制定机关应当适时放松间接抵免制度中的层级限制，但中间层级间的股权份额应严格限制为 100% 股权关系，且最后的持股比例达到 10% 以上。对多层全资控股的境外子公司超过 50% 控股比例的，可以采用透明法，视为中国居民企业在境外的分支机构，公司的分支机构得到的所得在适用我国税法时被看作由该公司直接获得。

如果居民企业的海外中间控股公司被税务机关适用一般反避税条款或其他类似条款，其法律人格被否定，那么，在判断间接抵免的三层境外企业时，亦应否定中间控股公司的存在，直接对居民企业与其适格境外子公司的股息分配适用间接抵免。

居民企业从其控制的、符合条件的三层境外企业取得境外股息收入，制定机关应当进一步明确如下事项：当这三层境外企业分布在两个或三个不同国家时，如何分别确定居民企业取得的股息收入的真正来源国？当每层或部分受控境外企业在留存一定储备金后再向上一层公司进行股息分配的情况下，是应当根据“先进先出”还是“加权比例”原则来进行跟踪并确认境外税后利润和可抵免境外税额等。

（4）完善境外所得简易征收办法。为避免实践中就是否可以适用

125 号文规定的简易征收办法，制定机关应当尽快明确“客观原因”的具体定义和涵盖范围、在居民企业同时符合适用“新定率扣除法”“免税法”进行简易征收时如何进行选择、选择适用简易征收方法有关的申请程序以及时间限制等问题。本文认为，125 号文中规定的两种简易征收办法毕竟只是制定机关提供的过渡性制度安排，况且其适用范围其实较为狭窄，导致实际中能享受其好处的居民企业将会相当有限，因此，从长远考虑，建立严密、完整的境外所得税抵免制度才是未来的发展趋势和正确选择。

2. 改进中国跨国并购融资的反避税规则

（1）完善资本弱化相关法律规则。我国的资本弱化规则，是由《企业所得税法》第 46 条、《企业所得税法实施条例》第 119 条、《一般反避税管理办法（试行）》第 6 条和财政部、国税总局《关于企业关联方利息支出税前扣除标准有关税收政策问题的通知》《特别纳税调整实施办法（试行）》第九章以及国税总局《关于完善关联申报和同期资料管理有关事项的公告》第 15 条、第 17 条组成的，即以固定比例法为主，以独立交易原则为辅的资本弱化税收管理制度框架。其中具体规范多由部门规范性文件规定，法律仅仅规定了原则性的事项。在法律层面，我国面对资本弱化问题时，选择“固定债资比例”方法，同时规定债资比例“标准”由国务院财政、税务主管部门另行规定。① 后者实际上对我国的资本弱化规则做出了实质性变更，即由“固定债资比例法”变为“安全港规则”，增加了纳税人的合法抗辩事由。同时，《特别纳税调整实施办法（试行）》规定，对不得扣除的利息支出，不得结转到以后纳税年度，并应按照实际支付给各关联方利息占关联方利息总额的比例，在各关联方之间进行分配。其中，分配给实际税负高于企业的境内关联方的利息准予扣除；直接或间接实际支付给境外关联方的利

① 财政部、国税总局《关于企业关联方利息支出税前扣除标准有关税收政策问题的通知》中，对上述“标准”进行了规定，对于金融企业而言，规定其接受关联方债权性投资与权益性投资的比例为 5:1，对于其他企业而言，规定为 2:1。并规定，企业如果能够根据企业所得税法及其实施条例的有关规定提供相关资料，证明相关交易活动符合独立交易原则的；或者该企业的实际税负不高于境内关联方的，其实际支付给境内关联方的利息支出，在计算应纳税所得额时准予扣除。《特别纳税调整实施办法（试行）》第九章对资本弱化规则进行了细化，进一步明确了相关概念以及计算方式。

息应视同分配的股息，按照股息和利息分别适用的所得税税率差补征企业所得税，如已扣缴的所得税税款多于按股息计算应征所得税税款，超出的部分不予退税。

从我国目前的资本弱化规则来看，本书认为，有如下几个问题需要改进：一是对企业的债资比例判定标准不够明确、过于宽泛，造成企业债务资本与权益资本划分不清晰，尤其是随着混合金融工具和混合实体安排不断推陈出新，很多新型债权性投资无法被准确认定，对混合属性的投资方式没有较为明确的规定，很容易导致权益性投资被认定为债权性投资，从而无法准确计算债资比。二是债资比例设定门槛较低，实践中很容易触及，不利于企业以债权方式进行融资。三是除了债资比和独立交易原则之外，我国缺乏其他约束条件对企业的资本弱化进行限制，一旦安全港规则失效，通常无法对企业的关联融资交易进行有效控制。

本书认为，可以从如下方面改进我国资本弱化税收管理制度：第一，细化债资比例的划分标准。在定义债权性投资时，可以借鉴 OECD 的做法，加入利息分配的方式是否受到市场波动的影响以及是否具有一定比例的固定性和可预期性等标准。可以对不同类型的融资方式制定不同的判定标准，增强资本弱化规则的可操作性和确定性。第二，优化安全港固定比例扣除标准。比如，在安全港规则和独立交易规则的基础上增加全球资产与负债比率标准，同时可以根据行业设置合理的固定比例扣除标准，利息固定扣除比例可以进一步区分行业进行差异化细分。第三，考虑允许未抵扣利息进行结转。结转或转回规则的运用可以给企业带来明显的益处，如在利息费用和利息扣除限额出现在不同期间时，可以降低利息费用永久不允许扣除的风险，也可以达到支持将企业的净利息扣除水平与随时间变化的收益水平相挂钩的政策目标。如果允许结转或转回，国家则要进一步考虑对时间点或价值做出限制，如限制允许结转的年限，或设置允许结转的最高限额等，以防止因结转引致更重大的税基侵蚀和利润转让风险。第四，加强对关联融资交易判定的管理，增强对资本弱化避税动机的识别。包括加强对企业关联融资的信息披露要求，解决税务机关对关联融资交易信息掌握不全的问题；加强对关联融资类型和金融衍生工具的研究；加强对集团价值链的整体分析，帮助税务机关对关联融资交易实质做出准确判断；在企业证明其行为符合独立交易原则过程中，引入事前鉴别申请制度，即当企业关联方的债资比超过规定标准仍需借款时，允许企业主动向税务机关说明以明确该资金在正常交易规则的要求之下。第五，对建立配套规则，规范利息扣除，可以引入 BEPS 行动计划 4 中的最佳实践方法中更适合我国国情的方法，持续关注 OECD 关于综合利息限制规则的最新进展以及各国实践经验，选择出台最适合的税收管理规则。

对于中国居民企业支付给与我国签订有税收协定的缔约国对方居民的关联子公司的利息，因适用资本弱化规则超出固定比例的支出部分，仍然按有关税收协定中的利息所得课税条款所规定的预提税进行源泉扣缴，这样适用税收协定的结果，无论是关联子公司还是其所在国都难以提出任何异议。当中国企业实施境外并购融资避税安排，遭到贷款方所在国的资本弱化规则的调整，利息支出被定性为股息分配时，如果中国与贷款方居住国之间签订有税收协定，我国并不负有税收协定的义务来消除被来源国重新定性为股息的双重征税。因为，协定中的间接抵免法适用于我国企业从境外受控 10% 以上股权的企业取得的股息，而协定的消除双重征税条款并未明确该适用间接抵免法的股息的含义为何，是否应当等同于协定中股息条款中所定义的股息概念。假定不能类推适用，则根据税收协定的解释规则，只能依据缔约国国内法做出解释，也就是说，应当按照我国国内税法对于股息的定义来解释协定中消除双重征税条款中的股息。根据企业所得税法实施条例规定，股息等权益性收益“是指企业接受的不需要偿还本金和利息，投资人对企业净资产拥有所有权的投资”，[①] 据此，受到来源国国内税法资本弱化规则调整的所得要求借款方偿还本金和利息，这并不属于我国国内税法规定的股息的范畴之内，我国自然无须承担间接抵免的协定义务。即便可以类推适用协定中的股息条款中关于股息是“基于对公司的股权或非债权关系分享利润的权利取得的所得”这一解释，何谓公司权利仍然需要参考国内税法来做出解释。为减少国际税收争议，可以进一步明确我国对外缔结的税收协定中消除双重征税条款中的股息的含义。参照协定中股息条款的解释，并将股息条款中对于股息的解释扩大为不仅是基于公司权利取得的所得，还包括按照来源国法律视同股份所得同样征税的其他所得。这样，在平等协商、互惠互利的基础上，既协调解决了我国与利息所得来

---

① 《中华人民共和国企业所得税法实施条例》第 119 条。

源国的分歧，也为中国居民企业向居住国申请抵免的税收待遇提供了法律依据，有利于提高中国企业的全球竞争力，更有效地实施境外投资并购。

（2）健全我国反滥用税收协定的专门规则。我国税法关于反滥用税收协定规定较为笼统，一方面，不利于鼓励境外并购企业在合法限度内进行并购融资安排；另一方面，也很难切实有效地保护纳税人的合法权益，当境外投资者的税收利益被置于不安定的法律制度环境之中时，必然会很大程度上打消境外投资者的积极性，不利于我国吸引外资。鉴于此，本书建议在我国税法中增加专门的反滥用税收协定条款。具体内容可以包括：规定可以享受协定待遇的不是一般意义上的成为缔约国双方居民的人，而是“有资格的人”，将没有资格的居民排除在享受协定的人的范围外，可采用 OECD 范本注释所界定的“有资格的人”的标准。规定纳税人的全面报告义务，包括纳税申报表、会计决算报表、有关交易价格与费用标准、国外关联企业的名称、所在地、主要经营项目、资本总额、双方关联企业的类型、控股比例等。强化税务机关的处置权，如果纳税人不与税务机关配合，税务机关有权自行确定交易价格。规定纳税人负有举证责任，纳税人要求享受税收协定优惠待遇，必须提出其有权享受协定优惠的证明，否则，税务机关有权做出不给予协定优惠待遇的决定。加重对滥用税收协定进行避税的处罚。需要指出的是，对跨国纳税人滥用税收协定避税进行法律规制，体现了我国对于本国税收主权的行使，但征税权的行使不应对跨国经济活动造成非中性的影响。对依然处于发展中国家行列的中国而言，既不能由此影响引进外资的经济战略，也不能为吸引外资而影响国内企业的正常发展。因此，我们在制定具体防范滥用税收协定措施时，不仅要充分考虑税收政策对跨国公司的影响，还应努力建立一个相对稳定、透明的、公平的税收法律环境，这样既有利于吸引外国投资，又可以为国内企业提供公平竞争的机会。

3. 建立税收征管权与跨国并购监管权的协作机制，提升税收征管能力

尽管税务机关与境外并购交易监管部门之间存在职能目标上的差异，但在终极目标上不存在根本的冲突，都是为维护境外并购投资的安全与秩序提供保障机制。因此，应当通过建立适当的机制对两者在具体职权行使过程中产生的冲突予以协调。具体来说，可以在现有的商务主

管部门和外汇管理部门负责的境外投资项目报批制度基础上增加由税务部门专门负责的境外并购登记、备案制度，要求纳税人自境外并购投资项目获批之后的下一个纳税申报期内，向税务机关申报，申报的资料至少应包括被投资企业财务会计报表的原文和中文译本。如果境外并购投资项目发生变更，自变更后的下一个纳税申报期内，向税务机关申报，并提交项目变更的相关资料。为解决税务机关在对复杂的跨国并购交易进行课税时所面临的某些行业技术性和专业性的缺失所造成的征管困难，可以建立由税务机关、商务管理部门、外汇管理部门以及银行等监管部门的工作人员组成的专家联席会，定期进行协商。在无法判定某一境外并购投资交易是否存在避税意图时，可以借助于并购交易专家的专业技能，判定该交易是否具备除减轻税负外的其他合理商业交易目的。另外，税务机关也能够与相关职能部门就跨国并购的领域、创新性的交易结构进行交流，以便及时采取相应的应对措施。

当然，税务机关只能基于课税目的从商务管理部门、外汇管理部门以及银行等监管部门获取企业境外并购投资信息，税务机关主张获取的信息应当主要限于从事跨国并购投资交易的纳税人的目标企业所在国家或地区、涉税交易信息、资金往来信息等。并且，税务机关自跨国并购监管部门获取相关信息必须遵循严格的程序且该信息仅限于特定的征税目的，不得基于征税以外的其他目的向第三人提供该信息，否则将承担相应的法律责任。

（三）中国现行跨国并购所得课税规则的修正：国际税收协定层面

为避免国际税收争议，提高中国企业的对外竞争力，积极开展跨国并购投资，应当进一步明确我国对外缔结的税收协定中消除双重征税条款中股息的含义是参照协定中股息条款进行解释，并将股息条款中的对于股息的解释扩大为不仅是基于公司权利取得的所得，还包括按照来源国法律视同股份所得同样征税的其他所得。除此之外，不妨借鉴有关国家税收协定中规定的解决国际双重征税问题的措施。

1. 完善税收协定中关于消除双重征税的规定

跨国并购中经常出现的不匹配类型的特殊国际性双重征税问题则没有任何解决措施。尽管税收协定中一般都规定有非歧视条款，但其只是将国籍、常设机构、支付和资本无差别地纳入进来，不包括所得定性和纳税时间的无差别待遇，并购企业因这两种原因导致的双重征税问题将无法依据税收协定中的现有条款得到消减。鉴于此，可以在消除双重征税的条款之下明确产生自跨国并购投资的所得或收益适用“来源地规则”，以尽可能促成中国与对方缔约国就同一笔所得或收益适用同一项协定课税规则。具体说来，我国在对性质有争议的境外来源所得适用税收协定所规定的抵免法前需要确认的唯一问题是，来源国是否已经按照税收协定规定进行征税，如果得到肯定答案，则作为居民国的中国对在来源国被征税的所得或收益适用协定抵免规则，即使我国国内税法不适用外国税收抵免规则。当然，是否在税收协定中规定“来源地规则”是两国间相互博弈并最终妥协的结果，因为每个国家都可能在跨国课税中成为居民国或来源国，都可能因适用“来源国”而损失一定的税收利益或取得一定的税收利益。而且，中国需通过大量的国际税收协调等工作的开展来逐步得以实现。

对于跨国并购投资中目标企业个人股东转让股权取得的被视为股息所得的经济性国际双重征税问题，可以通过在居住国和来源国的税收协定中所签订的相互协商机制的前提下建立中国与对方国家之间的管辖权分配规则来解决。尽管通过相互协商程序所建立的解决机制，仅具有行政裁决的效力，但毕竟在一定程度上要比坐视对个人股东的跨国股息所得的“双重歧视”而不管更具有积极意义。

2. 在税收协定中增加反滥用条款

目前，我国对外签订的税收协定中，除中美、中以、中墨的税收协定有比较完备的防止第三国居民滥用税收协定条款外，同其他国家签订的税收协定中几乎都没有制定这方面的防范条款。因此，我国应在研究和总结国际税收协定范本和已签订的对外税收协定的经验和基础上，完善国际立法，其途径有两个：一是对已经签订的税收协定，必要时同有关国家重新谈判，引入反滥用条款。可以借鉴中美两国签署的对缔结的税收协定第7条解释的补充议定书中的规定：“能够享受协定优惠者，其受益权益的50%以上必须直接或间接地被缔约国一方的居民个人、美国公民、在缔约国一方公开上市的公司、行政机构或地方当局所拥有；在取得股息、利息、特许权使用费等项投资所得的情况下，享受协定限制税率的优惠者所获收入中直接或间接用于支付除上述各方外的其他人的部分不得超过50%。”上述规定实际上综合采用了透视法和渠道法两种防范措施，为了保证那些具有真实商业目的的公司享受到税收协定的优惠待遇，还应该在反滥用条款中规定相应的适用除外规则。当然，在修改与各国签订的税收协定时，具体采用什么样的反滥用条款，还应视我国和该国的经济结构、经济交往的具体特点，以及双方国家的协商谈判情况而定。

3. 积极开展国际性的税收合作，完善税收情报交换机制

经济全球化和各国纷纷推出的减税政策，为资金的国际流动提供了可能，但也为资本的趋利性提供了大量可乘之机。在基于本国经济利益而拒绝提供有关跨国并购交易的相关信息的国家，并购交易主体能够得以隐匿收入而提高其税后收益，但跨国并购交易的资本输出国却因来源国拒绝提供并购交易的课税信息而无法完全行使其征税权。一国对发生在其国内的跨国并购交易信息的过度保护所导致的被滥用的潜在性以及对全球经济长远发展的负面影响都将成倍数增长。因此，为避免因并购交易信息对国内法保护而引起的纳税人的逃避税行为，遏制有害税收竞争，我国要与其他国家共同积极努力，相互沟通协调，对他国税务机关对跨国并购交易实施有效征管予以配合，至少不应当造成过多的妨碍，要促进税收情报交换制度的确立，有效地实施国际税收情报交换是跨国并购所得课税制度的中性价值目标实现的重要保障机制。

可以参考 OECD 在 2000 年公布的《改进各国基于课税目的获取银行信息的途径》报告中所建议的，各国应重新审核国内税收利益要求，不得以本国利益为借口而阻止其国内税务机关在缔约国提出特别请求的情况下收集并提供信息。在必要的情况下，应当对本国的法律法规和惯例做出修改，保证为国内税收目的可获得的交易信息能够被用于与缔约国进行情报交换。① 基于课税目的的并购交易信息的情报交换，我国税务机关应当建立和加强与外国税收征管等有关部门、机构的协作，应当在我国缔结的税收协定基础上建立信息交流的双向机制，贯彻互惠原则，明确规定两国因实施有效税收征管而获取信息的权利，并具体说明两国期望获得信息的种类、范围以及信息的提供方式，实现权利义务的对等，从而使这种信息交流与共享制度化、常设化、程序化。

为实现两国间的国际税收征管与纳税人的跨国并购交易信息安全的

---

① OECD, Improving Access to Bank Information for Tax Purpose: the 2003 progress report, 2003, available at www. oecd. org/dataoecd/24/63/39327984. pdf, last accessed on May 2, 2008.

冲突的制衡，两国税务机关获取交换的并购信息应当有严格的限制，应仅限于与税收征管有关的情报，并对所获得的信息严加保密，不得泄露与该并购交易有关的企业未来产业发展方向、经营战略等情报。两国税务机关因获得对方提供的信息而采取重大行动时，应事先与对方国家进行协商，以避免引发对方国家税务管理部门以及有关监管部门的争议。

结 语

毋庸置疑，跨国并购投资对资本输入国和资本输出国乃至整个世界经济发展都曾经、正在而且必将产生深刻的影响，由此引发的对各国相关税收法律制度的冲击更加不可小觑。税收法律制度冲突的背后是各方主体的税收利益的博弈。本书基于税收利益平衡理论，对跨国并购所得课税制度进行翔实有据的研究，解构了跨国并购中税收利益冲突的主体、冲突的客体、冲突的表现样态以及冲突的缘由，阐明了协调跨国并购中税收利益冲突制度的价值基准、价值之具体体现原则，单边国内规则及双边税收协定条款的选择等问题。本书最终聚焦到如何协调解决我国跨国并购中的税收利益冲突问题，提出中国税法应对的诸多措施，以实现跨国并购所得课税制度的公平、中性，为我国“引进来，走出去”双向发展战略提供税法意义上的保障机制。通过研究，本书的结论为：

第一，经济的全球化是国际经济发展的趋势，任何国家和民族都不能违背这一趋势。在这一无法阻挡的趋势背景下，中国的经济发展首先要得益于经济全球化，而中国要想进一步发展，就必须更深入地融入经济全球化。在跨国并购越发成为经济全球化的重要表征的前提下，中国进一步融入经济全球化的经济战略，只能是积极地参与到跨国并购浪潮中来，包括非居民企业并购中国企业以及中国企业的域外并购。跨国并购交易中纠结的各方主体的利益是法律调整和确认的对象。法律是协调和实现利益平衡的重要保证，利益则是法律背后起支撑作用的决定性因素，决定着法的产生、发展和运作，任何法律学科皆概莫能外。因此，当我们站在税法基点上鸟瞰跨国并购交易时，税收利益的冲突与平衡自然是最具实质意义和研究价值的进路。

第二，若要实现税法对跨国并购中的税收利益的协调，首先要解构跨国并购交易中各种税收利益结构——并购交易主体的居民国与来源国之间的税收利益分配，并购交易主体与其并购所得征税国之间的税收征纳关系；上述税收利益结构中存在的冲突的样态——基于并购交易法域主体的税收管辖权冲突的国际性双重征税、基于国家征税权与纳税人税负从轻权冲突的跨国避税，以及冲突的缘由。对跨国并购中税收利益冲突的解构反过来又为确定并购所得课税制度的公平和效率的价值基准，体现公平、效率的价值基准的基本原则和具体原则以及有关单边国内税法规则和双边税收协定条款提供了充分的论证依据。

第三，对跨国并购所得课税中税收利益冲突的协调平衡达到何种程度取决于各国如何利用单边国内税法规则以及双边税收协定条款解决并购交易中的国际性双重征税和跨国避税问题。本书认为，有关跨国并购的单边税法规则及双边国际税收协定条款应当遵循充分、有效基础上的适度与合理。跨国并购所得课税制度的直接目的是充分保护税收主权国家的合法权益，应当以国家税收主权的尊重作为多元利益平衡的前提，在这一前提之下应当积极寻求有关国际性双重征税，尤其是经济性国际双重征税与不匹配类型的国际双重征税问题，以及跨国避税问题的解决机制，并提出了本书认为切实有效的解决措施。

第四，本书细致地分析了中国现行跨国并购所得课税制度中的种种背离利益平衡的问题所在，依循利益平衡之路径，从价值、原则到单边国内税法规则及双边税收协定这几方面尝试建构一个更具有时代感的中国跨国并购税收制度。本书认为，中国的税收政策应逐渐由强调收入来源国征税权的现状，调整为强调收入来源国征税权与居住国征税权并重的税收协定政策，以在维护中国应得的税收利益的同时，让中国企业在域外并购中更具竞争优势，并最终使中国在经济全球化中实现更大收益。

参考文献

主要中文著作：

1. ［美］道格拉斯·C. 诺斯：《经济史中的结构与变迁》，陈郁等译，上海人民出版社 1994 年版。

2. ［美］科斯、哈特、斯蒂格利茨等：《契约经济学》，李风圣主译，经济科学出版社 1999 年版。

3. ［美］约瑟夫·熊彼特：《资本主义、社会主义与民主》，吴良健译，商务印书馆 1999 年版。

4. ［美］亨瑞·J. 艾伦、威廉姆·G. 盖尔主编：《美国税制改革的经济影响》，郭庆旺、刘茜译，中国人民大学出版社 2001 年版。

5. ［美］B. 盖伊·彼得斯：《税收政治学》，郭为桂、黄宁莺译，江苏人民出版社 2008 年版。

6. ［美］约翰·贝茨·克拉克：《财富的分配》，王翼龙译，华夏出版社 2008 年版。

7. ［美］哈特威尔·亨利三世：《企业并购和国际会计》，武冰等译，北京大学出版社 2005 年版。

8. ［美］斯蒂芬·芒泽：《财产理论》，彭诚信译，北京大学出版社 2006 年版。

9. ［美］穆雷·罗斯巴德：《权力与市场》，刘云鹏等译，新星出版社 2007 年版。

10. ［英］肯·宾默尔：《博弈论与社会契约》，王小卫、钱勇译，上海财经大学出版社 2003 年版。

11. ［美］史蒂芬·霍尔姆斯、凯斯·R. 桑斯坦：《权利的成本——为什么自由依赖于税》，毕竟悦译，北京大学出版社 2004 年版。

12. ［美］维克多·瑟仁伊：《比较税法》，丁一译，北京大学出版社 2006 年版。

13. ［美］布莱恩·J. 阿诺德、迈克尔·J. 麦金泰尔：《国际税收基础》（第 2 版），张志勇等译，中国税务出版社 2005 年版。

14. ［英］卡罗尔·哈洛、理查德·罗林斯：《法律与行政》（上下卷），商务印书馆 2004 年版。

15. ［英］大卫·李嘉图：《政治经济学及赋税原理》，周洁译，华夏出版社 2005 年版。

16. ［德］马克斯·韦伯：《经济通史》，姚曾廙译，上海三联书店 2006 年版。

17. ［德］马克斯·韦伯：《论经济与社会中的法律》，中国大百科全书出版社 1998 年版。

18. ［德］奥特弗利德·赫费：《全球化时代的民主》，庞学铨等译，上海世纪出版集团 2007 年版。

19. ［印］阿马蒂亚·森：《以自由看待发展》，于真等译，中国人民大学出版社 2002 年版。

20. ［印］阿马蒂亚·森：《理性与自由》，李风华译，中国人民大学出版社 2006 年版。

21. ［日］坂入长次朗：《欧美财政思想史》，中国财政经济出版社 1987 年版。

22. 曹军：《银行并购问题研究》，中国金融出版社 2005 年版。

23. 关明凯：《法律的三维透视——对法的价值、规则、实事的统一性研究》，法律出版社 2008 年版。

24. 郭斌：《企业债务融资方式选择研究》，西南财经大学出版社 2006 年版。

25. 郭庆旺等：《当代西方税收学》，东北财经大学出版社 1994 年版。

26. 胡峰：《银行跨国并购——理论、实证与政策协调》，中国财政出版社 2005 年版。

27. 范如国：《企业并购理论》，武汉大学出版社 2004 年版。

28. 靳东升：《经济全球化下的税收竞争与协调》，中国税务出版社 2008 年版。

29. 胡峰：《跨国并购政策协调——欧盟经验、嬗变趋势与中国的选择》，上海交通大学出版社 2007 年版。

30. 葛惟熹主编：《国际税收学》，中国财政经济出版社 2007 年版。

31. 冯晓青：《知识产权法利益平衡理论》，中国政法大学出版社 2006 年版。

32. 刘少军：《法边际均衡论——经济法哲学》，中国政法大学出版社 2007 年版。

33. 宋东林、金成晓：《企业并购——契约权利重组与资本市场运作》，吉林大学出版社 2001 年版。

34. 王志诚：《企业组织重组法制》，北京大学出版社 2008 年版。

35. 王习农：《跨国并购中的企业与政府》，中国经济出版社 2005 年版。

36. 王巍、［美］施迈克等：《杠杆收购与垃圾债券：中国机会》，人民邮电出版社 2007 年版。

37. 王在清：《中国金融业税收政策与制度研究》，中国税务出版社 2005 年版。

38. 王逸：《跨国直接投资公司所得税激励法律机制优化研究》，经济科学出版社 2009 年版。

39. 吴伟央等：《跨国公司并购法律实务》，法律出版社 2007 年版。

40. 伍红：《外商投资企业内部交易税收问题研究》，江西人民出版社 2008 年版。

41. 姚战琪：《跨国并购与国际资本流动》，经济管理出版社 2005 年版。

42. 尹音频：《资本市场税制优化研究》，中国财政经济出版社 2006 年版。

43. ［美］约翰·米可斯维特、亚德里安·伍尔得礼奇：《公司的历史》，夏荷立译，台北左岸文化事业股份有限公司 2007 年版。

44. 张建伟：《转型、变法与比较法律经济学——本土化语境中法律经济学理论思维空间的扩展》，北京大学出版社 2004 年版。

45. 雷霆：《美国公司并购重组业务所得税制研究——原理、制度及案例》，中国法制出版社 2014 年版。

46. 杨青：《中国企业境外投资法律实务指南》，法律出版社 2019 年版。

47. 徐贺：《资本交易税收实务》，中国税务出版社 2019 年版。

48. 刘剑文：《国际税法学》，北京大学出版社 2020 年版。

图书在版编目（CIP）数据

跨国并购中的所得税法律问题研究：基于税收利益平衡的视角 / 刘森著. —北京：中国法制出版社，2020. 12
ISBN 978－7－5216－1427－5

Ⅰ. ①跨…　Ⅱ. ①刘…　Ⅲ. ①企业兼并－跨国兼并－企业所得税－税法－研究－中国　Ⅳ. ①D922. 222. 4

中国版本图书馆 CIP 数据核字（2020）第 216010 号

责任编辑　杨智　刘冰清　　　封面设计　杨泽江

跨国并购中的所得税法律问题研究：基于税收利益平衡的视角
KUAGUO BINGGOU ZHONG DE SUODESHUI FALÜ WENTI YANJIU：JIYU SHUISHOU LIYI PINGHENG DE SHIJIAO

著者/刘森
经销/新华书店
印刷/北京京华虎彩印刷有限公司
开本/640 毫米×960 毫米　16 开　　　印张 / 15. 25　字数 / 225 千
版次/2020 年 12 月第 1 版　　　2020 年 12 月第 1 次印刷

中国法制出版社出版
书号 ISBN 978－7－5216－1427－5　　　定价：58. 00 元

北京西单横二条 2 号
邮政编码 100031　　　传真：010－66031119
网址：http：//www. zgfzs. com　　　**编辑部电话：010－66038703**
市场营销部电话：010－66033393　　　**邮购部电话：010－66033288**
（如有印装质量问题，请与本社印务部联系调换。电话：010－66032926）